上野新論

変わりゆく街、受け継がれる気質

五十嵐泰正
IGARASHI Yasumasa

せりか書房

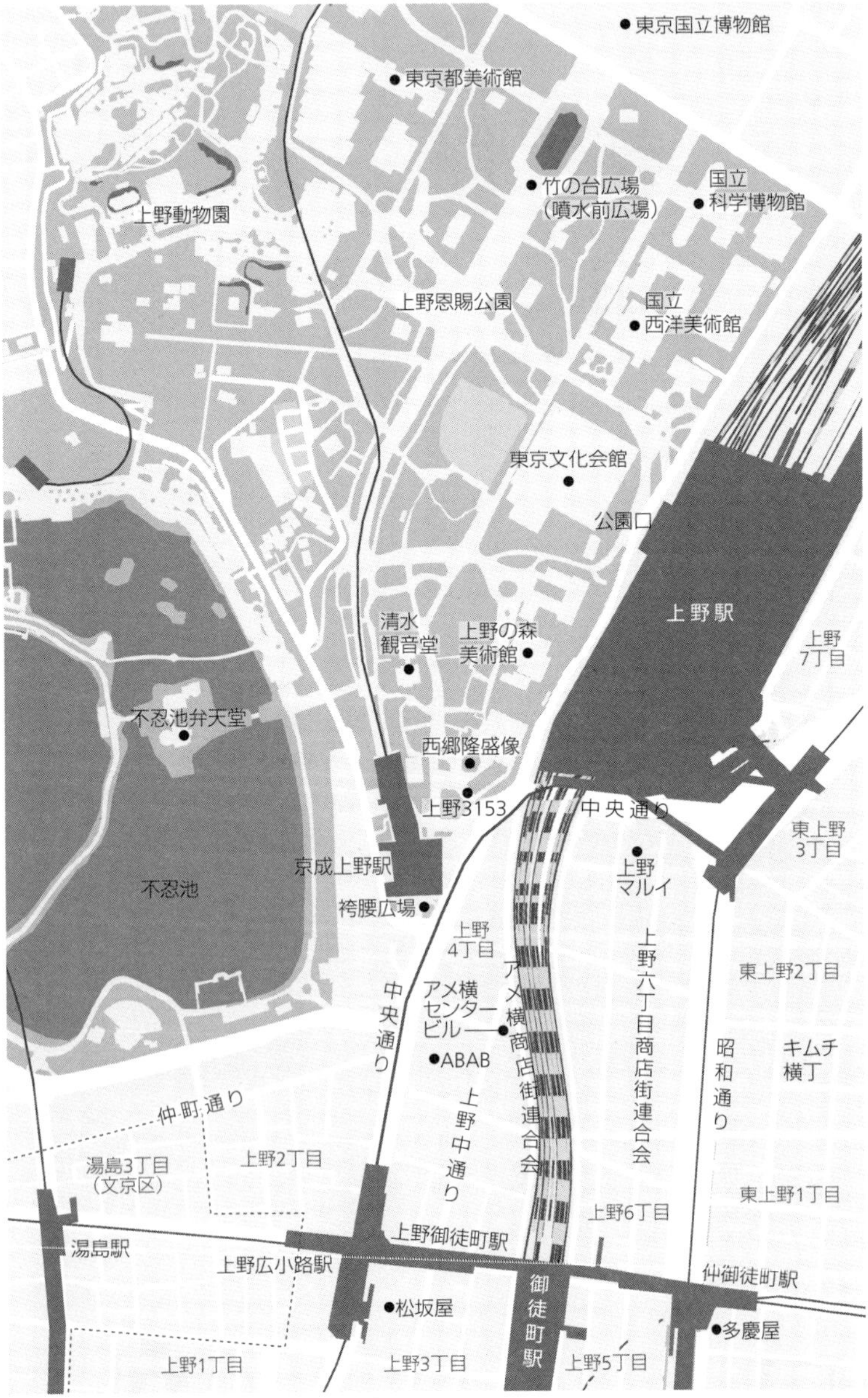

東京国立博物館
東京都美術館
竹の台広場
（噴水前広場）
国立
科学博物館
上野動物園
上野恩賜公園
国立
西洋美術館
東京文化会館
公園口
上野駅
清水
観音堂
上野の森
美術館
上野
7丁目
不忍池弁天堂
西郷隆盛像
上野3153
中央通り
東上野
3丁目
京成上野駅
上野
マルイ
不忍池
袴腰広場
上野
4丁目
上野六丁目商店街連合会
東上野2丁目
中央通り
アメ横
センター
ビル
アメ横商店街連合会
昭和通り
キムチ
横丁
ABAB
上野中通り
仲町通り
湯島3丁目
（文京区）
上野2丁目
東上野1丁目
上野6丁目
湯島駅
上野御徒町駅
上野広小路駅
仲御徒町駅
御徒町駅
松坂屋
多慶屋
上野1丁目
上野3丁目
上野5丁目

上野新論──変わりゆく街、受け継がれる気質

目次

はじめに

私は、一九七四年に生まれた千葉県柏市で育ち、現在も暮らしている。上野駅を起点とする常磐線や宇都宮線、高崎線沿線の住民の多くと同じく、幼いころの私にとって、東京とは、そして都会とは、上野だった。

家族で繰り返し訪れた上野動物園にはじまり、小学校の校外学習で行く国立科学博物館や、どこかの――上野公園には、遠い記憶の中では曖昧になるぐらいの数が集積している――美術館。中高生になってからは、友人と連れだって上野駅西側の映画館に入り、アメ横で手ごろな服を物色、中途半端な時間ができたらゲーセン。中央通りのカラオケで盛り上がり、街から公園にあがる袴腰の階段では、当時たむろしていたイラン人にテレホンカードが一〇枚一〇〇〇円だよと声をかけられる。渋谷や原宿がいかに若者を集めようとも（自分も実際に頻繁に行ってはいたが）、身近な「都会」として何でもできるし、落ち着けるのはひとまず上野。東京の北東郊外や北関東方面に住んだ経験がある読者には、共感していただけるのではないだろうか。

つまりは、振れ幅の大きな都市的な経験を、あくまで普段着感覚ですべて味わえる街、それこそが私にとっての上野だった。何とはなしにその魅力を感じてはいたものの、自分にとってはあまりに当たり前の空気のようだったこの街の稀有なユニークさを確信したのは、イギリス留学中の話だ。

一九九九年から二〇〇〇年にかけて留学していたバーミンガム大学は、当時の日本でも注目されていたカルチュラルスタディーズ発祥の地であり、私もその講座の修士課程に在籍することになった。そのコースで必修になっていた都市社会学の授業で、自分の馴染みのある街についてプレゼンするというような機会があった。

デンマーク、台湾、セルビア、チュニジア、スウェーデン、アメリカと、世界各国の学生たちが集まるその場で、最大公約数的になじみのある大都市はロンドンである。そして、ロンドンには一枚劣るとはいえ、同じくグローバルシティの一角である東京には、ロンドンの各エリアと同じ都市機能を持った場所が大抵ある。たとえば、お台場や汐留のような、当時メディア企業が移転してきた湾岸の再開発エリアを説明したければ、東ロンドンのドックランズを引き合いに出せば、多国籍の学生たちも容易に理解することができる。それに準じて、上野を説明するとこうなる。

「近代化以前の江戸時代、一七世紀に将軍家の菩提寺として、ちょうどウェストミンスター寺院のような国家的な寺院として創建された寛永寺の門前に、一八〜一九世紀に栄えたのが上野の街の始まりです。明治維新という体制変革後、寛永寺の広大な寺域は新政府に接収された近代公園になり、日本を代表するたくさんの博物館や美術館、東京最大の動物園が建てられました。ロンドン動物園のあるリージェントパークに、大英博物館やナショナルギャラリーが建ってるようなものです。また、日本に鉄道が敷設されると、上野駅はキングスクロスのような北行きの長距離鉄道のターミナルとなり、貧しかった北日本からの労働者が、上野行きの列車で多数上京しました。その後、第二次世界大戦後の復興期には、アメ横という大きなマーケットが上野駅前の鉄道高架下に形成され、海産物や乾物から若者向けファッション、化粧品や貴金属までが威勢よく売られて常に賑わっています。ここはちょっと説明が難しいですね、コベントガーデンの立地に、カムデンマーケットとバラマーケットを混ぜてぐっとアジア的にした感じかなあ。そんな上野は、東京の中でも古くから栄えた庶民的な街なので、イーストエンドのような下町的なコミュニティ意識が強いんだけど、在日コリアンなどの外国人のコミュニティがあるところもイーストエンドっぽいですね…」

このように、上野のそれぞれの要素や機能は、おおむねロンドンのどこかにたとえて説明することができる。しかし、そのすべてが半径500m程度のウォーキングディスタンスの範囲内にあると言うと、興味深く聞いていた各国の学生たちの顔に、怪訝な表情が浮かんだのが忘れられない。そう、全く方向性の違う都市的な要素や機能がごく狭い範囲にこれだけ集積している街は、世界的にみても稀なことに私は気づいたのだ。

社会学で広く依拠されるルイス・ワースの古典的な定義によれば、都市とは、社会的に異質な人々が、大規模かつ高密度、永続的に形成する集落とされる（Witrh, 1938:8）。であるならば、これほどまでに異なる都市要素や機能が高密度に集積し、さまざまな人を集め続けている上野は、まさに類まれに都市的な場所と言いうるのではないか。遠く離れたバーミンガムでそう実感した私は、帰国後本格的に上野をフィールドとした研究に取り組むことを決意した。

歴史的資源に富み、多くの文学作品の舞台になってきた上野について、歴史学や文学の分野での研究は多く[1]、それらの知見を踏まえた一般向けの書籍や街歩きガイドも多数ある。[2] 社会学の分野でも、文明開化期の上野公園を西洋近代への窓と位置づけた吉見俊哉『都市のドラマトゥルギー』(1987)のように、かつての上野に関するすぐれた分析はみられる。

しかし、これほど都市そのものと言える場所にもかかわらず、不思議なことに現在の上野が社会学的な研究対象になることはまずない。[3] 東京の中でも、外国人居住者やエスニックビジネスを研究するなら池袋や新大久保、歴史的資源を活用したまちづくりを見るのならば谷根千、下町的なコミュニティとその再活性化を調査するなら墨田区や江東区といった場所が取り上げられがちだ。そんな中で、それらの研究が対象とするようなすべての人々や事象が存在する上野は、そのあまりにも異質性が高密度に入り組んだ都市的な姿ゆえに、社会学的な研究の場としてはややこしすぎる街として、むしろ敬遠されてきたのではないか。

この本では、店舗が多国籍化し、インバウンド観光客が急増する、二〇〇〇年代初頭から現在までの上野が経験しているグローバル化のありようを、主要な問題関心として描写していく。ただ、グローバル化がもたらす変化を前にした上野の街の受容と反発、そして積極的な対応を描き出すには、この小さなエリアの中でも地区・通りごとに相当異なるコミュニティの形成史を踏まえたうえで、多面的・包括的に上野という街を見つめる必要がある。

まず第1章では、文化施設が集積する上野の山と、その門前として栄えた上野の街の、江戸時代から二一世紀までの歩みを概観し、山と街の回遊性の向上という上野の数十年来の地域課題がもつ意味を剔出する。なかでも特に、上野の山が常に国家権力と公共空間への流入者とのあいだのせめぎあいの場であったこと、江戸時代からの歴史を持つ上野の街が、常に流動的な街であったことに注目してゆく。

上野の地域アイデンティティを考えるとき、その欠かせない一部となっている下町という言葉を避けては通れないが、この言葉が何を意味するのかは実はかなり曖昧だ。第2章では、その後の分析の予備作業として、視点をいったん上野から広げて、下町がどのように外部から語られ、商品化された「下町」として構築されてきたのか、時系列的に確認する。

そのうえで第3章では、「下町」というアイデンティティは、グローバル化の過程の中で顕現した上野の街の多文化化に対して、両義的な性質をもつことを論じる。その検討を経て浮上してくるのが、「下町」の重要な構成要素でもあるコミュニティである。コミュニティが、街の諸課題に対していかなる意味を込めて立ち現れるのか、上野の経営者層への聞き取り調査から明らかにしてゆく。

続く第4章では、上野の中でも独特な位置にあるアメ横について、一章を割いてみてゆく。全国的な知名度を誇り、上野の街の顔ともなっているアメ横であるが、戦後の混乱期に起源をもつ上野では最後発の商店街であり、その成立当初から多文化的だった街でもある。商売替えを繰り返しながら、「商売の街」としてのアイデンティティを保ち続けてきたユニークな歩みを紹介し、曲がり角を迎えているアメ横のこれからを展望する。

そして終章では、都市の多様性についての理論的な考察を深めながら、都市の現実の中で多様性を考える際に特に焦点となりやすい防犯や道路利用といった領域を中心に、議論を実践的に掘り下げてゆく。それは、上野がいかなる街であり、この街が何を守ってどこを目指していかなければいけないのか、その核心を探求することにつながるだろう。

本書はこのように、まずもって、上野という特異な街についてのモノグラフである。あくまで、この特異なまでに都市的な要素や機能が高密度に集積し、異質性の高い人たちが集う街の経験しているグローバル化のプロセスを、あくまでその特異な個別性に根ざして記述することが、本書のまず目指すところだ。

しかしそれは、上野の物語の描写という第一義的な目的にとどまらない射程を持つことにもなるはずだ。それぞれの時代で伝統や固有性と流動性とがせめぎあう歴史を歩んだ結果として、相互に大きく方向性の異なる豊かな魅力や資源を持ち、だからこそ、グローバル化がもたらす異質性の増大に、複雑な反応を示している現在の上野。どこにも増して一筋縄ではいかない街であるがゆえに、社会学がほとんど対象としてこなかった上野の文脈に分け入って、そのグローバルな変化への折り合いの模索を描き出すことは、さまざまな形でダイバーシティが焦点化されているこの国の現在を考えるうえで、示唆するところは大きいだろう。

注

1　そうした研究の最新のまとまった成果は、たとえば鈴木健一『不忍池ものがたり―江戸から東京へ』(2018)。

2　代表的なものに、浦井正明『「上野」時空遊行――歴史をひもとき、「いま」を楽しむ』(2002)、林丈二、丹尾安典『こんなに面白い上野公園』(1994) など。

3　学術的な研究ではないが、社会学的な感覚を感じさせる優れたルポとしては、筆者も一部に取材協力した本橋信宏『上野アンダーグラウンド』(2016) がある。

第1章　グローバル化する上野

台東区上野は、下町の中核的な繁華街として自他共に認めてきた地区である。その歴史を紐解けば、徳川家の菩提寺であった寛永寺と、その門前に形成された街――寛永寺への将軍の御成街道から発展した広小路や、見世物小屋や水茶屋で賑わう上野山下――に由来する。明和から天保（一八世紀後半～一九世紀前半）にかけて江戸を代表する盛り場として最盛期を迎えた上野は、東京でも屈指の長い伝統をもつ商業地区であり、歴史性に富んだ下町を代表する繁華街というにふさわしい。地形的に見れば上野は、地理学的な意味での下町（下谷）に、本郷台から続いてくる山の手（上野の山）が張り出してきた境目に開けた街であり、その山と街で構成されるエリアはしばしば、「下町と山の手の出会う場所」とも呼ばれている。[1]

上野に関する歴史学的な記述はすでにあまたあるので、いくら紙幅を費やしても尽きることのない奥深い上野の歴史記述の詳細は、それらの文献[2]に譲る。本章では、上野の来歴を駆け足で踏まえた上で、本書の問題意識からみてきわめて興味深い現在の山と街のいくつかの事象に焦点を当ててゆきたい。まず第1節では、（1）で上野公園がグローバル化時代に担いつつある役割と、そんな公園にいま街から向けられている期待を検討する。そして（2）では、本書が依拠しているフィールド調査の概要説明を兼ねて、上野の繁華街を構成する個性豊かな5つの商店街の特徴を概説する。この第1節が、いわば上野の山と街の「オモテ」にあらわれた現在だとすれば、第2節でみてゆくのはその「ウラ」面にあたる。第2節では、上野公園と街の双方が、それぞれの形で激しい流動性の渦中に置かれてきた歴史をたどり、変わらぬ過去の名残や日本的な情緒が感じられる場所という「下町」イメージから、距離をとることを試みてみよう。

なお本書では、上野の各エリアの経営者を中心とした人たちの聞き取り調査からのインタビューデータ、および参与観察中の発言を適宜引用している。本書の分析では、調査対象者の生年時期が重要な要素になる場合があるが、筆者の聞き取り調査は二〇〇一年から二〇一八年にかけて継続的に行ってきたものであり、調査実施時期が一〇年以上にわたっているため、調査対象者の属性を示す付記には、年齢の表記ではなく、（インタビュー実施年、業種、○○年代生まれ）という表記法を採用している。

第1節　山と街の現在

（1）グローバル化時代の「国民公園」と街からの視線

広く知られているとおり、上野の山は徳川家ゆかりの寛永寺の境内という起源を持ち、明治維新後に日本最初の西洋式公園として整備され、さまざまな文化施設が集められていったところである。そこは、江戸開府以来四〇〇年にわたって首都の文化的中心のひとつとしての地位を与えられ続け、日本全国からの見物客・行楽客を集め続けてきた、まさに「国民公園」(21世紀上野まちづくり研究会、1990:24)である。

東叡山寛永寺の山内から近代公園へという上野の山の歴史的変遷を、吉見俊哉は、将軍家が「御威光」を演出する空間から天皇が「近代」を演出する空間への変貌と、端的に言い表している(吉見、1987:129)。しかし、江戸期の寛永寺の創建と明治期の上野公園の造営は、先進的な外部の文物を上野に集めて文化的な中心と措定する国家的な文化/空間戦略であったという意味で、それぞれの時代において実は同型のものであったとも言えるのではないか。

将軍家の御威光の舞台である寛永寺は、冷たい印象を与える「官」一辺倒の寺ではなかった。一六二二年に創建が決定されて以来、上野の山には吉野の桜が植樹され、清水寺に倣った清水観音堂、琵琶湖の竹生島に倣った不忍池の弁天堂など、当代きっての名所を意識した堂宇が次々に建てられていった。寛永寺創建者の天海——徳川家に強い影響力を及ぼした僧侶である——は、上野の山に当時の文化先進地である京滋の名所を再現し、しかもそれを一般に開放して、新興都市であった江戸に庶民に親しまれる名所を作るというある種の文化政策を行ったのだ。[3] その結果として、将軍家の御威光は、上野の山という楽しい行楽地を提供してくれたことへの感謝の念とともに、江戸の庶民の心に深く浸透していったことだろう。

時代が移り、彰義隊との上野戦争を経て東京に入城した、薩長の官軍を母体とする明治新政府にとっ

言うまでもなく清水寺の舞台を模した清水観音堂からは、琵琶湖に見立てた不忍池が見渡せるように配置されている（2019 年）

て、親しみを込めて庶民の心に将軍家の御威光を刻み付けていた上野という場所は、目障りで仕方がない。江戸が東京に変わり、徳川幕府から明治政府に権力が移ったことを象徴的に知らしめるために、一刻も早く寛永寺境内を一新したい。紆余曲折の末、上野の山は第一号の西洋式公園になることになった（一八六三年）が、程なくして明治政府はこの地で内国勧業博覧会を筆頭に各種の国家イベントを次々に開催し、国家的かつ西洋的な文化施設を続々と建ててゆく。しかも明治天皇の度重なる臨幸を仰ぎながら。吉見の言葉を借りれば、「近代」の象徴的な体現者としての天皇像を最大限利用しながら、上野は「近代国家イメージの博覧会場」として意味づけられていったのだ（吉見、1987:132）。

これは紛れもなく、近代日本にとっての文化先進地たる西洋の文化的威光を上野に集めて上書きすることで、将軍家の御威光の抹消と明治新政府の威信の浸透を狙った巧妙な文化／空間戦略である。こうして現在に至る近代日本の文化的中心のひとつ、「上野の山文化ゾーン」は形成され、第二次世界大戦をまたいでなお、上野公園は「国民公園」として全国からの巡礼者を集め続けてきた。

しかし高度成長期も終わった頃になると、施設の老朽化に加えて人々の文化ニーズの多様化が顕著になり、国民的な巡礼地としての上野の山の性格はだいぶ薄れてきた。一九七〇年代には既に、東京を訪れる修学旅行生が上野に宿泊するという定番コースはほとんどなくなっており、上野周辺の旅館やホテルも商売換えや顧客層の切り替えを迫られている。[4]

そうしたなかで一九九〇年、当時の東京藝術大学長だった平山郁夫を中心に、有識者と国、東京都、台東区による「上野の山文化ゾーン形成に関する研究会」が発足した。この通称「平山懇談会」では、従来からの「国民公園」および東京の貴重なオアシスとしての役割の強化と再生の必要性を再確認したことに加えて、国際的な文化の交流拠点としての機能を整備・充実強化していくことが検討された（東京都台東区都市づくり部都市計画課、2001:71-2）。これは、当時の鈴木都政の多極分散型の世界都市戦略のなかで、七つの副都心のひとつとされた「上野・浅草副都心」が、東京の観光・文化分野を担当するように位置づけられたこととも合致しながら、上野公園の文化集積をグローバル化に対応する形で再編していこうとする問題意識の嚆矢となった。

この「平山懇談会」を経て、のちに小泉政権下の都市再生戦略チームの座長となる伊藤滋を全体委員会の委員長に迎え、国土庁・文化庁・運輸省・建設省の関係四省庁が参加した上野公園周辺地域整備計画策定調査が、一九九三年に開始される。その調査報告書に、これからの上野公園がめざすべき理念として登場したキャッチフレーズが、「日本をプレゼンテーションするミュージアム：Museum of Nippon（ＭＯＮ）」である。上野の山は、「わが国の姿を文化を通して表現する際の中枢的な拠点」としてあらためて位置づけられ、ＭＯＮとは「全国・海外に日本文化を発信し、文化の相互交流を促進し、文化による国際貢献を行うための場」であると定義された（東京都台東区都市づくり部都市計画課前掲書、71-4）。従来の「国民公園」からの脱皮をはかり、軸足をグローバリズムに移していこうとするきわめて明快なマニフェストである。

この後九〇年代末から〇〇年代にかけて、東京国立博物館の平成館の開館（一九九九年）、国立国会図書館支部の国際子ども図書館としての再出発（二〇〇〇年部分開館）など、個別の文化施設の拡充が行われるとともに、各文化施設の代表者と地元・上野の商業関係者を集めた「上野の山文化ゾーン連絡協議会」（一九九〇年〜）などを舞台に、ＭＯＮに向けた取り組みが検討されている。そして、上野公園の直接の管轄官庁である東京都建設局が二〇〇八年に取りまとめた『上野公園グランドデザイン検討会報告書』でも、上野公園の将来像が「日本の顔となる『文化の森』の創造」と掲げられ、「世界に向けた『文化』の発信強化」やそれに対応した公園内の空間整備に取り組むことが目指されており、このＭＯＮ路線が基本的に踏襲された（24-5）[5]。

ただ、バブル崩壊後の景気低迷と公共事業の見直しという状況下で、当初の計画で語られた周辺地域まで巻き込む大規模なインフラの整備は、九〇年代にはやや停滞していた（東京都建設局前掲書 :91、暮沢、1997:91）。そのなかで〇〇年代に入ると、「日本をプレゼンテーションするミュージアム」というコ

東京国立博物館（2019 年）

ンセプトは、博物館による企画・ソフト面ではやや意外な形で実現され始める。上野の山の文化施設群の中核的存在である東京国立博物館（以下、東博）の事例を紹介しよう。

この時期に、国立大学に先立って国立の文化施設も次々と独立行政法人化されていっている。二〇〇一年に独法化された東博もそのひとつで、自己収入に対して一定の裁量が与えられるようになったことが大きなインセンティブとなって、言うなれば「商売っ気」を前面に出すようになった。メールマガジン発行や「友の会」の組織化などによるリピーターの囲い込み、地元商店会とのタイアップ、映像作品へのロケ地提供[6]などを積極的に行う一方で、「博物館に初もうで」と銘打たれた一月二日からの開館や、大手デパートの協力を得た職員の接遇研修などに象徴されるサービス向上にも熱心に取り組んでいる。

こうした中で、一般にはほとんど知られていない豪華なパーティが、博物館の館内で催されるようになる。二〇〇一年以来東博は、レセプション・パーティや新製品の発表会などの企業主催のイベントを積極的に誘致しているのだ。東博の営業開発部長（当時）である杉長敬治氏[7]によれば、独法化後間もない二〇〇四年の開催実績リストには、グッチ、ルイ・ヴィトン、ゲラン、ソニー、マスターカード、プルデンシャル生命など、錚々たる内外の多国籍企業の名前が並んでいる。これらは、文化産業と金融産業を中心とした、情報化時代のグローバル経済を牽引する企業群だと言い換えてもよいだろう。

重要文化財の建築を含めた個性的な建築群で構成される東博の一部を貸切にする。一五〇点以上収蔵されている国宝をはじめとした「日本」文化の粋と呼ぶべき展示物は、一般客のいない展示室でパーティの合間に観覧できる。さらには、初夏に開かれたあるパーティに、季節のカキツバタと併せて北日本から桜を取り寄せ、上野公園の、そして日本の名物である花見の光景を演出したことさえあったという。こうした企業のパーティ会場として、東博がこれほどの人気を集めるとは杉長氏にも予想外の事態だったが、外国人から見ると帝室博物館としての前史がある東博のもつ“Royal／National”というブランドが、何物にも替えがたい魅力を放っていることに気づいたという。

激化する都市間競争の中でのシティ・セールスという文脈でしばしば言及されるのが、コンベンションや見本市といった、いわゆるＭＩＣＥ[8]の開催数の国際比較というわかりやすい指標だ。大規模な国際会議の開催には、単に会議やショールームのインフラが整っているだけではなく、豊富なアフター・コンベンションのメニューが提示できる都市アメニティ（魅力ある環境）に富んだ都市が選好される傾向があるという。その延長線上で、無味乾燥な国際会議に辟易しているビジネス・エリートや、パーティ慣れした字義通りの「セレブ」たちは、ローカルなその都市・国らしさの粋を味わえる「他にはない空間」を探し求めている。国際会議の誘致・支援を一つの大きな目的としている東京都の外郭団体である東京観光財団も、東博を含めた美術館や遊園地、水族館から、国技館やクルーズ船・屋形船までの「ユニークな会場」をサイトで紹介している。[9] こうした背景のもと、交通至便でかつ"Royal／National"ブランドを冠した独立行政法人・東京国立博物館は、グローバル化する資本の要請に応える形で新しい「空間ビジネス」を展開し、結果的に「日本をプレゼンテーションするミュージアム」という理念が具現化していったのだ。

このように、上野の山＝上野公園とは、時々の権力が帝都／首都の文化的な中心地として措定し、それぞれの思惑を込めて象徴的な意味の上塗りを重ねてきた空間であった。そして「国民公園」としての機能に行き詰まりをみた一九九〇年代には、先進的な外部の文化を提示して国家の威信を示すことから、グローバルな外部に「日本」を提示することによって、世界都市の文化的な中心という位置へと進化させる模索が始まる。その延長上で一部の文化施設は、現代のグローバル資本主義を駆動する多国籍企業と関わるようになっていったのだ。

こうした変化を経た現在も、上野公園が持つ集客力は巨大なものであり続けている。「国民公園」としての役割は以前と比べると相対的に衰えたとはいえ、上野の主要な5つの文化施設（東京国立博物館、国立科学博物館、国立西洋美術館、東京都美術館、上野動物園）への入場者の合計は、企画展等での増減はあるものの、二〇〇〇年代以降おおむね延べ年間一〇〇〇万人前後で推移し、二〇一六年には一二〇〇万人を突破している（台東区、2017:230）。パンダの赤ちゃんフィーバーに湧く二〇一七年以降しばらくは、この数字がさらに数百万単位で上乗せされるのは確実だ。そこに、総入場者数非公開の上野の森美術館をはじめ、年間数一〇〇万規模の集客のある東京文化会館などの入場者や、公園そのものへの来訪客が加わる。

四〇〇万人近くの花見客を二週間あまりで集める春先は特別としても、公園そのものへの来客も年間を通して増加傾向にある。先述の『上野公園グランドデザイン検討会報告書』で示された将来像を、具現化する形で策定した『上野恩賜公園再生基本計画』（東京都建設局公園緑地部、2009）では、「文化の森の中核となる大広場」と位置付けられた大噴水周辺の竹の台エリアに最もページ数が割かれ、眺望を確保するための周辺樹木の整理や動線の整備、オープンカフェの設置を行ったうえで、このエリアをイベントスペースとして再整備することが盛り込まれた。この再整備が完成した二〇一二年以降、竹の台広場ではさまざまな物産展や文化フェアが開催されるようになり、二〇一六年一〇月には、毎秋に開催してきた上野の山文化ゾーンフェスティバルに加えて、公園や不忍池にチームラボらによるデジタルアート作品を展示する新機軸のイベント「ＴＯＫＹＯ数寄フェス」が開催されるなど、上野公園内でのイベントは急速に盛んになっている。そして、国立西洋美術館本館が、「ル・コルビュジエの建築作品」のひとつとして世界遺産登録（二〇一六年）されたことは記憶に新しいが、このニュースもまた、西洋美術館の写真を撮りに来園する一定数の国内外の観光客を生み出している。

上野動物園のパンダの赤ちゃん（シャンシャン）一般公開を記念した竹の台エリアでのイベント（2018 年）

そんな上野の山の重要性は、国際観光という文脈でも確実に意味合いを増している。二〇〇八年に初の日本版を発行して話題を集めたミシュランガイドでは、上野が東京の各地区の中では唯一「わざわざ訪れる価値のある」三ツ星と評価され、中でも東京国立博物館に高評価が与えられた。これは、いわゆるインバウンド客＝外国人観光客の急増の端緒にあたる、最高のタイミングでのニュースだった。

二〇一〇年代に入ってインバウンドのブームが本格化し、二〇一三年に東京オリンピック・パラリンピックの開催が決まると、上野公園は二〇二〇年に向けた特別な意味づけを与えられていく。上野の山の文化施設と関係省庁・地元関係者が一堂に会して新たに結成された上野「文化の杜」新構想推進会議は、「２０２０年東京オリンピック・パラリンピック競技大会　日本の顔を世界に」と題された報告書をとりまとめた。その中では、世界屈指の文化・教育施設が集積する上野の山――この会議では「文化の杜」と呼んでいる――を、「日本のみならず世界中の人々に親しめる文化芸術の拠点」として整備することで、年間二七〇〇〇万人が訪れるワシントンＤＣのナショナルモールを凌ぐ、年間三〇〇〇万人という集客目標が十分に実現可能な数字としてぶち上げられている（上野文化の杜新構想推進会議、2015:213）。

元国立西洋美術館長の青柳正規（二〇一三〜一六）、前東京芸術大学学長の宮田亮平（二〇一六〜）と、二代続けて上野の山に縁が深い文化庁長官が続いていることもあり、上野公園に対して、現安倍政権も非常に前のめりだ。やはり二〇二〇年を目標年として、「日本が「世界の文化交流のハブ」となる」ことを掲げた文化庁の『文化芸術立国中期プラン』（二〇一四）でも、その〈目指す成果の指標〉として、具体的な地域・施設群としては「上野の杜」が唯一取りあげられ、ここでも三〇〇〇万人という集客目標が掲げられている。二〇一七年一月には、菅官房長官がわざわざ「文化の杜」新構想推進会議で挨拶し、大きな期待感を表明している（朝日新聞 :2017）。このように、まさに「日本をプレゼンテーションするミュージアム」という一九九〇年代以降の上野公園のコンセプトが、二〇二〇年という契機を前に、国家レベルの重点目標として位置づけられているのだ。

それではそんな上野の山を、お膝元の上野の街の人々は、どのような視線で見つめているのだろうか。上野は、下町と山の手が出会う街であると言われてきたことは最初に述べたが、それは地形的な意味にとどまらない。その特性はすでに、一九二〇年代の来街者の客層にもはっきりと顕れている。考現学を提唱した今和次郎は、一九二九年に東京の主要七箇所の盛り場（道玄坂、新宿、上野、神楽坂、銀座、浅草、人形町）で、目視によって来街者の客層を比較調査している（今、1929:133-8）。当時は服装や風体と社会的地位がかなり一致していたことから、かなり妥当性のあるデータだと思われるが、その調査によると、前記の7つの盛り場で「いちばんまんべんなく人の種類を吸収している」のが上野であった。[10]このデータからは、「近代の窓」としての機能を持つ国民公園と庶民的な盛り場という奇妙なカップリングを徒歩圏内に備える稀有な地区であった結果として、上野が戦間期当時には既に、東京でも最も多様な層にアピールする都市的な魅力を有していたことが伺える。

こうした上野の繁華街としての特性は、基本的に現代にも引き継がれてはいる。しかし、「ノガミ」と隠語で呼ばれ、治安悪化の強烈なイメージがついてしまった戦後の混乱期を経ると、ヤミ市[11]に由来する新興のアメ横が上野の街を象徴するようになってゆき、公園と街を訪れる人々の「人種」が大きく違うものになったと実感されるようになった。さらに決定的なことに、震災復興後の一九二五年に高架線開通に伴って設置されたJR上野駅公園口が、一九六五年に拡張されて上野公園を訪れる人々の大動線となると、[12]ある来訪者の行動パターンが定着してしまう。すなわち、上野の街へ来る人々とは「人種の違う」美術館や博物館への来訪者が、東京文化会館の目の前にある公園口から上野公園にアクセスし、観覧後にも上野の街に下りることを選ばずに、銀座などほかの繁華街に移動して食事をとったり買い物を楽しんだりするという行動である。

このような行動パターンが定着した結果、文化施設入場者のかなりの部分が上野の街にお金を落としておらず、国内外からの上野公園の集客が上野の街の活性化に与える影響は限定的なものに留まりがちだ。ミシュランガイドの高評価の効果も、あくまでも上野公園と文化施設に対するものだ。先述の通り、上野の山の集客力は東京都内でも巨大なものであるが、お膝元の上野の街がその集客力を十分に生かせているという実感は、地元の商店主たちにもない。こうした状況にある上野の街で長年言われ続けてきたのが、「山と街との連携」「公園と街の回遊性の向上」という課題である。

こうした問題意識は、戦後すぐから上野の街に存在してはいた。[13] ただ、地元選出の都議会議員や商店会幹部によれば、「山と街との連携」という課題が真剣な政策目標としてほとんどの商店主たちに共有されるようになったのは、一九八〇年代以降のことであるという。次章で詳述するが、この時期は、上野を含む台東区の繁華街としての相対的な地盤沈下が進行した時期である。そのうえ上野では、盆・暮れ時期に大挙して上野駅を利用し、周囲の店で土産品を大量に購買するという、高度成長期にみられた帰省客の行動がすっかり見られなくなり、一九九一年の東北新幹線東京駅乗り入れによって、長距離ターミナルを抱える街という優位性は完全に失われた。こうした熾烈な地区間競争と相対的な斜陽感が意識される時期に至って、新宿や池袋などのほかの繁華街が決して持ち得ない資源として、上野公園により一層の熱い視線が向けられるようになったのだ。言い換えれば、「淺草が觀音樣で持つなら、上野は公園で持つてゐる」(今、1929:128) というかねてよりの上野の特性が、近年あらためて死活的な意味をもって思い起こされるようになったのである。

文化施設で破格に観客動員した企画展があったときには、[14] 上野の街での売り上げにも「神風」と呼ばれるほどの好影響をもたらし、文化施設の潜在的な影響力自体は実感されているだけに、日常的に山か

「パンダ橋」からみた上野公園西側の崖線と上野駅、上野の街（2019年）

ら街へ下りてくる人の比率を増し、街への集客につなげてゆくことは、上野の経営者たちの悲願である。そんななか、東京都の『上野地区観光まちづくり基本構想』（2004）も、まさに「歴史と文化が体感できる回遊性のあるまちづくり」を基本コンセプトに掲げ、山と街の関係者が一同に会す形で基本構想の取りまとめ後に発足した「上野地区観光まちづくり推進会議」に、その議論は引き継がれた。そして地元商業者の側からの、現時点で最新の上野の将来像の取りまとめである『上野まちづくりビジョン素案』（副都心上野まちづくり協議会、2018）もまた、街と山と駅の一体化というテーマを、上野最大の課題の一つと位置づけ、その実現に向けた提言が全編に貫かれている。

二〇〇〇年代に入って以降、ハード・ソフトの両面で試みられてきた回遊性向上のための具体的な施策を、いくつか挙げてみよう。江戸時代には水茶屋や見世物小屋が軒を連ねていた上野山下に位置するJR上野駅（海野、1995:502-4）は、街と山に人を呼び込む大ターミナルであると同時に、本来であれば盛り場として栄えていた場所に、街と山とを物理的に分断する形で作られた大構造物でもある。

そんなJR上野駅の構内を経由せずに、上野の森美術館付近から東側の昭和通り方面まで移動することを可能にする東西連絡路、通称パンダ橋は二〇〇〇年に設置された。寛永寺時代以来、本来の山への入口であったのは、公園内を緩やかに下る坂道が中央通りにぶつかる袴腰と呼ばれるエリアであり、現在でも山と街の結節点として非常に重要視されている。袴腰から東博前まで園内を縦断する歩道にミニトレインを走らせる計画は、二〇〇四年から数回実験運行が行われたものの、人件費の高さから実現しなかったが、近年のクリスマス時期には、袴腰に至る園内歩道に「夜の動物園」や「冬桜」のイルミネーションを施し、街への誘客に努めている。「風格ある入り口エリア」として袴腰の整備を明記した『上野公園グランドデザイン検討会報告書』では、不忍池方面から寛永寺清水堂への歴史的な眺望景観の再現など、山と街の視覚的な一体感の構築も重視され、鬱蒼としすぎた樹木が見通しを遮っていることも課題とされた（東京都建設局、2008:14,29,39）。

文化施設の独立行政法人化以後は、企画やソフト面での街と公園や文化施設の連携も、いろいろと試みられている。上野商店街連合会では、会員店舗の食事券を賞品とした「さくら開花日予想クイズ」が春のイベントとして定着したのに加え、上野動物園とタイアップした希少動物保護救済キャンペーンも展開されている。文化施設で大きな展覧会などが催されるときには、商店街連合会に所属する多くの商店会で共通のペナントを街路灯に掲示し、街からも盛り上げを図るのが二〇〇〇年代以降恒例となっており、袴腰エリアと並んで街と公園の接点となる不忍池畔では、上野観光連盟が二〇〇四年から二〇一三年にかけて、和風建築の「蓮見茶屋」を運営し好評を博した。これは、くつろげる飲食施設が少ないという上野公園の懸案の解消を図ると同時に、江戸時代後期に不忍池の周囲が出合茶屋で栄えていたという故事にちなんだものであり、「江戸情緒」を強調した「下町」のプロモーションでもあった。[15]

2000年代に上野観光連盟が運営した蓮見茶屋。公園内ということで恒久的な建築とすることはできなかったが、夏季に一定の人気を博した。

しかし、こうした数あるインフラ・景観の整備事業や、商店街と公園・文化施設の連携イベントが、恒常的に「山から人を引っ張ってくる」期待に十分応えているかといえば、そこまではまだ実感されていない。パンダ橋の上は休日でも閑散として全く動線として機能していないし、街から山への眺望と動線確保の決定打と期待される上野駅西側道路の抜本的な再整備は、いまだ構想段階だ。

そうしたなかで上野観光連盟などで時折耳にするのが、次のような意見である。すなわち、いくらインフラを整備して連携イベントを打っても、博物館や美術館にくるお客さんたちが満足するような「質の高い」店が上野にできなければ、人の流れなんて変わるはずがない、と。[16]

ただし、そうした主張――山の客を街に引っ張ってくるには、街にも相応の「質の高い」店舗が必要だ――は、上野の街の自己定義にかかわる重大な論点にもなりうるものだ。文化施設に来る客層に合わせて上野を高級な街に作り替えていこうという主張は、「下町」という記号にも、実際の上野の歴史的歩みにも、抜きがたく刻印されてきた大衆性という要素を否定することを意味しかねないからだ。

都市空間の商品化を考えるうえで、鍵となる概念にジェントリフィケーション（Gentrification）がある。上級化、富裕化などと訳されるジェントリフィケーションとは、その言葉が使われ始めた一九七〇年代には、欧米諸都市の荒廃したインナーシティを、貧困層の立ち退きなどを伴いながらミドルクラス向けの住宅地へと再開発してゆく住宅問題を指していたが、現在では、旧来の商店街をお洒落で高級なショッピング街やオフィス複合施設などへと変容させる商業地区の再開発も含めた、総合的な都市空間の再編過程にも拡張されて使われている言葉だ（Sassen,2001=2008:289）。東京では、六本木や汐留などにその典型を見ることができるだろう。だが、次章でも確認するとおり、台東区は高度成長期以降、民間主導の大規模再開発から完全に蚊帳の外に置かれてきた。そうしたなかでの前記のような主張は、上野における内発的なジェントリフィケーションを待望する議論とも言える。ある地域でのジェントリフィケーションを導くロジックは、その地域の文脈に応じてそれぞれ特有の形をとることに留意しなければならないが、「下町と山の手が出会う街」である上野では、「山と街の回遊性向上のための切り札」として顕れるのである。

そもそも、山と街の連携に最も早い時期から意欲的だった団体は、上野の高級寄りの老舗飲食店を中心に、老舗菓子舗・食料品店、衣料品店・宝飾店、デパート、ホテル、金融・証券から、上野の山の主要文化施設、テナントビルまで、69店／施設（二〇一九年五月現在）が加盟している上野のれん会だったことは示唆的だ。のれん会には行政的な決定権や地域の代表権があるわけではないが、この構成からもわかるとおり、まさに上野の「旦那衆」の集まりであり、武者小路実篤や田原総一郎などを含む、錚々たる文化人が寄稿してきた小冊子『うえの』を、発足当時の一九五九年から発刊し続けている上野の文化的な面を象徴する団体でもある。さまざまな街ネタやエッセイと、山で行われる展覧会の情報や美術批評が掲載され、上野のれん会加盟店に置かれてきた『うえの』は、早い時期から街と山をつなごうとしてきたローカルメディアであった。

その後、二〇〇二年に開始され、二〇〇九年以降は上野ミュージアムウィークとして拡張された、国際博物館の日記念イベントが、文化施設と上野のれん会のつながりを深める舞台の一つとなる。五月一八日の国際博物館の日にあわせて開催される各美術館・博物館のイベントに、のれん会は当初より協賛していたが、現在では共同主催者として、文化施設の入場券半券を提示することで加盟店での割引やプレゼント、五月一八日の「お楽しみ無料デー」開催などが定着している。こうした関係性を経て、近年ではミュージアムウィークを離れても、恐竜博2016（国立科学博物館、二〇一六年）、特別展「運慶」（東京国立博物館、二〇一七年）、「怖い絵」展（上野の森美術館、二〇一七年）、ムンク展（東京都美術館、二〇一八〜一九年）などの複数の施設の幅広い人気特別展で、上野のれん会加盟店の食事券をセットにしたタイアップチケットが実現し、街から山への誘客の一助となっている。

その一方で、上野の街の大衆性を象徴する存在であり、文化施設の客層とは「人種が違う」人々を相手にしてきたアメ横の商店主は、公園や文化施設との連携事業に元来消極的であり、「山にぶらさがった集客を図る」ことに関しての懐疑の声をしばしば口にする。

商店街連合会はね、上野公園の文化の香りとか、歴史の流れとか、そういったことをコンセプトに、いろんな仕掛けを企画していますよね。その中でアメ横は、一番後発でスパンが短いわけです。集まってる人たちも、利益があるからここに入ってきた人たちです。それで、上野の山の施設とかそういうの恩恵を受けるといったようなこととか関わりなく、この場所は繁栄してきたわけですから、認識は周りと違いますよね。歴史、文化といったことを商売につなげるというのが、いまひとつピンと来ないというところがあります。（2004、物販、一九五〇年代生まれ）

この、いわゆる老舗の「旦那衆」がリードするのれん会や商店街連合会・観光連盟と、アメ横との意識の差は重要だ。いま「山と街の回遊性」への意識に垣間見えた温度差は、上野の自己イメージや目指すべき将来像の相克、ひいては「下町」という多義的な言葉の解釈をめぐる揺らぎに直結している。こうした問いは、次章以降でじっくり論じてゆくことになるだろう。

（2）調査地・上野の街の概要

本書のベースとなっている筆者の調査はおもに、上野商店街連合会と上野観光連盟という、それぞれかなりの程度役員のメンバーが重なっている二つの団体にお世話になる形で行われた。そうした経緯を持つ本書が分析の対象とする「上野の街」とは、現在その上野商店街連合会を構成している五つの商店街ということになる。[17] これは、北は上野駅と公園の崖線、西は不忍池と文京区湯島3丁目との入り組んだ区境、南は春日通り、東は昭和通りに囲まれたエリアであり、ほぼ台東区上野2・4・6丁目に相当している。[18] この範域は、上野で繁華街と呼べるエリアとほぼ重なっており、当の商店主たちが、上野の街を狭義に考えた場合の地域意識の範囲ともおおよそ一致している。

この五つの商店街組織、すなわち上野中央通り商店会、上野中通商店街振興組合、アメ横商店街連合会、上野六丁目商店街連合会、上野二丁目仲町通り商店会は、それぞれに異なる来歴と店舗構成をもつ個性豊かな商業地区である。それらの連合体である上野商店街連合会は、都営地下鉄大江戸線の全線開通を機に二〇〇一年に発足したものだ。実はこの狭い上野エリアに統一的な商店会組織ができたのはこれが初めてであり、そのこと自体が重要な意味を持っているのだが、それについては第4章で触れることになる。

以下本節では、五つの商店街を概観する形で、いわば五つの商店街のパッチワークとして上野の街を描写してゆく。本書の後半では、上野の中でも地区ごとに大きく異なる成立過程や性質が、この街の商店主たちの意識形成に決定的なインパクトをもたらしていることに注目するのだが、その準備作業の意味でもこうした形で上野を紹介するのが適切だろう。

なお、以下の各商店街の描写は主に、現在までに上野で統一的に行われた最後の商店街調査である二〇〇三年の『上野地区商店街診断報告書』における記述と調査結果、および一九九五年の『商店名鑑』に記された各商店会の沿革史に依拠している。それらの資料からの引用に関しては、特に出展を示さないことに注意されたい。

a　上野中央通り商店会

上野中央通りは、徳川将軍が寛永寺に参詣する御成街道の一部にあたり、両国広小路・浅草広小路と並ぶ江戸三大広小路の一つに数えられた下谷広小路に由来する。あまたの料理屋が軒を連ねて、幕末には「其繁栄江戸第一なるべし」といわれた下谷広小路は[19]、その直後の上野戦争をはじめとして、度重なる震災や戦災の被害を受けるが、そのたびごとに復興し、現在に至るまで常に上野きってのメインストリートあるいは「表通り」であり続けている。上野中央通り商店会の前身は、戦後復興の過程で広小路の商店主が一九四七年に結成した上野商店連合会であり、二〇〇〇年まで変更されることのなかったこの呼称にも表われている通り、中央通りは「上野の街の顔」であることを自他ともに任じてきた。それゆえ、上野の街の歴史的変遷について書かれた記述は、実際にはしばしば広小路／中央通りの描写が多くを占めることになりがちである。

中央通りの中軸を形成するのは何といっても、商店街のそれぞれ南端、中央、北端に位置する松坂屋上野店、ABAB上野店、上野マルイといった大型店舗であり、ほかにも年商・売場面積ともに規模の大きい店舗が目立つ。酒悦、上野凮月堂など、全国的なブランド力を有する老舗もいくつか存在している一方で、近年は、全館カラオケ店やパチンコ店、大規模チェーン飲食店が入居する中層ビル群が、街路の景観を印象付けている感もある。また、戦前から銀行などの金融機関や不動産業も数多く立地し、東京きっての名門寄席である鈴本演芸場の存在など、上野において複合的な都市機能を担ってきた通りでもある。

b　上野中通商店街振興組合

タウンコンセプトとして設定された「うえちゅん」の愛称で親しまれている上野中通りは、JR高架線の西側に並行して走るアメ横本通りと中央通りに挟まれた一面にあたり、小売物販店中心（二〇〇三年調査で67%）の賑やかなエリアである。特にアメ横に近い西側では、スポーツ用品店・靴屋などにはみ出し陳列した商品ワゴンや呼び込みも目立ち、一般にはアメ横の続きのようにみなされることも多い。店舗の規模は、年商1億円未満がほぼ半数を占めながらも、中規模・大規模な店もかなり存在し、ばらつきが見られる。

この地区は江戸時代から寛永寺の門前町の一角であるとともに、現在では菓子店の2階屋上に移設された摩利支天徳大寺の門前としても早くから商業集積がなされ、戦前には呉服商の老舗や履物屋が多く立地していた。しかし、戦災でそのほとんどが焼失し、終戦直後には16~17軒の商店しか残っていなかった。一九五九年の商店街調査の時点で、すでに「戦前よりの住みつきの店舗」は約30%、残る70%は「いわゆる新興勢力」と報告されており（東京都台東区役所、1959:1）、上野でも戦後期に大きく変動したエリアのひとつとなっている。しかしその一方で現在では、商店街活動に対して協力的な会員比率が、上野地区の中でも高い商店会でもある。

ちなみに、街路の頭上に掲げられた上中《うえちゅん》のアーチは、二〇〇〇年に東京藝術大学の日比野克彦助教授（当時）が作成したものであり、上野の山の芸術文化の取り込みや、若者を呼び込もうとする意識が特に高い商店会であるように見受けられる。

C　アメ横商店街連合会

上中のアーチ（2019年）

いわずと知れた東京の一大著名商店街、アメ横である。組織的に言えば、JR上野駅から御徒町駅に至る線路の高架下約４００ｍの商店群と、高架の西側を線路と並行するアメ横本通り西側沿いやアメ横センタービル内の商店群とが、地区ごとに二〇一九年現在12の支部を形成し、その集合体がアメ横商店街連合会を形成している。

上野の地域イメージ形成において、きわめて重要かつユニークな意味を持っているアメ横については第４章で詳述するが、ひとまず簡単にその成り立ちと特徴を概観すれば、終戦直後のヤミ市に由来する商店街だということになる。ということはすなわち、江戸時代以来の伝統を持つ上野の街の中では再後発の商店街ということだ。現在のアメ横にあたる地域は、戦前には人家の密集地であったが、空襲の類焼から国電の変電所を守るために戦時中に住民が立ち退き・疎開させられたために、終戦直後にはヤミ市が立地するに格好の駅前の空き地となっていたのであった（原、1978=1999:96）。

二〇〇三年報告書の調査時点では、実に96％の店舗が小売物販店であり、店舗の借地・借家率が非常に高い（自地・自家所有はわずか8％）のも、上野の中では際立った特徴である。年商5千万円未満の店舗が47％を占めるが、売場面積20㎡未満の極端な小規模店舗が68％、従業員2人以下の店舗が51％も占めていることを考えると、坪当たりの売り上げや経営効率は相当に高い商店街であるとも言える。高架下の御徒町寄りには化粧品店、高架下中ほどには貴金属店、東側の御徒町駅前通り沿いには若者向けの衣料品、西側アメ横通り沿いには鮮魚店や乾物などの食料品店がそれぞれ多くみられるなど、扱う商品構成に区域ごとの特徴があるが、戦後六〇年余りの間に早いサイクルで商売替えがなされてきたのもまた、アメ横の特徴である。その最新の商売替えとして、二〇一〇年代の観光客の急速な増大とともに、急激に飲食店比率が高まっているが、その経緯は第4章で詳述する。

d　上野六丁目商店街連合会

JR高架線の東側に並行する駅前通りと昭和通りに挟まれた比較的広いエリアが上野六丁目商店街連

上野6丁目の立ち飲み・大衆酒場街（2019年）

合会の範囲で、同会自体が七つのそれぞれに独立し、沿革も異なる商店街（通り会）の連合体である。JR高架下の北東側の一角が範囲に含まれる上野駅前一番街と、その南側にあたり、石鹸売りの集まるヤミ市の一角に起源を持つ御徒町駅前通りは、アメ横の続きという雰囲気の強い通りだが、衣料品の小売店とともに飲食店が多く立地している。6丁目エリアの中ほどを縦に走る上野御徒町中央通りとユースロード、および、このエリアを横断し、江戸時代から上野山内への近道として賑わっていた上野さくら通りは、一八八二年の上野駅開業から戦前にかけては駅前旅館や飲食店が密集していた通りである。また、関東大震災後の都市計画で敷設された昭和通り沿いにある昭栄会は、戦後になって首都高速1号線の影が差す通りになってしまい、現在では問屋や金融機関等の非小売・飲食店が中心になっている。御徒町駅の近くを横に走るUロードは、従来の問屋業に飲食店が混じる通りだ。

　以上のように、さまざまな来歴を持つ通りの集合体である上野6丁目エリアは、業種・業態、経営規模、想定している顧客層などさまざまな面で多様性に富んでいるが、上野のほかの地区に比べると商業集積が進んでいない通りがあるのは否めず、年齢層の高い商店主からは「上野の裏通り」「アメ横の駐車場」といった自嘲気味の言葉もちらほら聞かれる。だが最近では、若者に人気の立ち飲み屋やラーメン店などが数多く開業し、一部に風俗店やニューカマー外国人の経営するエスニック料理店も散見され、新たな人の流れが生まれて賑わっている。また、五條天神社の氏子となる線路の西側に対して、下谷神社の氏子となる6丁目は、下谷町と仲御徒町3・4丁目の町会を中心に、商店街活動と連携しながらの町会活動も盛んで、町会加入率の高い地区でもある。

e　上野二丁目仲町通り商店会

ここも実に興味深い歴史と現状を映し出すエリアだ。上野2丁目は、不忍池の南側、中央通りの西側に広がる地区だが、西は文京区湯島3丁目と入り組んだ区境を形成している。江戸時代から一八七九年の区政施行までのこの地区は、現在の台東区（旧下谷区）側の旧池之端仲町、数寄屋町、文京区（旧本郷区）側の同朋町、天神町などが一体的に、花街として栄えていた。後に下谷の花街と呼ばれるようになるこの花柳界は、幕末には柳橋に次ぐ江戸第二位と称えられ（上野観光連盟, 1963:537-9）、昭和一〇年代まで隆盛を誇った。そういった意味で、現在の上野の商店街の中では、中央通りと並んで古くから商業集積が進んだ由緒と格式あるエリアである。[20] その「名残」をとどめるかのように、花柳界の御用達であった和装小物や蕎麦屋、とんかつ屋などの老舗が現在でも点在している。

ただ、現在の上野2丁目は、歓楽街ではあり続けながらも往時とはかなり雰囲気を異にし、居酒屋や飲食店のみならず、スナック、キャバクラ、風俗店などが集積するエリアになっている。その中で江戸時代から続く老舗は、客引きを行い、派手な電飾看板を掲げた奇抜な店構えが並ぶ中に、すっかり埋もれてしまっている感がある。特に、メインストリートである仲町通りは、「キャバクラ通り」とも揶揄されるほどの状況であり、上野の街でも常に「問題」視されてきた――この「問題」をめぐる街の人々の語りが、本書後半の一つの軸となってゆく。

同時に、在日コリアン系の店主が経営する焼肉店の老舗が点在し、一九九〇年代以降はニューカマーのアジア系パブと、そこで働く人たちも客となる家庭料理店やエスニック・ショップが立地する多文化的な地域でもある。そうした非常に多様性に富むエリアにある上野二丁目仲町通り商店会は、一九七五年に池之端共和会から分離独立したものであるが、会員にはクラブ等を含む戦後にできた飲食店が多く、先に挙げたような老舗物販店・飲食店はあまり加入していない。また、在日コリアン系の役員が数多く活躍しているのもこの商店会の大きな特徴である。

本書の元となった聞き取り調査の中心は、二〇〇一年から二〇一八年にかけて、上記の五つの商店会に属する商店主などに対して行われたものである。ただしそれは、上野の商店主の各層を平均的に網羅したものではない。フォーマルな聞き取りのほとんどは、上野商店街連合会や上野観光連盟などが行う会議やイベント、パトロールなどに筆者が参与観察し、それらの活動で知り合った商店主たちや、そこで紹介された人たちに別途インタビューをお願いするという形で行われた。何らかの形でアポイントを取って聞き取りをしたのは60名、会議やイベントなどへの参加を通して、インフォーマルに話を聞いてきた上野関係者はその他に30名ほどいる。

商店街活動を中心とした地域活動に積極的な彼らは、上野への定着志向が高く、地域で「顔が広い」と同時に、上野のまちづくりに関心の高い層ではあるが、必ずしも大規模な店舗の経営者というわけではない。また、現在は自分自身や先代が経営してきた生業から転じて不動産管理業（貸しビル業）となっている人たちも含まれる。彼らを適切かつ簡潔に表す言葉を見つけることは難しいが、本書では、ある商店主が口にした「われわれ上野の旦那衆」という言葉を援用してみたい。もちろん、筆者の調査対象者たちの多くが「旦那衆」の一員という自意識を持っているわけではないが、この言葉は、彼らの持つ定着志向や集団性、街への責任感と帰属意識などをうまく表現できる語感を持っているので、彼らのことを便宜的に「旦那衆」と呼んでいこう。

ただし、筆者がインタビューした人たちも含めて、「旦那衆」の多くは上野に住んではいないということに注意したい。本書が定義する上野にあたる台東区上野２・４・６丁目の人口は、住民基本台帳による台東区の町名別世帯数及び人口統計によれば、合計しても４５０人（二〇一九年七月一日現在）に過ぎず、アメ横と中通り、中央通りの東半を擁する上野の中心部である４丁目に至っては、わずか45人しか住んでいない。[21] しかもその少ない人口の中で、上野２丁目では外国人が１６５名中52名、６丁目では２４０名中41名と、やはり外国人住民比率が高くなっているのが特筆される。

上野観光連盟の執行部会を対象に筆者が二〇〇一年に予備的に行ったアンケート調査[22]によれば、「旦那衆」と呼びうるこの母集団のうち、上野に住んでいる回答者はわずかに8％である。しかし同時に、回答者のうち実に55％が、店舗のある上野と自宅のある場所を比べて、上野のほうにより強い愛着があると答えている（「両方に愛着」が36％）。

彼らにとっては、「上野の街の人」――この言葉のほうは、フィールドワークでもごく普通に耳にする――とは、住民票の有無ではなく、まずは「上野に根を下ろして商売をやっている人」だ。「旦那衆」の大半は、近くて谷中や浅草などの周辺地区、時には他区／他県に住んで、上野の店舗に通いでやってくる。下町の商人や職人の生活は居住・職場・遊楽が「町内」で完結しているという奥井復太郎による定式化を踏まえたうえで、有末賢は、一九二〇年代の郊外化以降には、下町自営業者の世界でも、「店の奥」であった住居を山の手に移して通いで営業する形態が広まったと指摘している（有末、1999:142）[23]。現代の上野では、こうした商店主のライフスタイルはもはや完全に一般的なものとなっており、二代目以降で戦後生まれの「旦那衆」の中には、生まれも上野でない場合もある。

しかしそれでも、上野近辺の小学校に「越境」入学して、幼い時から上野の祭礼などに参加する場合も、しばしば見受けられる。そして、長じて家業を継ぐと、店舗経営のみならず商店街活動などを通して、その多くが、実際に住んでいる地域よりも上野に強いアイデンティティを持つようになるのだ。

街としてのこうした特徴は、上野の「旦那衆」のコミュニティの中での、女性の相対的な影の薄さにも関連していると思われる。商店街や地域の各種団体などの場では、どの地域でも男性中心になりやすいが、いわば職住が分離されている上野の場合は、居住をベースとした町会活動も含めて、ことに男性の比重が大きくなりがちだ。実際に、筆者がインタビューを行った60名中でも、一部の女性起業家や家族で対応してくれた人など、女性は5名にとどまることを付記しておきたい。

第2節　多文化化と流動化の地層——断絶か連続か

一九九〇年代以降の上野はきわめて「国際的」な街となった。しかも、「世界中からの観光客がやってくる街」になる以前に、別の形で、上野という街そのものの構成要素として、「国際的」なものは抜きがたく顕著になっていった。

前述のように、2丁目仲町通り近辺では、韓国系・中国系を中心としたアジア人のホステスたちがいるパブが軒を連ね、彼女たち自身も客となる焼肉店や屋台料理の店が数多く立地する。「ニッポンの歳末」の風物詩として必ず全国的にテレビ中継されるアメ横には、九〇年代以降、アメ横センタービルの地下を中心にアジア各国やアフリカの食材を扱う店が増え、関東一円からやってくる多様な国籍の定住外国人が買い物を楽しんでいる。二〇一〇年頃からは廃業した鮮魚店の物件に外国人が経営する屋台風の飲食店——ケバブ屋や小籠包店など——が相次いで入居し、エスニックな食べ歩きが、アメ横の「新名物」としてメディアに取りあげられることも増えてきた。センタービルの上階やガード下の奥まったところにはヒップホップ系の衣料品店が数軒立地し、そのアフリカ系店員たちは、若者に声をかけるためにカタログを片手に表通りの辻にたたずんでいる。少し外れて御徒町駅南東側の宝飾店街では、インド人店主の姿もすっかり定着し、ジャイナ教寺院まで設けられている。

そして、これらの一連の変化の幕開けを象徴したのが、マスメディアでも大きく取り上げられた、九〇年代初頭の上野公園におけるイラン人の「蝟《い》集」であった。

次章で詳しくみていくが、商品化された「下町」は、「日本的」なイメージに確かにつなぎとめられており、そうした「下町」の役割を東京都も上野や浅草に求めてきた。インバウンド観光促進の文脈ではなおさらだ。その「下町」の中核的な繁華街として位置づけられる上野の一部に、アジア的な光景が広がっているのは、確かにどことなくすわりが悪いものに映る。

グローバル化というものを考えるときに、グローバル化という言説のイデオロギーとしての役割（グローバリズム）と、都市や人々の営みに実際に影響を及ぼす現象としてのグローバル化（グローバリゼーション）とを、峻別するべきだという議論がしばしばなされる。そうした議論に従えば、一九九〇年代以降の上野は、このように整理することができるだろう。グローバリズムというイデオロギーが活性化させる都市間競争の論理の中で、「本物の日本」が味わえる「下町」の役割をこの地域に割り振ろうとする公的な戦略が、街の人々と都市景観の急速な多文化化という、現象としてのグローバリゼーションに食い破られつつあるのだ、と。

こうした現実に対する街の人々の率直な反応を示す調査結果がある。「イラン人問題」がマスメディアをにぎわせていた一九九二年に行われた調査で、上野の日本人住民・商店主からなる回答者の61％がイラン人は「上野の街のイメージダウンにつながる」と回答しており、対照的に、「イラン人もまた、上野の街を国際色豊かにする」という質問において「そう思う」という回答は18％にとどまっていた（東京大学医学部保健社会学教室、1992:253）。グローバル化の中で「国際的」な観光都市として発展していくためには、「望まざる外国人」という不本意なグローバル化の結果を、まず排除しなければならない――このアンビバレンスは、九〇年代初頭から現在まで脈々と街にくすぶっている。

しかし、ここでわれわれは、再度立ち止まって上野の街を見つめる必要がある。上野の現在とは、ノスタルジーを喚起する「日本的」な街が、無秩序なグローバル化の現実に根底から塗り替えられようとしている、ということなのだろうか。上野において、歴史的な資源と多文化化現象とは、本当に排他的に対立するようなものなのだろうか。現在の多文化化現象は、上野の街が積み重ねてきた歴史と、質的に断絶したものなのだろうか。

答えを先取りしていえば、すべて否である。ローカルな基盤の上に展開されるグローバル化の帰結の一つである都市エスニシティの「問題」は、都市の中で均質かつ一様に発現するのではなく、既存の社会インフラや産業構造に沿った形で、地理的・空間的に不均等に顕在化するわけだが、そのテーゼは現在の上野にこそよく当てはまる。政策上の位置づけや、観光産業の作り出す記号的な「下町」イメージからは、断絶としてしか見えてこない上野公園やアメ横の変化も、少し歴史を振り返ってみれば、むしろ連続性と必然性こそが色濃く見えてくる。すなわち、現在起こっている上野の多文化化は、「歴史の街上野のよき面影が失われている」現象などではなく、帝都／首都の大ターミナルと共に発展した街としての機能が、時代の変化とともに「後背地」を拡張させながら生き続けた必然的な結果であるということが。言い換えれば、グローバル化による都市空間の再編の中で、上野が上野でなくなった結果ではなく、上野が上野であり続けているがゆえの結果を、われわれはアメ横や上野公園で目にしてきたのではないだろうか。

アメ横や仲町通りの歓楽街に関してはあとで詳述するとして、ここではそうした連続性と必然性を、最も明確に私たちに教えてくれた最初の出来事として、まずは九〇年代初頭に上野公園にたむろしたイラン人たちのことを振り返ってみよう。

（1）「北の玄関口」から「空の玄関口」へ

間もなく崩壊することになるバブル景気に日本中が浮かれていた一九九一年春、上野公園の一角、西郷隆盛像を中心とした広場と、その右手から京成上野駅の脇を中央通りへとくだる階段のあたりに、突如として多数のイラン人が現れた。東京を代表する著名なモニュメントでもある近代日本の英雄の足元に、浅黒い髭面の外国人が最盛期には400人もたむろして、何やら「怪しげな」商売をしているという絵面のインパクトは、外国人労働者に対して「開国」すべきか「鎖国」すべきか堂々巡りの議論をしていた当時の日本社会を揺さぶるのに十分であり、急速にグローバル化――当時の言葉を使えば、国際化――する東京のカオスの象徴として、好奇と恐怖の視線で報じられてきた。一九九二年のお花見時期を頂点に、繰り返し記事に取り上げた雑誌のタイトルは以下のようなものである。[24]

心のふるさと　出稼ぎイラン人のあゝ上野駅　（『AERA』1991年6月25日）
イラン人「大増殖」で上野の山は困った困った　このままでは花見もできない！（『週刊文春』1992年3月12日）
上野のお山は〝国際色〟満開　イラン人も一緒に楽しく花の宴　（『毎日グラフ』1992年4月26日）
代々木、新宿、上野・うわさのイラン人スポットに潜入!!　ドラッグまで売られていた!!　イラン人マーケットの実態　（『宝島』1993年4月24日）

そもそもイラン人はなぜ公園にたまり場を形成したのか。あるいは、バブルの崩壊へと向かうこの時期に、顕在的なたまり場を形成した外国人はなぜイラン人だったのか。同時期のもう一方のイラン人のたまり場であった代々木公園をフィールドとした町村敬志の優れた論考があるので、それを参照しながら再考してみよう（町村、1999）。

外国人労働者、なかんずくさまざまな社会的な資源へのアクセスから疎外された「不法」滞在者たちの日本国内における職探しや職の移動は、同胞ネットワークが大きな役割を果たす（丹野、2001:246-7）。また、同胞という社会関係資本は、就労ビザのない外国人にとって、重要な、そしてほとんど唯一のセーフティネットでもある。

イラン人は、当時の在日外国人の中でも、「不法」滞在者比率・単身男性比率ともに目立って高いために、エスニック・ネットワーク形成の点で不利な条件が多いグループであった。しかも彼らは、来日時期がイラン・イラク戦争終結後の九〇年以降であったことから、景気拡大局面に好条件の就労先を見つけられなかった「遅れてきた」ニューカマーでもあり、周縁的な在日外国人の労働市場の中でも最も不利な立場に構造化されることになる。ネットワークが未成熟なまま景気後退期を迎えたイラン人は、同国人が経営する店など情報交換が可能な結節点が、他の国籍グループに比して大きく不足しており、パブリック・スペースを「たまり場」とせざるを得なかった。

袴腰階段周辺に集まるイラン人(1992年)
(© 毎日新聞社/アフロ)

言い換えれば、日本で何らの社会的資源も持ち合わせていなかったイラン人たちが生き抜くためには、集合的に顕在化して烙印《スティグマ》を押され、集団全体が差別視・犯罪視されるリスクと引き換えにしても、公共空間で社会関係資本の形成を図るというギリギリの選択肢しか残されていなかったのである。

イラン人が抱えていたこうした背景を社会史的に捉え返せば、九〇年代初頭のイラン人現象は、東京のグローバル・シティ化を告げる唐突な黒船というよりは、上野公園がその社会的な機能を果たし続けたことによる連続的かつ必然的な結果に見えてくる。

よく知られているように、関東大震災時には上野の山は都内最大の避難場所となった。被災後四日を経た一九二三年九月五日、上野公園及び付属する諸施設に押し寄せた避難民は6万1580人を数え、その後も最大3万名前後を収容可能な多数のバラックが建設されている（東京市下谷區役所、1937:56-61）。敗戦後の一九四八年には、東京中にあふれた戦災者・復員軍人・孤児などのうち、一説には実に57％までもが上野地区に集まっていたというが、一九四九年には行き場のない戦災難民たちが、徳川家の墓地のあった凌雲院のあたりに集団で定着するようになった（小林、1980:82）。通称「葵部落」がそれで、一九五三年にその住民は143世帯750人を数えた。住民の多くはバタ屋や日雇い労働などに従事する定住者で、食堂・宿屋から集落内の新聞までを備えるひとつの自立したコミュニティだった。住民の出身地の多くが、東京と近県のほかには、秋田、栃木、新潟といった各県で占められていたことは、上野の「北の玄関口」としての特性も反映されていよう。[25]

「葵部落」が立ち退き（一九五六年）された跡地に、国立西洋美術館と東京文化会館が建設された一九六〇年前後は、上野行きの集団就職列車（一九五四～七五年）のピーク。東京への急速な人口流入が続く六〇年代後半には上野駅は「家出人のメッカ」として名を馳せており（山田、1994:17）、この頃も上野公園には野宿が絶えなかった。そしてイラン人が排除された後の九〇年代中盤には、急速に東京の都市空間に「ホームレス問題」が（再）顕在化する。隣接する山谷地区の簡易宿泊所《ドヤ》がバブル期にビジネスホテルへと高級化した後に不況が訪れたために、アブレが常態化して建設労働者が宿代を払えなくなったことも大きな要因（西澤、1999:102-3）となり、噴水のある竹の台の裏手から旧奏楽堂方面に至る木陰などに、いわゆるブルーテント村が出現したのだ。

このように、交通の要所に隣接する広大なパブリック・スペースである上野公園は、天災・戦災、東京の急成長による人口流入や不況など大きな社会変動期には常に、アジール（避難所）としてフル回転してきたわけだ。東京という重力に引かれて移り住んだものの、さまざまな形で社会的資源を剥奪された人々が集まり露出してきた、アジールとしての上野公園。イラン人現象もまた、その歴史の一ページである。

上野駅は、東北本線、信越本線、高崎／上越線などのターミナル、すなわち「北の玄関口」だったわけだが、「北」――東北、北海道、信越・北関東――とは、高度成長期までの日本において、相対的に開発の遅れた「周辺」に他ならない。「周辺」は、帝都／首都の東京にとって常に安価な労働力の供給地であった。

しかしバブル期には、農村部が既に過疎化していたことに加え、地方への再分配という機能を持っていた五五年体制下の自民党の公共投資重視政策が、「周辺」の生活レベルを引き上げていたこともあり、東北などからの出稼ぎ労働者は激減していた。労働者派遣法の度重なる改正を経て、非正規労働者比率の爆発的な増大を目の当たりにしている現在のわれわれには隔世の感があるが、一九九〇年前後には、景気や季節による生産変動の調整弁となる安価で切り離し可能な労働力のプールは、おそらくは近代日本の歴史上最も縮小していたのだ。主婦パートに頼れない製造業・建設業を中心とした人手不足に悩む中小企業が、当時外国人労働者の導入を求めていた背景にはこのような構造があり、この時期の外国人労働者の導入は、東北などからの期間工の代替として選択された側面があった。

八〇年代から九〇年代初頭は、鈴木都政下の東京が都市成長戦略としての「世界都市」を標榜した時期でもある。そして実際に、労働力の吸引に関して言えば、一時的に枯渇しかけていた国内の「周辺」に替わって、東南アジアへ、西南アジアへ、そして南米へと「周辺」を求め、グローバルに求心力を拡大させていったのだ。東京圏に流入した彼ら外国人労働者は、時に「外人」として差別的なまなざしを向けられながら、それぞれの在留資格にあわせて、何層にも分断された労働市場の周縁部に構造化されていった。これは、高度経済成長期の地方農家の子弟が、大企業に差別的に処遇され、労働市場の二重構造の下層に組み込まれていったという歴史的事実（加瀬、1997:93-110）を思い起こせば、グローバルな「周辺」からの労働者が、社会的にも経済的にも、国内の「周辺」からの労働者の直接的な後継者の位置にあったと言ってよいだろう。

上野に話を戻すと、そのころ既に上野駅は、「北の玄関口」のみならず「空の玄関口」にもなっていた。一九七八年の成田空港開港時に東京都心部への唯一の直通鉄道アクセスとして乗り入れた上野を起点とする京成電鉄は、JRの成田エクスプレスが開業して以降も、その低価格により「周辺」からの出稼ぎ労働者が選択する路線であった。「周辺」からの労働力の中でも、最も日本国内での社会的資源に乏しかったイラン人は、まず成田空港のロビー、そこが締め出されると日暮里を経て上野と、京成線に沿って西漸してたまり場を作り、駅に至近の広大なパブリック・スペースを見つけるに至ってしばし定着する。上野は奇しくも「空の玄関口」ともなったことで、グローバル化時代にもなお、「周辺」から流入する人々が東京の第一歩を記す地であり続けたのである。上野の連続性の中での変化を的確に踏まえたあるアメ横の商店主の以下の言葉は、イラン人が出現した当初に、既にこの現象の本質を言い当てている。

> 東北の人たちがさ、『ふるさとの訛りなつかし』で、それを聞きにいく上野駅なんてのは終わったの。今は成田出稼ぎ族、つまり外国人の心のふるさとなの。（『AERA』前掲記事）

時代を振り返ると、上野公園や上野駅で起居する人々の一部には、犯罪的な行為に手を染める者が出てくるのが世の常であった。上野がノガミと呼ばれた戦後期、愚連隊が闊歩しスリ・置引から恐喝まで「悪の巣窟」の名を轟かせた上野駅地下道から染み出す形で、上野の山につきまとったいかがわしさと恐怖感は、イラン人がたむろした九〇年代の比ではない。一九四八年の上野の山には、「血桜組」に組織化された女性たちを中心とする４００名前後の街娼が繰り出しており、中には35名ほどの男娼も混じっていた（大谷、1948:65-79）。そうした状況を反映して、一九五六年発行の東京都観光協会編の観光ガイドブック『東京案内記』では、上野駅で旅行者を狙うポン引《ママ》やダフ屋の手口を紹介し、上野公園にたむろする浮浪者の群やポン中《ママ》毒者に注意を促す「上野のダークサイド」というセクションに、三ページも費やしている。「華やかにもまた哀しい町である」とまとめるこのガイドブックの記述に見られるように、戦後十年間の上野は、イメージ上のみならず、実質的にも注意が必要なほどに治安の悪い場所とみなされていたのだ。

そもそも江戸時代に遡れば、寛永寺の聖域でありながら昼間は庶民に開放されていた上野の山は、犯罪者にとっては町奉行の手が及ばない治外法権のアジールであった（海野、1995:501）。しかし明治以降近代の上野公園では、文化政策の「顔」としての上野公園に染み出してくる都市の暗部に対して排除の圧力が強まり、犯罪の一掃が目指されるようになる。戦後の「葵部落」は生業を持つ定住コミュニティではあったが、「犯罪の巣」と名指しされて常に都や公園から撤去の圧力を受けていた。一九四八年には、上野公園視察中の警視総監が男娼に殴られる事件が起こり、激怒した警視総監は上野公園の夜間立入禁止を命令している（上野の杜事典編集会議、2006:96-8）。[26]「国民公園」にふさわしい上野の山の美観と治安を逸早く回復させることは、当時の至上命題であったのだ。もちろん、「ノガミの汚名返上」は、戦後直後の街の人々にとっての切なる願いでもあった。上野観光連盟の前身、上野鐘声会が一九四七年に結成され、上野音頭・上野シャンソンの発表、「国土美化と同胞偕楽」のための「公共事業」と謳った上野の山への千本の桜の植樹と桜まつりの開催、そして防犯協力会の結成と、硬軟取り混ぜた汚名返上のための施策を矢継ぎ早に打っている（上野観光連盟前掲書：240-9）。

上野公園は、「国民公園」であるとともに「東京の貴重なオアシス」でもあるのだが、特に大きな社会変動によって、オアシスとしての側面がアジールとして肥大化すると、その二側面はこのように激しくせめぎあってきた。[27]

九〇年代初頭もそういう時期だったと言えるだろう。情報交換のために集まっていたイラン人の中からも、偽造テレホンカードの密売グループが登場し、一九九三年に入ると薬物取引も噂されるようになった。街の商店主から見てもイラン人が「どんどん悪くなる」につれて、イラン人現象の問題構成は、就労問題から治安問題へと急速にシフトしてゆく。そして、イラン人同士の縄張り争いの大乱闘が発生した九三年五月一一日を機に警察は厳戒態勢に入り（岩田・林、1993）、上野公園におけるイラン人のたまり場は急速に解体された。その後も、偽造テレカや薬物の密売をするイラン人がチラホラと公園付近に立ってはいたが、九四〜九五年頃には徹底した取り締まりがされることになる。

ところでこのイラン人たちが、上野公園の広大な敷地の中で西郷像前の広場とそこに続く階段という、特定の空間を選んでたまり場としていたことにも、注意が必要だろう。

学生たちを上野に連れて行くとよくわかるが、この西郷像はみな写真などでよく知っているのだが、実際に足元から眺めたことのある者は非常に少ない。なぜなら先述のとおり、現在では上野公園を訪れる動線の主軸となっているJR上野駅の公園口と動物園や美術館・博物館群のラインから、西郷像の広場は完全に外れた空間になっているからだ。

上野駅に程近く公園内でもアクセス至便にもかかわらず、休日の人波からは外れているこのエアポケットのような空間が、イラン人たちによってたまり場として選ばれたのは必然だったのかもしれない。それは、この空間をたまり場としたのがイラン人だけではなかったことからも傍証できる。西郷像周辺は昭和二〇〜三〇年代には「浮浪者」のたまり場として知られ、一九四八年ごろには街娼がこのエリア

西郷隆盛像（2019 年）

で「等級」ごとに空間を使い分けていたという（大谷前掲書：74）。イラン人が姿を消し／排除されてしばらく経った一九九六〜九七年の週末に、小規模ながらインドネシア人研修生たちが上野にたまり場を作ったとき、彼らがサテーの弁当屋を出したのもまた、この西郷像の広場だった（裵、1996：22-4）[28]。また、ブルーテントが目立った九〇年代後半〜〇〇年代前半には、公園内の奥まった空間に広がったテント村の広大さには及ばないものの、駅や表通りに比較的近い空間の中では、やはり西郷像の周辺に野宿が目立っていた。現在の西郷像周辺は閑散とした空間であるが、上野の街を望める崖沿いに置かれたベンチには、日がな一日手持ち無沙汰に腰をかける、いわくありげな中高年の姿が目につく。こうした空間にイラン人たちもまた、彼らの「場所」を創出したのだ。

ただし、こうした記述に違和感を覚えた読者も多いのではないだろうか。明治政府は、国家的な文化戦略としていた上野公園の造営の際に、なぜそんなエアポケットのような空間にあえて元勲の銅像を建てたのかと。

いや、西郷像は一八九八年当時は、上野公園のメインゲートを登りきったところに、文字通りの上野の顔として建立されたのである。朝敵の汚名を着て最期を迎えた西郷の銅像を皇居前に造ろうという動きこそ頓挫したものの、国民的人気の高い西郷隆盛の銅像を上野公園に建立することは、徳川将軍家に縁が深いこの地での文化／空間戦略を重視していた明治政府にとって、やはり「使える」手段ではあった。そこで、西郷像の建立を訴えた旧薩摩藩士の軍人たちと帝国博物館長との話し合いの結果、いかにも上野の守護神のような位置で広小路を睥睨するこの公園の入り口――江戸時代から桜ヶ岡と呼ばれた名所でもあった――に、銅像建立地が決められたのだ（浦井前掲書：130-1）。当時の写真には、上野公園開設時に桜ヶ岡下の石垣を迂回するように設置された石段（袴腰階段）を、西郷像を仰ぎ見ながら昇る人々が列をなしているさまが映されている。上野駅の不忍口を降りて仰ぎ見る西郷像という景観は、視覚的にも上野という名所の重要なパノラマを形成していた。

では、なぜこの袴腰からのルートが上野公園の動線の主軸ではなくなり、西郷像周辺がエアポケットと化してしまったのか。最大の要因は上野駅公園口の拡張整備（一九六五年）であるが、それとともにもう一つ忘れてはならないのは、戦後の桜ヶ岡下には通称・西郷会館と呼ばれる地上三階建てのビルが建ち、上野駅の不忍口から外に出た来街者に西郷像はほとんど見えなくなったという景観上の変化だろう。

西郷会館ビルの所有者は、従来テナントの中心になってきた土産物店などが構成する上野広小路商業協同組合であった。この協同組合は、戦後すぐの時期に現在の中央通りにあった露天商たち――その多くは焼け野原に復員してきた人々だった——が作った団体である。一九四九年に連合国軍総司令部（GHQ）の命令により年度内の露店撤廃令が出たことを受け、当時の東京都庁は各地の露天商の共同組合に代替地の斡旋をし、マーケット・ビルなどを建てて収容するのだが、この西郷会館ビルもそのひとつである。しかし、都市の美観、防災、衛生、そして治安対策の面から露店整理計画が要請されても「ガラが悪くなる」ことを怖れる各地の地元の人々の反対で代替地選定が難航することが多かった。そんななか上野では、西郷像の直下を掘削しビルを建てるという、「奇想天外の思いつき」が実現されることになったのである。[29]

「戦後の混乱」を清算して「秩序ある都市景観」を取り戻そうとしたGHQと東京都の目論見が、結果的に景観を変化させたことで近代国家建設の英雄の銅像をエアポケットへと追いやり、めぐりめぐって、後に続くグローバル時代のカオスの象徴ともなった現象を現出させた一端となっていたわけであり、とても皮肉な帰結であったといえよう。

ただ、西郷像の足元にあたる袴腰は、前節で注目した「上野公園と街との回遊性の向上」のために、きわめて重要な意味を持つ結節点にほかならない。前掲『上野公園グランドデザイン検討会報告書』でも、「西郷銅像下の飲食施設等については、公園へのアプローチの強化など、公園と周辺のまちとのつながりを強化」(34)とわざわざ言及されており、上野におけるこの空間の再編の重要性を物語っている。

そしてその西郷会館ビルは、最後まで残っていた飲食店も二〇〇八年四月に営業を休止し、二〇一〇年越しの計画だった建て替えが二〇一二年に落成、飲食を中心としたUENO3153としてリニューアルオープンした。その北側に隣接して、やはり戦後期から映画館や零細物販店、囲碁会館などが公園を掘り抜く形で営業していた上野東宝劇場・上野宝塚劇場と上野大東ビル（上野松竹デパート）も、時を前後して、上野バンブーガーデン（二〇〇五年）、上野の森さくらテラス（二〇一四年）という飲食ビルとして相次いで一新された。

露店撤去前年の広小路。西郷像下はまだ石垣になっている（上野観光連盟提供）

それまでの上野には少なかった、開放的な空間で手頃な価格の飲食テナントが人気を集めているそれらの再開発ビルはすべて、ガラスを大きく使ったモダンなデザインと、上野駅不忍口交差点や上野駅西側道路から直接公園に上がれる見通しのよい階段を擁している。その結果、再開発ビルの並ぶこのエリアは、まだまだ公園への主たる動線とはなっていないものの、長年の上野の宿願だった「山と街

UEN03153ビル（左〜中央）からの上野公園崖線再開発ビルの並び（2019年）

の回遊性の強化」「質の高い飲食の提供による文化施設来訪者の街への取り込み」という目標を一定程度達成し始めている。こうしてこの一角は、床面積としては東京駅周辺や湾岸地区などの大規模再開発には遠く及ばないものの、二〇一〇年代の上野の変化を示す、ジェントリフィケーションされたエリアとなっている。

（2） 商店街の流動性

罹災者や集団就職者からイラン人にいたる、上野駅で東京での第一歩を踏みしめた出郷者、上野公園をアジールとした寄寓者たちの歴史をみてきた私たちは、上野が流動性に対して常に開かれた場所であり続けたことを確認した。しかし、彼らをときに温かく受け止め、ときに苦々しく見つめ続けてきた上野の街の経営者たちはどうであろうか。彼らの多くは、江戸時代から栄えた盛り場に遡るその起源からイメージされる通り、江戸や明治の昔から何代にもわたって暖簾を守ってきた人々なのだろうか。

2003年時点での上野地区各商店街店舗の開業年代

	現在地での開業年　比率							回答数	回答率
商店街名	大正以前	昭和20年迄	昭和30年代	昭和40年代	昭和50年代	昭和60年代〜平成7年	平成8年以降		
上野中央通り商店会	9.4%	31.3%	18.8%	18.8%	9.4%	6.3%	6.3%	32	22.5%
上野中通商店街振興組合	6.7%	23.3%	25.6%	10.0%	4.4%	12.2%	17.8%	90	57.5%
アメ横商店街連合会	0%	12.8%	29.2%	12.5%	16.0%	19.9%	9.6%	312	76.3%
上野六丁目商店街連合会	8.9%	6.7%	35.6%	6.7%	13.3%	15.6%	13.3%	45	12.6%
二丁目仲町通り商店会	0%	0%	14.3%	7.1%	21.4%	42.9%	14.3%	14	11.6%

※『上野地区商店街診断報告書』39頁および229頁の表より、上記5商店会について筆者作成。

そうしたイメージもまた事実とは異なることが、二〇〇三年に台東区が行った『上野地区商店街診断報告書』にはっきりと示されている。上表は、調査に回答した上野地区の商店の開業時期を商店街ごとにまとめたものであるが、一見していかに「老舗」と呼びうる店舗が少ないかがみてとれるだろう。

前節で描いた商店街の形成史を反映して、商店街ごとのばらつきがかなり甚だしいこと、すべての商店街において大正期以前に遡れる店舗は10％に満たないことなど、興味深い結果を示しているデータである。ただしこの調査では、アメ横と中通りを除いては回答率が非常に低いという難点があり、また、選択肢の表記にも決定的な不備──「昭和20年迄」の次は、「昭和30年代」になってしまっている──がある。しかも、この種の調査における回答への積極性と地域意識の高さとの相関関係を考慮すれば、実態よりも長く営業している店舗の割合が高く出て

大正中期（1910年代）の上野広小路（台東区立下町風俗資料館蔵）

いる可能性がある。

そこで、あくまで通り沿いの路面店を書き記した過去の地図や、住宅地図を参考にして、そこに記載された店舗の全数の時系列的な変遷を調べてみたい。その中で取り上げたいのは、前表によれば最も老舗の割合が高そうな、現在の上野中央通り商店会にあたる広小路だ。一九世紀中ごろの江戸で一番の繁華街と謳われた下谷広小路に由来する中央通りは、常に名店・大店が集まる「上野の街の顔」だと自他ともに認めてきた象徴性があると同時に、資料もよく残されているからだ。『上野繁昌史』には、一九二三年八月と一九四五年一月時点、すなわち関東大震災直前と東京大空襲直前の時期における、袴腰にあった上野公園電停から春日通りとの広小路交差点までの、上野中央通り南半の区割り図が掲載されている（572）。以下、そこに記された範囲を、その後おおむね二〇年ごとに二〇〇五年までの住宅地図の同じ範囲と経年的に比較して、それぞれの時期の地図に描かれている店舗がどのように残存しているのかを比較してゆこう。

筆者が二〇〇〇年代以降調査をしている、上野商店街連合会や観光連盟などの「旦那衆」の集まる場では、上野の店舗の激しい移り変わりは、バブル期に加速されたものだという話が共通認識になっている。一九八六年の住宅地図に記された97店の路面店のうち、二〇〇五年の住宅地図に確認できるのは、商売替えをしている店舗や統廃合の後継となった銀行などを加えても、29％にあたる28店に過ぎない。戦中の一九四五年にあった店舗でこの時点まで残っているのは、13％にあたる7店、関東大震災前の一九二三年からの店舗に至っては、9％にあたる5店に過ぎず、確かにもはや老舗と呼べる店はほぼなくなってしまっている状況である。

この約二〇年間に70％もの店が上野から去るという事態は、バブルとその崩壊の時期が、上野の歴史の中でも稀な流動的な時代だったことを意味しているのだろうか。いや、古い資料を振り返ってみれば実はそうでもない。『上野繁昌史』に記された、関東大震災直前と東京大空襲直前の時期における区割り図を比べてみよう。震災復興後の区画整理を経たこの時期には、通りの中で店舗の位置が少し変更されている店などもちらほら存在するが、それらを残存として勘案しても、一九二三年八月時点の58軒のうち一九四五年一月に残存しているのは半数以下の21軒である。残存率としては36％であり、この二二年間の変化は、一九八六〜二〇〇五年の一九年間とそれほど大きな差はない。

この時期のほぼ中間にあたる一九三六年には、東京商工會議所『東京市内商店街ニ關スル調査』の中

1936年時点の上野広小路商店街の開業時期

開業年	件数	比率
～1911	17	30%
1912～1920	6	11%
1921～1925	6	11%
1926～1930	8	14%
1931～1936	20	35%

で、地理的に言えば現在の上野中央通り商店会にほぼ相当する、上野廣小路商店街が取り上げられている。ここでは店舗の開業年代も調べられているが、この回答でも上記の区割り図の比較とほぼ同じ程度の流動性が確認できる。一九三六年調査の回答店舗数57店舗のうち、ほぼ半数の28店舗が昭和年間の開業、うち20店舗までもが五年前の昭和六年以降の開業とされている。この時期にすでに創業5年以内の店舗が3分の1以上を占めているという事実は、一般的な「下町」のイメージとは大きく異なるのではないだろうか。

しかもこの表を見ると、東京東部の大カタストロフであった関東大震災（一九二三年）からの復興の時期に、新規開業が集中しているというわけでもない。大正末期から昭和初期にあたるこの時期は、震災だけでなく、金融恐慌（一九二七年）と昭和大恐慌（一九三〇年）、およびインフレ政策によるそこからの急回復といった激しい変動を矢継ぎ早に経験している。

しかし、この時期の上野広小路の商店に影響を与えたのは、そうした巨大な歴史的事件だけではない。『上野繁昌史』には、関東大震災のときは広小路の商店はほとんど被災から立ち直った（571）と記されている一方で、『台東区史　Ⅲ　下巻』では、昭和初期における百貨店の進出が中小の小売店に与えた打撃を強調している。この時期にすでに消費社会が到来していた上野を含めた東京の商店街[30]では、地域の小売店と外部からの大資本との激しい競争という、戦後のあらゆる商店街が抱えることになる問題に当然のように直面していたのだ。その上で『台東区史』では、この時期の上野広小路商店街が、飲食店の比率が高い繁華街へと変容することで時代の変化に対応しつつあったことが指摘されており（台東区、2002:621-3）、実際に先述した一九三六年の商店街調査でも、上野広小路の店舗構成のうち接客業の比率は35％と、当時の三大繁華街であった浅草・銀座・新宿を抑えて、取り上げられた主要商店街17箇所中最も高かったことが報告されている。[31]

戦災復興の時期の変化はどうだろう。東京大空襲直前の時期の区割り図と、一九六四年の住宅地図とを比べてみる。すると、一九四五年一月以後の一九年間で54軒の店舗中31％にあたる17軒しか残存しておらず、東京大空襲以後の戦災と、その後の復興の時代の変化が、いかに激烈だったかを物語っている。空襲で瓦礫の山となった上野広小路では、商店街の幹部が結成した上野復興連合会の呼びかけで、共同長屋を建築するところから戦後の歩みが始まったが、『上野繁昌史』によれば、一九四五年末には完成したその共同長屋に参加したのが、戦災前の商店主の約25％。その他に独力で復興した店舗がさらに約25％であり、残る50％は「先祖伝来の上野」を去っていった、と記されている（230-1）――ただし、先にみた戦前期の変化の激しさを参照すれば、「先祖伝来の上野」という表現が、この時期の上野にはすでにあまり適当でないが。

そうした震災と昭和恐慌、空襲と戦後復興を経た時期と比較して、格段に店舗の残存率が高いのが一九六四年から一九八六年のあいだ、オリンピックから高度成長期後期を経て、バブルへと至る時期であ

1929年、本館オープン時の松坂屋（松坂屋上野店提供）

る。二二年間を経て45％の店舗が残存しているこの時期は、二〇世紀を通じたこの分析期間の中で、例外的とも言っていいほど安定的な時代である。それは逆に言えば、上野の表通りへの商店の新規参入が最も難しい、流動性に乏しい時期だったとも言えそうだ。

以上で言及してきた一九二三年、一九四五年の区割り図と、一九六四年、一九八六年、二〇〇五年の住宅地図（二〇〇五年のみ電子版）に、それぞれの時点で確認できる店舗が、次の時期にはどのぐらいの比率で残存しているのかを示したのが、次の一覧表である。

この手法では、屋号や経営者の名前でしか店舗の残存を捕捉できていないという意味では、回答率の低い商店街診断の調査とはまた違った意味で、精度に難があるデータだと言わざるを得ない。しかしそ

各年代の地図・名簿に存在した店舗のおよそ20年ごとの残存率

	各年時点における店舗残存率				
	1923	1945	1964	1986	2005
1923年時点の店舗	100%(58)	36%(21)	17%(10)	14%(8)	9%(5)
1945年時点の店舗		100%(54)	31%(17)	20%(11)	13%(7)
1964年時点の店舗			100%(67)	45%(30)	28%(19)
1986年時点の店舗				100%(97)	29%(28)

※( )内は、それぞれ表側の時期から存在している店舗の、各時点での残存実数

れでも、上野中央通りのおおよその変化の傾向をほぼ二〇年ごとに示すこの表は、興味深い事実を示している。

まずは、ただひとつの例外的な時期を除いては、およそ二〇年前後という期間で、この通りの店舗の3分の2前後が撤退していっているという事実である。そして四〇年を経ると、残存率は20%前後になる。震災、恐慌、戦災、バブルによる地価高騰、そして常に存在する激しい競争と、さまざまな影響を受けた結果として、上野中央通りの商店街は、二〇世紀の大半の時期を通じてほぼ同じ程度の流動性を抱えているという分析結果は、きわめて興味深い。

すなわち、江戸時代の下谷広小路に連なる伝統を誇っている、上野の「顔」である中央通り商店街にも、「先祖代々の商店主」はごく少数派である。震災・戦災といったカタストロフを経験したのみならず、それぞれの時代において激しい資本主義的な競争が繰り広げられてきたのが上野という繁華街の実像であり、現在に残るいくつかの老舗は、その激烈な流動を生き延びてきた類稀な例外と理解すべき存在である。む

しろ、常に新しい店舗が流入し、その時代その時代ごとに、「新しくできた店のおかげで、街の伝統が損なわれつつある」ことが「問題」とされ続けてきた商店街だ、といったほうが実態に近いのではないだろうか。

その中で、最も直近に経験したバブルとその崩壊の時期の変化は、それが戦災／復興期と同等以上の激烈な変化だったことにあらためて驚かされる。ただ、注意したいのは、過去に営んでいた生業はたたんでいるものの、ビルオーナーとして中央通り商店会に残り続けている旧商店主が、多く存在することだ。この時期に不動産管理業に転じた企業を算入すれば、バブルとその崩壊をまたぐこの一九年間を踏み越えて、何らかの形で――暖簾を守るにせよ、適切な不動産投資戦略で地価の乱高下を泳ぎきるにせよ――、中央通り商店会のメンバーはかなり維持されていることになる。その商店街のメンバーシップのほうを重視すれば、ビルオーナーという業態がまだなかった戦災復興期に比べて、この時期の流動性はまだ緩やかであったとさえ言うことも可能かもしれない。

そこでポイントとなるのは、高度成長期とそれに続く六〇〜七〇年代という、「ただひとつの例外的な安定期」の存在である。現在の「旦那衆」に、バブルに先立つ二〇年間という、比較的安定した時期に成長期を迎えた世代が多いことは、バブル期以降の変化が特に大きく見える一つの要因にはなっているだろう。

その一方で、中央通りの店舗の業態構成の変化と、新しいテナントの流動性の高まりは、バブルとその崩壊の時期に顕著に進行している。中央通りは、松坂屋と赤札堂（現ＡＢＡＢ）の二つの大型店の改装（それぞれ、一九五五年、一九五九年）を皮切りに高層化が進み（上野観光連盟前掲書、292-3）、バブルに向けての狂乱的な地価高騰が始まる直前の一九八六年時点で、すでに5～10階建てのビルが街並みの大半を占める通りになっている。

ただ、この時点の中央通り南半には、現在の中央通りの景観を印象づけているカラオケ店やパチンコ店はなく、チェーン飲食店が中上層階に数多く入るビルも1棟しかない。街の印象を大きく左右する路面店では、ファストフード店が2店あるのみでコンビニやラーメン店は全くなく、ほかは外部資本としては8店の銀行・証券等の金融機関が目立つのみで、飲食店、服飾を中心とした物販店ともに、地元資本と推定される店が34店と中心的な位置を占めている。これは、バブルでの地価高騰以前の時期には、テナントビル化していてもまだ、地権者・ビルオーナーの多くは生業を続けていることを示している。

それに対して、二〇〇五年には地元資本の路面店は20店にほぼ半減、金融機関も4店と半減した一方で、家電量販店・携帯ショップが3軒、コンビニ、ラーメン店、カフェ、ドラッグストア、金券ショップが2軒ずつなど、いわゆるナショナルチェーンの物販・飲食店が急増し、18店と拮抗している。そして、全棟がカラオケ店となっているビルはこの時期までに5棟となってカラオケ通りの様相を呈し、パチンコ店も2店進出している。ほかのビルも、中上層階はチェーン居酒屋等の飲食店が占めるところが多くなり、派手な屋外広告を出すことが多いネットカフェ・個室ビデオ店も5店、消費者金融の無人店舗も3店みられるほか、全館をアダルトグッズショップが占めるビルも1棟――二〇一九年現在はなく

2019 年現在の中央通り。派手な看板・広告が目立ち、奥にみえる袴腰との景観的一体感は失われている。

なったが——ある。

そして興味深いことに、一九六四年以前から存続していた老舗の路面店が二〇〇五年に19店舗残っているのに対して、一九六四年時点には出店がなく八六年になって登場しているテナントは、二〇〇五年にはわずか9店舗しか残っておらず、その残存率13％は、それ以前の時代の二〇年残存率と比べても非常に低い。これは、八〇年代以降に入ってきたテナントは、非常に回転が速くなっている——つまり一旦流動化した物件の流動性はどんどん加速するという形で、バブル期以降はそれ以前に比べてずっと、街が目まぐるしく変化していることを示している。

こうしてみると、路線価の高い表通りである中央通りがその店舗構成を大きく変化させたのは、バブル期以降のことであるのは明らかだ。地価と固定資産税・相続税が高騰したために、ビルオーナーが路面店での生業もやめて完全な不動産管理業へと転身し、テナントとして新しく入る店舗は、出入りの激しい大手チェーンの飲食店やコンビニ、あるいは中低層ビルの一棟貸しが可能なカラオケ店が中心となる。バブルで地価が暴騰し一気にはじけてなお、いまでも高止まりしている中央通りの家賃に折り合えるのは、いまや資本力のある大手チェーンに限られてきてしまうのだ。そして、大手チェーン店の飲食店・物販店やカラオケ・パチンコの爆発的な増加は、道行く人が一見してもわかるように、そしてしばしば上野の街で懸念とともに語られるように、通りの景観を決定的に変えた。こうした「どこにでもある」テナントが入居するビルでは、派手で統一感のない壁面の彩色や屋外掲示物が掲出されやすく、郊外のいわゆる「ファスト風土」(三浦、2004)にも近似した景観になりやすいことが、その大きな要因だ。

次章で詳述するように、上野はバブル期の大規模再開発は経験しなかった。そのかわり、上野の、特にその中でも最も地価の高い表通りにとっての「バブル」とは、こうした貸しビルの全面化と大手チェーン店の大量進出、そしてそれらが引き起こす街の様相の変貌として経験された現象だったと言えよう。

こうして、寛永寺の御成街道という起源をもち、常に上野の表玄関であった中央通り＝下谷広小路の「風格」や、上野の山との景観的な一体感は、この時期に大きく損なわれたと言っていい。一方で、不動産価値の高騰の中で、不動産管理業に転じた地権者と大手資本の出店志向が一致して起こった中央通りのこうした変貌は、「どこにでもある」がゆえに機能的なチェーン店を街に大量に生み出し、結果的にいまこの街に来る人々のニーズを満たしていることもまた事実だ。通りすがりの観光客の食欲を、二〇〇五年以降も増え続けるコンビニやラーメン店が満たし、仲町通りから駅へ向かう酔客が、カラオケビルに吸い込まれて二次会をする。これはまさに、中央通りがもはや広小路の風格漂う表玄関ではなく、上野駅と御徒町駅・上野広小路駅、2丁目の歓楽街と上野中通り・アメ横を結ぶ「通路」として機能してしまっていることを、意味している。

以上をまとめると、まず確実に言えるのが、現在の上野で根本的な変化として語られるとおり、バブルに向かう地価高騰とその崩壊を経て、テナントビル化とチェーン店の大量出店が続き、下谷広小路からの伝統を持つこの通りの景観と性格は決定的に変貌した。一方で、街のメンバーの流動性という面では、この繁華街地区で過去一〇〇年間に絶え間なく起こってきた、流動の歴史の一局面というふうに理解すべきだろう。次章でみていくことを先取りすれば、震災や戦災に見舞われた東京では街並みに過去との連続性は感じられなくても、「下町」の気風は商店主や住民の身体の中には確実に息づいているという語りが、商品化された「下町」言説の定番になってきた。しかし上野では、その頼みの「人々」もまた、系譜的な意味では連続性はほとんど持ちえていない。あたかも土地に代々根付いてきた「アーバン・ヴィレジャーズ」が、同質性の高い強固なコミュニティを維持し続けているかのように表象されがちな「下町」とは、まったく異なる現実がそこにある。

ただしその事実は、上野にコミュニティが存在しないということ、もしくはコミュニティ意識が希薄なことを意味しない。流動性が高いからこそ、「旦那衆」の間でコミュニティというキーワードが重要なものになってくるという機制を、第3章では明らかにしていくことになる。そして、現在の上野でコミュニティの重要性が語られるとき、その焦点となるものの一つがまさに、ここでみてきた大手チェーン店のテナントの急増と、その流動性がもたらしている「問題」であることを、ここで予告しておきたい。

（3）「玄関口」から「目的地」へ

二〇一〇年代に至り、上野のグローバル化は新たな局面を迎えている。いわゆるインバウンド観光客の急増期を迎え、ついに念願の「国際的な観光地」の名に恥じない街になったのである。街中や公園で盛んにカメラを構える外国人観光客のグループや、大きなスーツケースを傍らに上野駅構内でスマホ画面を覗きこむ外国人の姿は、確かに近年の上野の街の風景を、グローバルな色合いへと大きく変えた。

台東区では、二〇〇八年より二年に一度、観光マーケティング調査を行っている。あくまで精度にやや疑問の残る推計値であり、そもそも地区ごとの外国人観光客数を推計しているのが二〇一二、一四、一六年の三回に限られるなど、正確な経年比較は難しいが、台東区への外国人観光客数が、日本への観光客の急増に同期するように急激な勢いで伸びているのは、間違いのないところだ。

東京に訪れる外国人の約6割が区内に訪れるといわれる台東区では、二〇一六年に年間推計830万人の外国人観光客を集客したうちで、多くの海外向けガイドブックの表紙に写真が採用されている雷門を擁する浅草が、推計年間500万人の外国人を集めている。それには及ばないものの、上野公園が同97万人、そしてアメ横がそのほぼ二倍以上の同207万人を集客している上野の山と街もまた、やはり外国人観光客にとって、東京を、いや日本を代表する観光地とみなされていると言っていいだろう。台

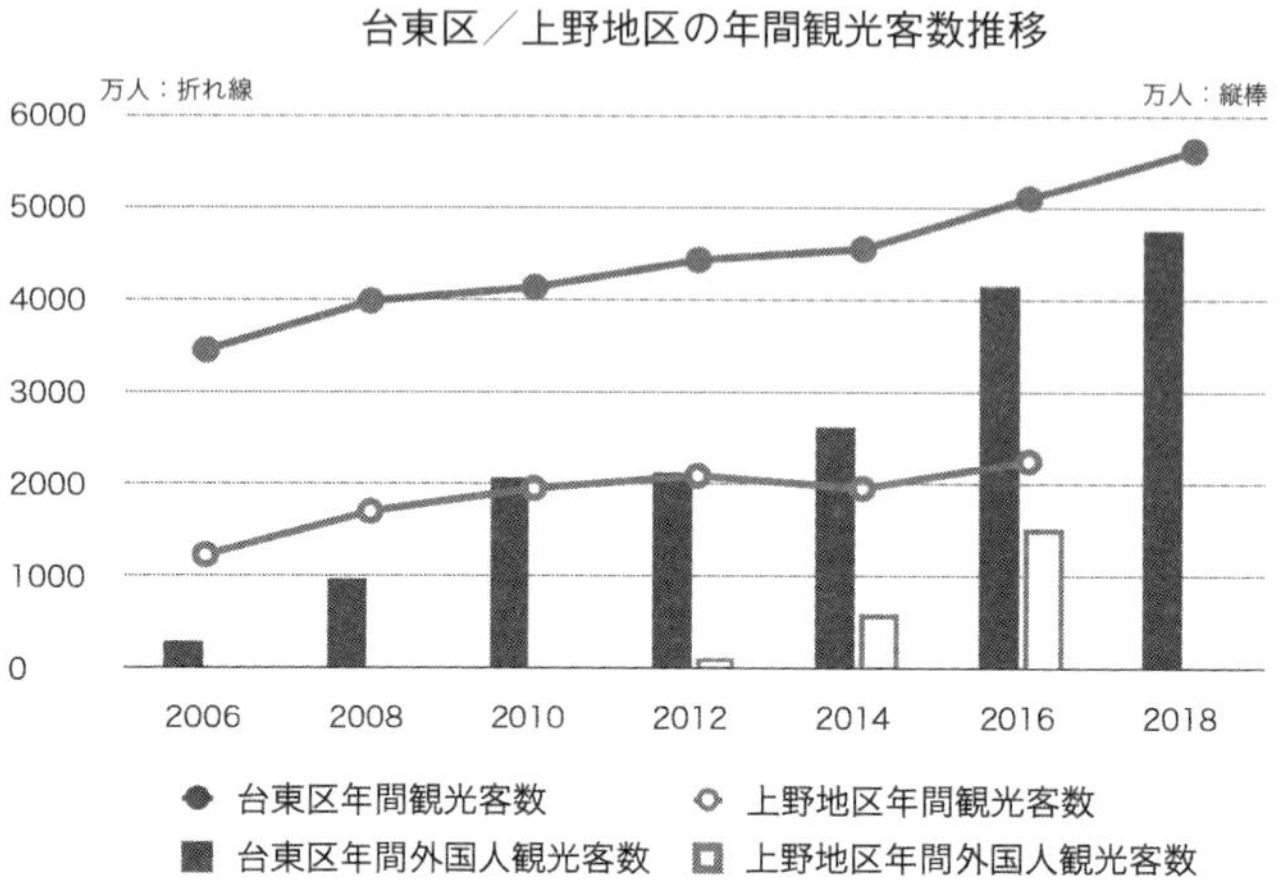

東区も、来たる東京オリンピック・パラリンピックを目指して、ハード・ソフト両面の多岐にわたる観光振興施策を示した『台東区観光振興計画』を二〇一五年に策定し、全国に先駆けてハラル認証助成制度をつくるなど、区を挙げた外国人観光客の「おもてなし」体制構築を重視する姿勢を打ち出している。

いまさら述べるまでもなく、このインバウンド客の急増と彼らの旺盛な購買動向は、個人消費の低迷が続く二〇一〇年代の日本において、地域活性化の起爆剤として大きく注目されている。そして、インバウンド客、中でもその主力を占める中国人観光客を語る常套句として定着した言葉が、「爆買い」だ。特に、二〇一五年の春節時期には、大量のブランド品や電化製品を買い漁る姿が連日報道され、「爆買い」が同年のユーキャンの新語・流行語大賞を受賞するまでになった。二〇一四年から一五年にかけては、彼らの旺盛な購買需要をいかに取り込むべきかを論じ、あるいは、その行動の「マナーの悪さ」をある種のレイシズムの混ざったまなざしで揶揄する記事や書籍も、大量に発行されている。

上野を見るうえで特に留意したいのは、二〇一五年の「爆買い」のピークをもたらした要因が、従来の家電・服飾品などに加えて、食料品や化粧品・医薬品などを含む消耗品の五〇〇〇円以上の購買にも適用されるようになった、二〇一四年一〇月の免税対象の拡大措置であったことだ。これにより、従来からの秋葉原での家電製品、銀座での高級ブランド品の「爆買い」に加え、化粧品店や安売りの菓子店が集積しているアメ横を中心とした上野エリアも、しばしば「爆買い」中国人のメッカとして脚光を浴びることになったのだ。

上野商店街連合会の定例会では、「爆買い」ブームにかなり先立つ二〇〇九年ごろから、地域の中小店舗への銀聯カード（中国で圧倒的な発行枚数を誇るクレジット／デビットカード）への対応支援や、地区全体を対象とした共同免税カウンター設置などが頻繁に話題に上って、中国人観光客の購買需要を取り込むことが強く意識されてきた。二〇一四〜一五年のブーム期には、いまや上野の物販店の売り上げの大半は中国人を中心としたインバウンド購買だという言葉が、経営者たちの間でまことしやかに語られていた。

しかし、実際に外国人観光客が「押し寄せている」とされる店舗に聞き取りをしてみると、拍子抜けするほど淡々と事態をみていた。上野のある百貨店の総務担当マネージャーによれば、同店の対外国人売り上げのうち、中国人が70％以上、台湾・香港を足すと中国語圏でおよそ90％を占めるというが、免税対象となった売上額をすべて合わせても、全売上額の３〜５％という。売り上げの大半を外国人が占めているると囁かれがちなアメ横の化粧品店の中でも、中国人の店員を揃え、最も中国人対応が充実しているると自他ともに認める店舗にしても、免税品購買額は全売上額の20％程度、免税申請をしなかった小口の購買を加えても、外国人の購買が30％には至らないだろうと、二〇一六年時点で経営者は推測していた。[32]「爆買い」は、上野のようにインバウンド客が身近にいる街の中においてさえ、ソトから見たほうが「大きく」見える、メディア・イベント的な現象だったと言えるかもしれない。

そもそも、中国のみならず、台湾なども含めた中国語圏の人々の旺盛な購買は、友人への「頼まれ買い」や、ＳＮＳで不特定多数のユーザーから代理購入（代購）を募る「連線」、転売を目的とした輸入代行業者による部分が大きい（鄭、2016:28-36）。こうした一般的な観光客の土産物購買とはかけ離れた需要の動向は、円の為替相場や中国の個人持込品への課税や取り締まりといった外部要因に左右されるうえに、ごく限られた商品ラインナップに売上が集中し、しかもその移り変わりは非常に速い。前出のアメ横の化粧品店経営者は、二〇一五年の夏に中国株が暴落するまでが「爆買い」のピークだったとしたうえで、以下のように中国人の転売目的の需要に依存した経営は危険だと語る。

ホントに売れたっていう商品が、一か月後にはもうダメ。面白かったのが、ＳＫ２マスクが一時期売れたんですよ。なんか香港より安かったみたいで。で、在庫なくなっちゃって品切れになったんで、無理やり頼んで一か月後に入れたらもうダメ（笑）そこを相手にしてたらちょっと危ないかなーと思いましたね。（2016、物販、一九五〇年代生まれ）

このように、「爆買いは終わり」というムードが現場に急速に広がる中で、上野地区のインバウンド購買のもう一方の雄であるディスカウント店・多慶屋は、興味深い戦略をとっている。多慶屋では、インバウンドという言葉を誰も知らない一九九〇年代から、外国人社員の採用や中国語・韓国語の館内放送を開始し、在住外国人の帰国時のお土産需要などに応えていた。それは、そもそもが東上野の戦後期以来のコリアンタウン、いわゆる「キムチ横丁」に近接する立地の同店で、あらゆる人のニーズに薄利で応えようとした創業以来の精神の延長上に始められたことだと、同社企画部部長は語る。その後、銀聯カードへの対応や免税カウンターの設置も、いちはやく二〇〇七年には完了させ、二〇一六年時点で、免税対象売上額は全売り上げのやはり2割程度だという。そして、「爆買い」をもたらした代理購買については、為替水準、中国の税制や取り締まりの変化といった、「コントロールできない外部要因」を今後も注視していくと同時に、もう一方の一般の外国人観光客の需要に関しては、嗜好が多様化していること、そして急速に「モノ消費」から「コト消費」へと移行していることに、いかに対応すべきかがポイントだと語る。

興味深いことに、こうした現状認識の中で多慶屋の戦略に浮上してくるのが、「上野」そして「アメ横」である。そもそも多慶屋は、上野駅と御徒町駅の間に広がるいわゆる上野の街の範囲からは少し外れた、仲御徒町駅周辺を中心に店舗展開している。そのため同店は、上野地区の商店街活動や地域イベントなどに対しては長らく「アウトサイダー」であり、現在はアジア圏に「パープル・ビルディング」

外国人でにぎわう多慶屋の免税カウンター（多慶屋提供）

として広く知られる、強烈なコーポレイト・アイデンティティともなっている派手な紫色のビルの彩色も、「上野の街のはずれで、少しでも目立つように」採用されたものだという。そうした多慶屋でいま、中国語圏や東南アジアへのウェブでの情報発信・プロモーションにおいて、ローカル重視の戦略が意識的に採用されている。

アメ横の内容は響きますね。ですから、多慶屋の名前を売らんかなというよりは、アメ横の情報を出していく中で多慶屋の名前を浸透させていくといった形です。
（2016、多慶屋企画部部長、一九七〇年代生まれ）

そして何より重要なのは、このローカル重視戦略が、ディスカウント店としてのブーム的な「爆買い」依存への危機感や、観光客需要の「モノ消費」から「コト消費」への急速な変化への対応の中で、選び取られていることである。

アメ横ということに気づいたのは最近です。うちのインバウンド向けの総合的な部分ではドンキホーテ、LAOXというあたりがライバルになるんでしょうけど、こういったところも含めてインバウンドの中でコモディティ化してる、普通のどこでもある商品になってしまっている。それでは苦しい。そうなったときに、ローカルで勝負できるんじゃないかと考えるようになっています。それから海外のSNSですね。ここでは上野の街と多慶屋という展開を心がけています。モノ消費からコト消費というトレンドの中で、両方の消費を同じ場所で楽しめるという売り込みをしていく。タイのサイトなんかでも、浅草・上野は必ず行けと書いてありますよね。（中略）そうやって浅草と上野で体験型の観光をして、最後に多慶屋で買い物をしていく。そういう流れで、アメ横にとっても多慶屋がアンカーになるのかなと思います。（2016、多慶屋企画部部長、一九七〇年代生まれ）

先に、「爆買い」は「外から見るほうが大きく見える」メディア・イベント的側面があるのではないかと書いたが、筆者の聞き取りの限りでは、顧客の外国人比率が実際に非常に高いのがアメ横の飲食店、中でも安価に飲み食いできるオープンエアの屋台的な飲食店である。「呑める魚屋」を謳い、店頭の立ち食いで新鮮な肴と日本酒が楽しめるある店舗では、平日の昼間は中国語圏を中心に外国人客が8割を占め、日本滞在中に複数回訪れるリピーターの外国人客はザラだという。

まさに、「アメ横の雑踏の中で刺身を食べる」という体験そのものが、魅力的な「コト消費」の対象として外国人に受け止められていることが窺われる。そして、上野地区のインバウンド集客のトップランナーであった多慶屋は、その「アメ横の雑踏」という「コト消費」へのニーズを、「爆買い」がひと段落してきたいまこそ取り込み、上野という地域とWin-Winの関係を形成しようと舵を切っている。アメ横が物販の街から観光の街へと性格を変えつつあるということに関しては、第4章で詳述するが、上野の小売りの現場で選び取られた戦略が、グローバル化の中でこそローカルな場所の重要性が高まっていくという、グローバル都市論のテーゼを完全になぞるものだったことは、きわめて興味深い。

そして、国内向けの集客という面でも、上野というローカリティの力を、これまで以上に真剣に考えなければいけない時代の到来を告げるある象徴的な出来事が、「爆買い」が絶頂期を迎えていた二〇一五年三月に起こった。上野—東京間3.8㎞を結ぶ上野東京ラインによる、東海道線と宇都宮（東北）線・高崎線の縦貫化と、常磐線の品川乗り入れである。

上野駅は長らく、私鉄駅のターミナル以外には国内では珍しい頭端式の行き止まり構造を建築上の大きな特徴とし、それが「北の玄関口」の欠かせない舞台設定ともなってきた。が、上野東京ライン開業以前も、すべての北に向かう列車が上野を終着駅としてきたわけではない。一九九一年以降東京駅に乗り入れた新幹線、そして京浜東北線の存在はもちろん、在来線の中距離列車に関しても、実は一九七三年までは、東北（宇都宮）・高崎・常磐三線のうち、特急列車を含む一日当たり上下約30本の列車が東京駅や東海道線に乗り入れていた（鈴木聡、2002年：39-41）[33]。また、東海道線一路線と北行きの三路線を直通運転する上野東京ラインでは、全列車の縦貫化は不可能な上に、到着した列車を停車させておけるスペースをもつ上野駅の存在は、ダイヤ編成上貴重なものである。そのため、二〇一九年現在、常磐線の約３分の２の近郊列車が縦貫化されていないことを筆頭に、上野始発の電車が消滅することは当面考えられない。

ただ、二〇一五年三月をもって、上野が「北の玄関口」だった時代が画然と終焉したわけではないとはいえ、上野駅と東京駅を縦貫する電車を大きく増加させるこの3.8㎞が、都心部の人の流れと立地環境にもたらした変化は、決して小さなものではない。

東北・上越・北陸新幹線が東京駅始発になっている現代では想像もつきにくいが、かつての「北の玄関口」としての黄金期、上野の商業立地において「終着駅」であるということは巨大な意味を持っていた。その象徴が、高度成長期、〈北〉の出身者の帰省が集中するお盆と暮れの時期に、膨大な帰省客のチケット購入をさばくために設置されていた上野駅公園口の「大テント村」である（森、1990:30）。上野駅の駅員に「夏の陣」「冬の陣」と呼ばれていた当時のこの風物詩はまた、列車待ちのあいだに上野の街に繰り出す人々による巨大な購買需要も生んでいた。いまなお「ニッポンの歳末」風景として繰り返しテレビ中継される年末のアメ横の雑踏は、この人々が新巻鮭をアメ横で買って帰省したことに起源があるし、アメ横発祥のＡＢＣマートに代表される靴店の集積が見られるのも、せめて新年は靴ぐらい新調して田舎に帰りたいという帰省者たちの心情が一因だという。それだけに、「北の玄関口」であり続けようとするこの時期の上野の商業者たちの執念は、尋常なものではなかった。それは、当初の発表（一九七一年）では、東京駅を起点として上野を素通りするはずだった東北・上越新幹線の工事計画を、住民運動を巻き込んだ上野駅始発実現期成同盟の熱心な誘致によってひっくり返した顛末に、いかんなく発揮されている。[34]

東北・上越新幹線が東京駅に乗り入れた一九九一年以降、これほどの「終着駅としての需要」はすでに消えて久しいが、北関東の人たちが東京といえばまずは上野を思い浮かべるというような、中距離圏でのターミナル性と、それに伴う購買需要は依然として一定程度残ってきた。そういった需要が、上野東京ラインの開通で、かなりの部分銀座・丸の内方面などに奪われることは、当然ながら危惧されよう。

そもそも、上野東京ライン開業直前の二〇一五年に取材したJR上野駅長によれば、単なる南北の直通運転の高速化という課題は、山手線の西側を通る湘南新宿ラインで既に達成されている。そのうえでの上野東京ライン開業の狙いは、東京駅に品川・上野も加えた「都心を売る」施策の中にあるという。つまり、今まで乗換というハードルからそれぞれのターミナル以遠への移動を億劫に感じていた人々をターゲットに、山手線東側の都心部での新たな移動を創出する戦略なのだ。

しかし上野東京ラインの開業を前に、上野駅サイドのみならず、上野の街の人々も意外なほど前向き、そして「攻撃的」な姿勢を見せていた。これは、東海道方面からの上野への来街者、なかでも鎌倉・横浜といった地域からの富裕層を呼び込む、千載一遇のチャンスと捉えられていたのだ。ただそのためには、上野に行かなければ得られない何かを提供し、上野を「わざわざ来てもらう」街にしていかなければいけない。下記は、上野駅前で経営している先代から引き継いだ大衆的な蕎麦屋のほかに、アイリッシュパブ（A店）とクラフトビールの店を近年相次いで出店した、若手経営者の語りである。

（蕎麦屋は）震災の時、客足が悪かったんだけど、名前で呼んでる店じゃなかったんですよね。駅前にたまたまあるから行こうか、じゃなくてわざわざ来る店を作ろうと思ったんです。それで作ったのがA。（2016、飲食、一九八〇年代生まれ）

上野東京ライン開業当時に横浜・山手駅に貼られていたポスター（2015年）

このように個店レベルでも模索されている、上野駅のターミナルとしての巨大な力に少なからず依存していたモデルからの脱却は、街全体の課題として確実に重要になっていく。そのとき、この街に人を呼びうる資源として、それぞれの業界で解釈された上野の地域性が参照されていく。

夜の考え方になっちゃいますが、上野の飲み業界で言えば、ハシゴ酒をする街っていうのが、いい上野の武器になってくるんじゃないかな。新宿のゴールデン街とか新橋なんかにも近いような…それをカッコよく「下町らしさ」って言えれば武器になるのかな。隣の人に話しかけて飲む、みたいの上野にはあるんですよ。決してその人の性格じゃないですよね。ほかの街だったら声かけたりしないだろうけど、上野の空気感があるんですよね。（2016、飲食、一九八〇年代生まれ）

海外からの観光客の「コト消費」の受け皿となりうる、上野での体験。「北の玄関口」であることが武器にならなくなった近隣の客層に対しての、上野という街そのものの持つ魅力。国内外双方のマーケットに対して上野はいま、シャロン・ズーキンが言うところの、「文化的な目的地」（Zukin, 2009=2013）となっていかなければいけない。そして、街の多くの人たちは、上野にはそのポテンシャルが十分にあると考えているのだ。

ただ、ニューヨークの街角を愛する社会学者であるズーキンは、この目的地文化という言葉をおもに否定的な意味合いで使っている。ズーキンによれば、ニューヨークのハーレムやイーストヴィレッジといった、かつては治安が悪く、外からの来訪者などいなかった地区は、ミドルクラスの観光客たちが刺激と消費を求めてわざわざ訪れ、さらには富裕な住民が住みたくなるような、「文化的な目的地」として再生されてきた。もちろんズーキンも、かつての荒廃したハーレムなどが再生したことの意義を否定はしないものの、再生を果たしたはずのこれらの街からは、「アウラ」——日本語に直せば、この本の邦題にもなっている「魂」――が失われたというのである。こうした都市再生の中では、目的地文化としての「オーセンティシティ（本物らしさ）」が演出されて街の価値を高めていくが、その過程で起こる地価高騰によって、街に根を下ろした文化の担い手だった当の低所得の住民たちが住めなくなり、家族経営の商店がなくなってチェーン店ばかりとなってしまったからだ。

いわば、「キレイ」になったことと引き換えに、担い手と「魂」を失った街で、観光客が演出された「カッコいい下町」を楽しむ…上野に置き換えれば、そんな未来図だ。そうした空虚な未来図を避けるために、上野が守るべき「魂」とは何なのだろうか。ここからの章では、常にその問いを念頭に置きながら、上野の街の人々の営みを見ていこう。ただその前に次章では、ここでキーワードとして登場した「下町」、この魅力的だがきわめて取り扱いが難しい、上野の「魂」を増幅させも失わせもしそうなこの言葉が、これまでどのように使われてきたのか、簡単におさらいすることから始める必要がありそうだ。

注

1　たとえば、「上野の森を楽しむ本」と題された『東京人』二〇〇一年二月増刊には、「山の手と下町が出会う場所、東京のカルチャーゾーン」という副題が付されている。

2　筆者も大きく依拠している重要な文献に、上野観光連盟『上野繁昌史』（1963）、玉林晴朗『下谷と上野』（1932）、磯村英一監修『東京上野の五百年』（1983）、浦井正明『「上野」時空遊行』（2002）など。

3　寛永寺執事の浦井正明によれば、寛永寺に徳川家の祈祷寺という性格が加わったのは五代綱吉以降のことであり、創建当初の寛永寺には多分に天海のプライベートな意思が働いていたという（浦井前掲書：24-34）。

4　たとえば、昭和三〇年代に修学旅行生で溢れかえった谷中の旅館・澤の屋では、一九六五年ごろをピークとして一九七〇年代に入るとその需要が激減したが、集客がどん底だった一九八二年から外国人客を歓迎し、インバウンド観光のブームに先駆ける形で、九〇年代には「下町の外国人宿」として世界的にも著名な存在になっている（澤、1992:203-6, 222-6）。

5　上野公園グランドデザイン検討会には、学識経験者のほか、各文化施設の館長、上野地区の関連団体の代表、東京都の関連部局の担当者などが名を連ね、先述の「平山懇談会」などと比べ、より現場に密着した実務的な会議となっている。

6　ミュージアム館内での撮影といえば、世界的にはルーヴル美術館の協力を得た映画『ダヴィンチ・コード』（二〇〇六年）が有名だが、近年の東博でも、博物館内部のシーンが印象的だった映画『GANTZ』（二〇一〇年）、いまや「ロケの聖地」とまで言われている本館大階段をドラマの象徴的シーンで何度も用いた『半沢直樹』（二〇一三年）、『学校のカイダン』（二〇一五年）など、数々のヒット作へのロケ地提供のほか、リップ・スライムが『黄昏サラウンド』（二〇〇四年）のＰＶ撮影を行った例もある。

7　以下、東博におけるミュージアム・パーティの記述は、第五回上野商店街連合会総会（二〇〇四年六月八日）における杉長氏の記念講演による。

8　ＭＩＣＥとはMeeting（企業等の会合）、Incentive Travel（企業による報奨旅行）、Convention（国際会議）、Exhibition/Event（展示会、見本市／イベント）の略語で、ＭＩＣＥに集まる人々は、一般の観光客以上に「よく金を落とす」ために、経済効果を見込んで、近年ＭＩＣＥの誘致が世界中の各都市で競われている。

9　https://businesseventstokyo.org/ja/venues/unique-venues/。ちなみに、日韓ワールドカップ開催時に大規模なレセプションを催した某公式スポンサー企業が、東博とともに「日本的」な場所として会場に選んだのは、都内の有名デパートの「デパ地下」だったという。

10　さらにその上で今は、「上品な紳士淑女」や「近代生活のトップを歩むモボモガの群」が集まる美術展の多い秋と、お上りさんを交えた花見客が宴を張る春とでは、上野に集まる人の階級が「全然別種である」とも指摘している（今前掲書、128）。

11　戦後の混乱期に東京各地の駅のそばなどにあらわれた露店マーケットは、当初闇市と呼ばれたが、そここそが当時の庶民の生活を支えていたこと、違法性の高い闇取引とは分化して、後の商店街や飲み屋街の母体となったこと（もちろんアメ横もその代表格だ）などから、犯罪を想起させる「闇」ではなく、カタカナ書きのヤミ市という表記が定着していった。詳しくは、初田、二〇一三年、二〇―二五頁。

12　元上野観光連盟会長の山口桂造氏によると、年間1200万人の文化施設への来訪者のうち、約80％が行きも帰りも公園口を利用していると推計されるという（二〇〇六年二月、国立科学博物館主催「上野学のススメ」での講演より）。

13　一九四八年の上野の山への植樹をきっかけとして結成された上野観光連盟は、その初期から不忍池での花火大会や公園でのダンス・パーティなどを積極的に行っているが、一九五七年の「第六回 江戸趣味納涼大会」では、水上音楽堂へ集まったイベント客にアンケート調査を行い、観客と買物が直接結びついていないことが既に大きな課題として分析されている（上野観光連盟前掲書：316-7）。

14　近年では、日本の美術展史上歴代二位となる115万人を超える動員をしたツタンカーメン展（上野の森美術館、二〇一二年）や、94万人の動員を記録した国宝阿修羅展（東京国立博物館、二〇〇九年）、さらにはわずか一か月で44万6千人が訪れた若冲展（東京都美術館、二〇一六年）などがそれにあたる。ただし、阿修羅展開催時の売り上げの底上げ効果を筆者に「神風」と表現した商店主たちは、この展覧会の主要客層であった中高年層をターゲットとしている飲食・物販店であったことは、付記しておきたい。

15　ただし出合茶屋とは、現在でいうラブホテルのような存在であり、不忍池の蓮の眺めを楽しみながらの男女の密会に使われていた。当然風紀上の乱れからしばしば取締りの対象になっており、明和から天明期（一八世紀後半）、文化・文政期（一九世紀前半）の二度の隆盛は、寛政と天保の改革による取締りで壊滅させられている（上野観光連盟前掲書：83-93、108-9）。しかし、池畔の出合茶屋にちなんだ現在の「蓮見茶屋」はもちろん、こうした「風紀の乱れ」の再現を目論んだものではなく、地元の銘菓などを食しながら「江戸の風情」を楽しんでもらう純粋な「茶屋」である。地域イメージの確立を目指すまちづくりの中で地域の歴史が注目されるとき、多くの場合、歴史は商品化可能な部分だけが選択的に掘り起こされ、無害化された形で提示されるが、その好例をこの「蓮見茶屋」に見ることができる。

16　たとえば、前述の山口桂造氏（元上野観光連盟会長）の講演でも、こうした趣旨の発言があった。

17　なお、上野2、4、6丁目を上野の街とした場合に、その南縁となる春日通りに沿った店舗が加盟する御徒町通り会も、上野の街を構成する商店街ではあるが、上野商店街連合会発足当初に加盟したもののごく早期に脱退しており、本書の調査対象には含めていない。

18　ただし上野中央通り商店会は、このエリアを少しはみ出して、春日通りを越えた南側、松坂屋南館までの中央通り沿い（上野1丁目・3丁目の一部）を範囲に含んでいる。

19　海野前掲書五一四頁における、『五月雨草紙』よりの引用。

20　この地の第二次世界大戦前以前の雰囲気については、第2章一〇五—六頁に引用した池波正太郎の不忍池・池之端の記述も参照されたい。

21　しかも、子どもの越境入学を含む諸々の理由のために、自宅ではなく店舗に住民票を置いている商店主が存在する可能性を考えると、実際に上野に住んでいる人数は、この台東区住民台帳から引用した数字よりもさらに少ないものと推測される。

22　本調査は、託送方式による上野観光連盟執行部会への全数調査であり、配布数は90、有効回答数は29であった。

23　近代日本の社会移動を計量的に明らかにした佐藤（粒来）香の優れた著作によると、戦間期の日本は、「生業の世界」の縮小と淘汰が起こり、「職業の世界」への移動が起きた時代だという（佐藤（粒来）、2004:99-104）。その整理に照らせば、有末の指摘する職住分離化した下町の自営業者は、その淘汰を生き延び、「生業」を「職業」的な経営に変容させることに成功した人々のことを指していると言えるだろう。その一方で佐藤は、終戦直後の労働力過剰の時代には、多くの人々にとってヤミ市や露天商という「生業の世界」に身を投じることが、生計を立てる唯一の道だったと指摘している（前掲書、178-9）。アメ横や当時の上野広小路の露店街が、そういった人々を吸収した都内最大級の場所だったことは言うまでもない。しかしそうした戦後の混乱期が収束し、その後は職住分離が定着している現在のアメ横の人々は、再び「職業の世界」の色合いを強めていると捉えるべきなのだろう。

24　大宅壮一雑誌記事データベースで「上野 and イラン」で検索すると21件の関連記事がヒットするが、うち20件が一九九一～九四年に、さらにそのうち10件が九二年のお花見時期に集中している。

25　葵部落の実態調査として、磯村英一率いる調査チームによる、東京都立大学社会学研究室分室『上野「葵部落」に関する調査』（1953）が残されており、同調査からの知見は、磯村著の古典『社会病理学』（1954）にも色濃く反映されている。

26　偶然当事者の男娼に聞き取りをする機会を得た磯村によれば、この事件は、視察に対してというより、好奇心的な態度を剥き出しにした総監一行に対する抵抗のあらわれだったとのことである（磯村、1958:97）。

27　犯罪という文脈ではないが、近年になってからもその二側面のせめぎあいを象徴的に示すような現実が存在する。九〇年代後半以降の野宿者のブルーテントは、しばしば「特別清掃」――あるいは「山狩り」――に遭って目立たぬところに移動させられたが、それが強行されるのは決まって皇族、総理大臣、都知事らが日本の「文化の顔」でのイベントに見学・列席するときであった（荒井、2007:21-3）。

28　一九九三年に技能実習制度が開始されたばかりの当時、インドネシア人はきわだって研修・技能実習生として来日する人の比率が多いグループであった。現在は広く知れわたっているように、研修・技能実習生とは、実質的な低賃金外国人労働者であるのみならず、送り出し機関と受け入れ企業による強い管理下に置かれ、かつ地域的にも散在する傾向が強い。そのため、一九九〇年代当時のインドネシア人は、イラン人に負けず劣らずエスニック・ネットワーク形成が困難であり、それゆえにやはり上野公園に露出していたのだと考えられる。

29 この経緯は、当時の東京都知事だった安井誠一郎『東京私記』（1960）に詳しい。上野広小路商業協同組合の元理事への筆者の聞き取りによれば、GHQの狙いは、露店街に跋扈するいわゆる「ボス支配」の一掃にあったが、一九四九年当時の上野の露天商にそうした勢力の影響が少ないことを確認し、都による代替地の斡旋が強く推進されたという。

30 この当時、百貨店出店の影響を受けたのは繁華街にとどまらない。一九三六年の商店街調査では台東区からは四つの商店街が取り上げられているが、最も百貨店（特に一九一七年に百貨店として完成した松坂屋上野店）の煽りを受けて苦境に陥っているとされたのは、御徒町駅の東側、現在の台東区台東にある衣料品を中心とした専門店街であった佐竹本通商店街である。一九三〇年をモダン都市東京のピークとする海野弘は、一九二〇年代から一九三〇年代はじめまでをデパートの黄金時代と呼び、この時期にデパートと小売店との対立が深刻となったこと、それが一九三八年の百貨店法でのデパートの営業規制につながったことを指摘している（海野、1991:160-1）。

31 この調査での店舗構成の分析に関しては、戦前期からの都市社会学の泰斗、奥井復太郎による「各種商店街の機能的相違」（1939）に詳しい。

32 ただし、その後マレーシア、タイなど東南アジア地域からのインバウンド客の購買が増加傾向で、それらを合わせると二〇一九年時点では、客層の国を変えながら40％以上の売上になりつつあるという。

33 なお、このときに東京駅乗り入れが中止されたのは、東北新幹線の上野・東京間延伸工事による支障が原因である。

34 この経緯は、『あゆみ　新幹線上野駅誘致運動史』（1977）という小冊子に詳しい。

第2章　商品化される「下町」

第1節　「下町」アイデンティティのありか

アイデンティティ構築の過程において、他者の視線というものは決定的に重要だ。アイデンティティとは、決して自己についての認識のみで構築できるものではなく、自己認識と、他者からの自己への評価やまなざしとの相互作用のなかで構築されていくものである。

これは、個人が持つアイデンティティだけではなく、地域のアイデンティティについても同様である。田中美子は、地域アイデンティティ構築における興味深い「イメージ・ダイナミクス」モデルを提示している（田中、1997:43-6）。田中によれば、地域住民が地域に対して有するイメージ（対内的イメージ）と、地域外の主体によって地域が対象としてみられるイメージ（対外的イメージ）とは、相互作用を繰り返す。そして、そのフィードバック連関の中から、「対内的イメージの中からとくに地域住民に共通に想起される結晶化された地域イメージであり、うちとそととを区別する共通認識としての地域アイデンティティ」が確立されていく。

浅草と並んでこの地域の二大繁華街とみなされている上野の街に、「そと」から向けられる対外的イメージとして無視することができないのは、やはり「下町」だ。こんな風に、「そと」から確固と、しかも魅力的なものとしてイメージされていることは、地域にとっては有利なことには違いないが、上野の場合には少し事態はややこしい。この地域は物理的にも、明治維新における上野戦争、関東大震災、そして第二次世界大戦の空襲で甚大な被害を被っているうえに、前章で詳細に確認したとおり、上野の商店街では人的な連続性もおぼつかない。その現実は、とりわけ隣町でありライバルとも認識されがちな浅草と対比される形で、広く上野の人々に了解されている。

江戸情緒ったってもう、ね。ないでしょ？　上野には。公園だけだよ。それは浅草とは違う。（2004、不動産管理、一九五〇年代生まれ）

にもかかわらず、外部からは歴史的な固有性を備えた「下町」であることを求められる。次の図は、台東区が二〇〇三年に上野地区・浅草地区の二箇所で来街者に対して行ったアンケート調査においてなされた、「今から二〇年後（二〇二三年頃）、あなたが再びここを訪れたとしたら、どんな都市イメージが好ましいと思いますか」という設問に対する回答（二つまでの複数回答）をまとめたものである。この調査はそもそも設計の時点で、「下町」＝歴史と伝統という定義を前提とした上でなされていることをまず指摘しなければならないが、それはおいておくとしても、ほとんどの来街者に「歴史と伝統の残

台東区『台東区の将来像のための基礎調査報告書』172頁の図表III-90を筆者が再作成

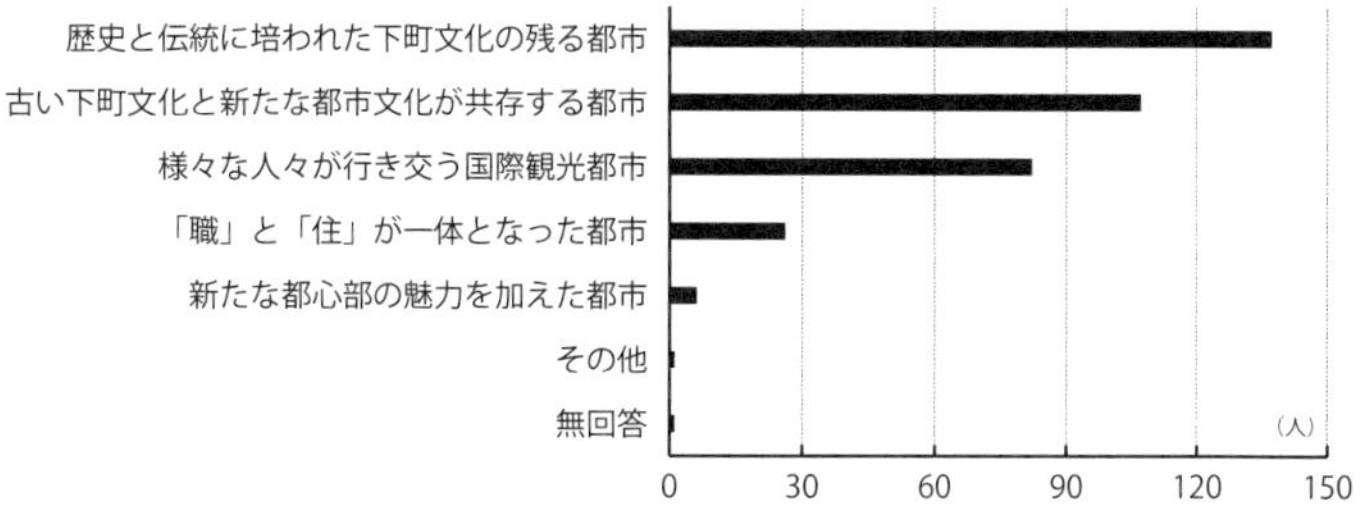

る都市」もしくは「古さと新しさが共存する都市」が選好され、「新たな都心部の魅力」などはほとんど期待されていないことに、あらためて注目せざるを得ない。

「歴史」と「伝統」を期待されるのに、街にはそれを感じさせるモノ自体はさほど残っているわけではない——こうした環境下で、期待通りの「下町」であり続けるためには、この地に暮らす人々の身体や心のうちに継承されている「下町」の存在に賭けるしかない。たとえば、台東区のある区議会議員は区の観光行政としてあるべき姿を、筆者にこう語る。

この区は古い古いとは言っても、町並みだけでは勝負できない。保存されているところだけ情緒豊かであとはどうなの、っていうことではしょうがない。そうじゃなくて、ここに住んでいる人の心意気や生きざまみたいなものが、何かあるんじゃないか。(2003、区議会議員、一九六〇年代生まれ)

これは、都市空間の中に誰の目にも明らかな歴史性がないにもかかわらず、「歴史と伝統」が求められるのならば、住民や商店主の身体や内面、振る舞いや商習慣に遍在する（とされる）「下町」の自覚化や強調に向かいがちになることを端的に示している。来街者や観光産業の期待に沿って「下町っ子」として振る舞う――あるいは、そのふりをする――人々が生じ始め、上野や浅草が再帰的に「下町」として形成されてゆく。すなわち、実体的な地域性を先回りして、アイデンティティとして結晶化する「下町」だ。

そうした傾向が顕著に顕れるのが、地域アイデンティティを確認する「町内社会のお祭り」（玉野、2005）でもある地方選挙の場面だ。そのお祭り好きの土地柄ともあいまって、23区で最も狭い区域に40台以上の選挙カーがひしめく区議会議員選挙や、中選挙区制時代の保守政治家の系列の流れをくむ議員団どうしが、激しいつばぜり合いを繰り広げる都政・国政選挙は、町内会や商店会などの旧来型の地盤組織を動員して、上野を含む台東区では他地域と比べても非常に盛り上がる。

筆者がこの地域での調査を始めることになったきっかけのひとつに、一九九〇年代後半から二〇〇〇年代にかけての台東区議会議員選挙、東京都議会議員選挙に関わった経験があるが、候補者の街頭演説や政策ビラに「下町」的な語彙が多用されていることにまず驚かされた。特にこの傾向は、強調すべき実績に乏しく、イメージ頼りの選挙にならざるを得ない新人やそれに準ずる候補者の場合には顕著になる。そうした候補者の演説や街宣は、教育問題やコミュニティ政策、防犯・防災対策や構造改革路線への批判にいたるまでのさまざまな政治課題が、「下町」という記号から引き出すことのできる語彙で包まれたフレーズのオンパレードになりがちだ。[1]

下町の、人と人との触れ合い、肩と肩とのふれあいを大事にする政治をしていきたい。二〇〇一年選挙、都議会議員候補）

昔からこの下町では、お祭りでお神輿を担ぐ大人たちの背中を見て、そうやって地域の子供たちは育っていくんです。（二〇〇三年選挙、区議会議員候補）

筆者はほかに、郊外都市である千葉県柏市で、市議会議員選挙や市長選挙に関わったことが数回あるが、そこでは、地域アイデンティティやそこから導き出されるイメージにひっかけたフレーズを、ほとんど聞くことがなかった。それを考えあわせると、台東区での選挙におけるローカリティを意識した語彙の使用頻度は、間違いなく際立っていたと言っていい。

こうした「下町」的な語彙は、その意味内容そのものではなく、多様なニーズをもつ有権者が一定程度共有可能なシンボルや、あるべき「われわれ」を語る規範的なアイデンティティとして、選挙の際に好んで多用されていたと考えるべきであろう。もちろん、候補の支持者の中にも、こうした語彙の氾濫を冷ややかに見る向きは多い。たとえば、上野を地盤とする都議会議員の支持者である男性ふたりは、このように喝破した。

A：（筆者：「下町」って言葉をどう捉えていますか？）万人に嫌われることのない言葉。万人が知ってる嫌じゃない言葉だね。暖かさとか、長屋的な連帯みたいなものを表わすのに便利な。

B：ある意味死語といえるけど…さ（中略）○○さん（都議会議員）が選挙で多用するのは、やっぱりこの言葉を使っておけば、聴いた人の足をとめ、心を動かしやすいと思ってるからだと思う。浅草、根岸、谷中、上野みたいなまとまりのなかで選挙をするときに、台東区、みたいなまとまりを出すよりも、この言葉の方がやりやすいところがあるんだろう。本来選挙は政策を語るべきだが、安易にこういう言葉に頼ってしまうところがある。

（2001、A：飲食、一九六〇年代生まれ、B：サービス業、一九六〇年代生まれ）


ただ、選挙における「下町」語りの構造を的確に見抜いている彼らにしても、「下町」的な語彙の訴求力は認めている。そうした動員の対象となる商店主層の人々にとって、毎年のようにある選挙は、多かれ少なかれ、地域アイデンティティのありかを再確認・再活性化する機会になっていると言えるだろう。かくして「下町」という記号は、この地域のアイデンティティ形成にも、重大な影響を及ぼすことになる。もちろん、現在の上野が「下町」と括られることへの戸惑いや違和感も存在するし、先の語りに見られたように、安易に「下町」が持ち出されることへの反発や冷笑もかなり多い。しかしそれでも、上野観光連盟の執行部会の「旦那衆」を対象に、筆者が二〇〇一年に予備的に行ったアンケート調査（有効回答数29）では、65％の回答者が「下町っ子」を自認する意識を持っていた。本書が調査対象としている上野の「旦那衆」に関して言えば、さまざまな思いを抱えつつも、その多くが「下町」アイデンティティを意識している環境にあり、「上野らしさ」を考えてゆくうえで避けては通れないキーワードになっている。

こうして対内的イメージと対外的イメージが共振する形で、明確で強い地域アイデンティティが形成されている台東区は、地域のありようとしてはある意味理想的ともいえる。ただ、日本語において下町という言葉は、それ自体非常に曖昧なものだ。ためしに手近にある大辞林第二版（1995）を引くと、こうある。

都市の市街地のうち、低地にある地区。主に商工業者などが多く住んでいる町。東京では東京湾側に近い下谷・浅草・神田・日本橋・深川などの地域をいう。

さらに、この下町を形容詞化した「下町風」なる言葉を引いてみると、こうなる。

下町の風俗・風習・気風。特に、東京の下町に残る、江戸時代の「いなせ」「いき」などの風をいう。

こうした記述からは、本来低地地区や、地勢と抜きがたく結びついていた近世都市の機能分化に基づく商工業者地区を意味する下町という言葉が、東京のある特定の地区を指す固有名詞にもなっていることとが窺える。つまり、一般的な用語法としては「大阪の下町」「ソウルの下町」のように使われても、下町とだけ書くと、「東京の下町」を指すことが暗黙のうちに了解されているのである。

ではそもそも、「下町」とはどの地域を指すのだろうか。「下町」を冠するガイドブック[2]を見てみよう。行政区で言えば、隅田川西岸の台東区・中央区を中心に、対岸の墨田区・江東区の大部分、文京区・荒川区・北区・葛飾区・豊島区などの一部を含みこむ地域が「下町」と呼ばれているようであるが、王子・亀戸・森下・神保町などの「周縁部」を「下町」に含めるかどうかは、ガイドブックの間でさえ見解が分かれている。また、谷中・根津・本郷・小石川など、明治期までのお屋敷町であった「第一山手」（三浦、2000:63）は、ほとんどの「下町」ガイドブックに含められている。その一方で、地理的に言えば下町の中心部とみなされている台東区のなかでも、金杉地区、石浜地区など、観光資源に乏しい北部の住宅地区は、全くといっていいほど「下町」ガイドブックには取り上げられていない。

どうやら、これら近年のガイドブックに取り上げられている「下町」は、確固とした面的な広がりをもつ領域として定義されたものでも、住んでいる人の職業や階層で定義されたものでもなさそうである。ガイドブックの中からは、「下町」風の景観や食などの文化商品で観光客を惹きつけることのできる、面的な広がりを持たないスポットの集合が「下町」であるという、トートロジーしか見えてこない。さらに付け加えれば、そうした「下町」の商店街には、「下町気質」を備えた「下町っ子」が店を構えているというように、これまたトートロジカルに想定され、それも集客の重要な魅力と考えられている。しかも、それらの「下町」は、往々にして「人情」「粋」「情緒」といったそれ自体定義の難しい感覚的な言葉や、「懐かしい」「ホッとする」といった漠然とした形容詞で修飾され、それらの語彙は時には互いに矛盾しあいさえする。

明確な参照点のないままに、漠然と「下町」と呼ばれる地域が記号化され、にもかかわらず――いや、もしかしたらだからこそ――多くの人々に何らかの強いイメージを喚起し、魅力ある商品として一般に広く認知されていく。ここまで本書でカッコ付きで表記してきた「下町」を、東京東部地域あたりを指しながらも、単なる地名概念を越えて商品化された、一連のイメージからなる曖昧な語彙の束として、さしあたり定義し直しておこう。

しかし、商品としての「下町」が台頭してきたのはそれほど古い現象ではないし、そもそも「下町」という言葉自体、かつては日本語の言説空間でこれほど頻繁に用いられていたのか疑問が残る。しかも、「下町」という曖昧な語彙の束は、その短い期間のなかでさえ、いつの間にかその力点を変えてきているように見える。

歴史社会学ではしばしば、一般的に多用される言葉にこめられている意味が、社会変動に伴って、人々に自覚されぬままに、いつの間にか全く違うものになっていくことを明らかにすることが試みられる。たとえば小熊英二は『〈民主〉と〈愛国〉』において、戦後日本において重要なものであり続けながら、時期によってまったく違う「響き」を有していた「市民」や「民族」、「民主」や「愛国」といった言葉について、膨大な規模でこの作業を行った。小熊は、ある社会の特定の時代において支配的だった言葉の体系ないし構造を言説と呼び、大きな社会変動の共通経験によって集団的な心情が変化することで、言説構造の変動が促されるとする。ここで重要なのは、言説構造の変動は多くの場合、まったく新しい言葉を創造するという形ではなく、既存の言葉を読みかえその意味を変容させることによって起こるため、ある時代の言葉の「響き」を、別の時代の同じ言葉で記述することは不可能だということだ（小熊、2002:18-22）。

「市民」や「民主」といったような、戦後日本の政治を駆動してきたイディオムでさえ、一人の人間の一生よりも短いせいぜい数十年といった単位で、いつの間にか全く違う意味に読み替えられている。ましてや、特に政治的論争の対象でもなく、しかしいつからか商業的価値を持ち出した「下町」という言葉は、それぞれの時代背景のなかで誰もはっきりとした定義を試みることもなく、誰もがそれと気づかぬうちに、全く違う「響き」を持つようになってゆく。次節では、それぞれの時代のガイドブックの記述を導き手とし、「下町」をめぐる言説構造の背景にある社会変動を検討しながら、第二次世界大戦後を通したこの「下町」の「響き」の変容を概観してみたい。

第2節　「下町」商品化の系譜

（1）　一九七〇年代：商品としての「下町」の確立

まず手始めに、国立国会図書館のデータベースで『下町』という言葉を含む題名または副題がついている書籍と、『下町』という言葉を含む文章が収録された作品集を検索してみよう。[3] すると、一九六〇年代の後半ごろから次第に該当する出版点数が増加しだし、八〇年代後半から九〇年代にかけて急カーブで伸びていることがわかる。ヒットした出版物の種別的にも、一九六〇年代までは林芙美子や川端康成らによる文学作品が中心であり、それらを収録した全集ものなどが占める割合が多い。

様相が変わってくるのは、一九七〇年代中盤以降である。一九七三年に毎日新聞社から写真集『江戸の旅：下町のふるさと』が出版されたことを皮切りに、七〇年代後半から、「下町」を冠したエッセイの類が際立って増えてくる。一九七八年には、浅草生まれの沢村貞子のエッセイを原作とした『おていちゃん』がＮＨＫ朝の連続テレビ小説として放映され、最初の大規模な「下町」ブームを巻き起こしたとされる。出版界における「下町」の商品化もそれと時期的に対応しており、さまざまなメディアにわたる「下町」ブームがこの時期に始まったと考えてよいだろう。

一旦戦前期に遡って、当時のガイドブックに類するものの記述内容を見てみよう。現在ブルーガイド・シリーズを出版している實業之日本社の一九一六年版『東京案内』では、特定の地区や名勝が「下町」「下町風の場所」と呼ばれることはなく、ただ山の手と対比される地勢的な概念として「東南一帯は平地だ、即ち京橋、日本橋、浅草、本所、深川の諸區で、之を總稱して下町といって居る」(192)と紹介されるのみである。一八九〇年の磯江潤『東京市中案内大全』に至っては、下町という語句は影も形もない。また、一九二九年の今和次郎『新版大東京案内』になるとむしろ、当時東京東部に発達した工業地域と労働者居住地の存在を重視して、従来それぞれ住宅地区と商業地区として区別されてきた山の手と下町の区分を「もはやその観念は不適當である」(25) としている。

戦後期に移り五〇年代になっても、一九五一年の木村毅編『東京案内記』にみられるように、主に地勢概念としての下町という語の使用 (8) が優勢であるが、少しずつ現在に通じるような用例が現れだす。一九五六年の東京都観光協会編『東京案内記』においては、銀座・新宿・渋谷・上野・浅草といった東京の多くの繁華街が、「盛り場」という形で併置されて紹介され、上野や浅草は「庶民の町」、「気楽」、「大衆性」などと形容されるものの、「下町」という言葉ではいまだ括られていない。しかし、駿河台と電車通り(靖国通りを指す)を、「神田の山の手」「神田の下町」と対比する (129) ような、「下町」を記号的に用いようとする表現も登場してくる。

それが「下町」ブームが始まる一九七〇年代になると、「下町」「下町風」などの言葉がめだって頻出し、東京の紹介は大きく「山の手」と「下町」の二部構成でなされることが多くなってくるのみならず、その描かれかたも変わってくる。日本交通公社が五〇年代半ばに出版した『新旅行案内5 東京』では、歴史的な背景説明に言及している部分もあるが、上野・浅草の記述とともに、主に当時の時点での賑わいと、庶民性や大衆性・気取りのなさを強調するものとなっている(日本交通公社、1955=58:58,64)。それに対して、一九七〇年代におけるその直接の後継シリーズである『新日本ガイド5 東京 横浜 鎌倉』では、両地域には「江戸の名残りの商人気質や職人気質が、いまなお受け継がれて」おり、「浅草は古くからの東京っ子にとっては郷愁の街」と描き出される(JTB、1976:120-1)。

地域の公的団体が出した浅草の記述を比較しても、東京都観光協会の『東京案内記』(1956)では、江戸期の盛り場としての草創期からモダン浅草の繁栄の歴史が駆け足でたどられたあとに、戦災でカタストロフィを迎えたこの街が、流行廃りを繰り返しながらも、往年の賑わいを取り戻しつつあることが語られる(114-8)。それに対して、浅草商店連合会発行の『浅草』(1975)においては、「心のふるさと江戸の薫り」の副題が付され、仲見世以下の各見所は「今に残る江戸情緒」としてまとめられているように、七〇年代の懐古趣味はおもに「江戸時代の名残」に向けられている。いわば、「下町」ブームが始まった七〇年代になると、庶民性や大衆性よりも、歴史性や場所の固有性が「下町」をめぐる語彙の前面に出るようになり、しかも、あたかも現在とは一旦切り離されたかのような過去の「名残」を感じられる場所として、「下町」が描かれるようになるのである。

このブーム期の「下町」を語る形式の典型は、七〇～八〇年代にかけて「下町」をめぐるさまざまなエッセイを大量に執筆し、それがガイドブックなどに盛んに引用されることで——「有名な誰かが来た店ということで言うと、池波さんは最強の名前」(大村・常盤・矢野、2003:87)とまで評されている——、観光産業に「下町」語りを供給し続けた池波正太郎にみることができる。

そもそも「本業」の時代小説家としての池波は、江戸の市井を舞台にした代表作の三大シリーズ——テレビ時代劇として映像化された『鬼平犯科帳』『剣客商売』『仕掛人　藤枝梅安』——に顕著なように、切絵図と呼ばれる木版刷りの江戸の古地図を常に手元に置き、浅草や上野、深川といった場所の時代ごとの街区の様相を、作品の中に可能な限り正確に書き込んでいくというスタイルに特徴がある。映画狂としても有名だった池波は、長谷川平蔵（鬼平犯科帳）が踏み込んだ大店や、秋山父子（剣客商売）の行きつけの料理屋といった架空の場所を、切絵図上の街路や武家屋敷、現在も残っている寺社といった実在の固有名と並べて配置することで、読者に虚実半ばした江戸の町の情景を視覚的に浮かび上がらせてゆく。

さらにこうした作風の延長上で、東京の諸街区の故事来歴に、自らの幼少期からの町歩きの経験や作品中の記述を織り交ぜた『江戸古地図散歩』や、地区ごとに編集したエッセイに古地図や浮世絵を対応させ、もはや町歩きのマニュアル本のような『江戸切絵図散歩』などを出版している。そんな池波は、「下町」ブームやその後の江戸東京論の盛り上がりを経て登場した、現在の街角に過去の「名残」を探す「町歩き」観光の先導者としてまたとない存在であった。

上野と不忍池も、あかるい公園である。それでいながら、むかしの地形を、しっかりとつたえてくれているのがありがたい。（中略）私の［鬼平犯科帳］の中の［妖盗・葵小僧］に、「……池の端仲町といえば、上野・不忍池の何面に細長く連なっている町で、商店も高級な一流ぞろい。日野屋は元禄のころから、ここに店をひらき……」と、ある。そうした、小さくとも何やら由緒ありげな商舗が物しずかにたちならぶ通りで、池之端に面した側は、江戸時代の水茶屋が建ち並んでいた雰囲気もあり、その反対の南側は、下谷の芸者町という……私が少年のころは、まだ、そうした江戸のおもかげが、かなり色濃くただよっていたようにおもわれる。（池波、1975=94:32）

こうした過去の「名残」を探そうとする視線は、池波の「下町」を描いた数多くのエッセイにも一貫している。自らの育った永住町（現在の元浅草1〜2丁目）に生きる人々の「エネルギー」を、相互扶助の精神を、貧しいなかでの食の豊かさと心の余裕を、愛していた池波が（池波、1987:102,106,202-5）、過去の痕跡を見出そうとする対象は、「下町」の景観や空間だけではない。それ以上に彼が書き残そうとしたのは、そうした「情緒《じょうしょ》」ある都市景観のなかで育まれてきた東京人《とうきょうびと》の習俗や気風であり、池波は自身の身体と化しているそうした作法——鮨屋やそば屋でのふるまい方、羽織の着方から、チップの渡し方、女性のあしらい方まで——を、若い世代に伝えようとする（池波、1981=84）。むしろ、それらの「下町」の気風は、都市生活の「情緒《じょうしょ》」ある景観のなかでこそ育まれるものであるので、池波にとって、「情緒」を失った町は［廃墟］にすぎない」のだ（池波、1976=79:38）。一九七〇年代には、民俗資料を「正しい」形のまま「変化させない」ために、無形の民俗文化財にも指定制度を導入した文化財保護法改正（1975）が行われ、無形文化財が観光と結びついていく（才津、1996:47-54）が、この潮流と軌を一にするように、池波のノスタルジックなまなざしは東京人《とうきょうびと》の無形の営みや身体そのものに注がれてゆく。

そしてそれは、二〇世紀前半の震災と戦災で歴史的建造物や町並みの多くを失ったために、視覚的に過去をはっきり感じられる場所がそうあるわけではないこの地区の観光行政にとっても、適合的なものだ。台東区のほとんど中央部に当たる合羽橋道具街に、二〇〇一年にオープンした台東区中央図書館の一階には池波正太郎記念文庫がある。自筆原稿や絵画といった池波にまつわる資料を多数収集し、池波

池波正太郎記念文庫が併設された台東区中央図書館のエントランス（2019年）

の書斎が復元されているなど、単なる区立図書館の一施設という位置づけを越えて、池波ファンを中心とした全国からの来訪者・観光客のまなざしも意識した施設だ。その入り口のパネルに以下のような一節が選ばれて肖像写真とともに飾られていることは、池波の大量の著作が少なからず寄与した、七〇年代の「下町」の商品化が応えようとした需要の形を、示唆しているのではないだろうか。

東京人に故郷はない、と、東京人自身が口にするけれども、私はそうではない。私の故郷は誰がなんといっても浅草と上野なのである。
（池波、1976=79:99）

高度経済成長が一段落した七〇年代は、国鉄のディスカバー・ジャパン・キャンペーンが展開され、古きよき日本の再発見というコンセプトが大々的に商品化された時期であり、一九七六年には文部省がふるさと運動を提唱し始めてもいる（安井、2000:112）。この時期に都市化がほぼ飽和状態に達した東京では、都心部があらかた鉄筋コンクリートのビルに埋め尽くされ、郊外化が進行してゆく。ディスカバー・ジャパンの呼びかけに呼応して、農山村＝日本の周縁部に失われたふるさとやよき過去を探そうとしたのは、地元意識の希薄な新興住宅地に住み、「東京砂漠」に通う毎日を送って、故郷喪失感を強めていたそうした人々である。この時期に定式化された「下町」観光産業は、彼らに呼びかける。高度経済成長期や東京オリンピックの再開発の影響が相対的に小さかった「下町」は、江戸の名残という過去が、そこに生きる人々の身体に変らぬ形で宿っている、東京のなかでは例外的な「ふるさと」になりうる場所なのだ、と。

日本全国の多くの農山村が「ふるさと」として再発見されるなかで、さまざまな伝統の再創造が行われたように、現在と断絶した過去の名残を「下町」として商品化していくためには、いくつかのファンタジーを必要としたのだろう。その役回りに、「あの東京オリムピックだけはしないほうがよかった」と嘆き（池波、1989=95:83）、バブル期に至っては、「東京は、いよいよダメになった」ので、「皇居と天皇ご一家と、文化的な環境と施設のみを現東京へ残し」、首都の役割は「御役御免にしてもらいたい」という遷都論を唱える（池波、1989=94:205-6）までに苛立っていた池波正太郎の作品は、うってつけだった。実際の江戸の切絵図に魅力的な江戸人《えどびと》と店舗を書き込んだ彼の時代小説は、東京人のファンタジックな過去像を生き生きと描き出していたし、その痕跡を歩いて探し回る彼のエッセイは、東京に残された「ふるさと」を供給しようとする観光産業と行政に、即応的な語彙と形式を提供し続けたのだ。

もちろん、変りゆく東京のなかでも、特に下町と呼ばれる地域に、江戸を透かし見て往時を偲ぶという作法自体は、長い歴史を持っている。東京の文化人の故郷喪失感とその投影としての下町へのノスタルジアは、大正期の永井荷風らの作品に既にみられる。それは、関東大震災による東京東部の破壊に始まり（高橋、1995:114）、その後の第二次世界大戦の戦災後の時期、そして高度経済成長期後の時期と、東京が大きな変動を起こすたびにそれ以前の東京を懐かしむ語りが台頭している（奥田、1993:67-8）。そのなかで一九七〇年代とは、高度経済成長期以前の東京を戦前期とひとくくりにして懐古する語りが登場する――その後の懐古趣味的な東京論の系譜では、東京にとって戦災より重要なエポックとして東京オリンピックを挙げ、「輪前／輪後」という区分けを提唱する論者もいる――時期であり、池波正太郎のエッセイもまさにその代表として位置づけられるものだ。

こうして一九七〇年代に、歴史性の語彙が前面に出される形で「下町」が商品化され、過去の「名残」をその街角やそこに生きる人々の身体に見つけようとする語りが確立し、そして、面としての東京東部地域ではなく、「名残」を感じられるスポットが「下町」と呼ばれてゆく。ただ、歴史性や固有性が前面化する一方で、五〇年代までのガイドブックでの浅草や上野の記述に支配的だった、「庶民の町」「気取りのなさ」「大衆性」といった形容が後景に退いていくようになる背景として、さらに二つほど、この時期の東京の重要な社会変動に簡単に触れておきたい。

まず指摘しなければいけないのは、高度経済成長後の時期に、下町地域を代表する繁華街の相対的な地位低下が決定的になったという事実である。明治中期以降一貫して重心が西方に移り続けた近代東京において、下町は文化的な発信源の地位を次第に失っていったし（サイデンステッカー、1986:221-6）、「下町といえば、没落、とくる」（小林・荒木、2002:14）のは文学作品などにおいてはもはや百年来のクリシェであった。が、文化的な中心性・先進性のみならず、集客の面でも大きく鈍化し、山手線西側のターミナル駅に開けた繁華街の発展を尻目に、地盤沈下が誰の目にも明らかになったのはまさにこの時期である。

それは、現在に至るまで「下町」を代表する繁華街である浅草において、特に顕著だった。浅草六区の興行街からはすっかり客足が途絶え、映画館や劇場の数も一九八〇年代までには五〇年代の半数以下にまで激減した浅草で、しばしば行われる商店街診断や各種調査の記述は、一九七〇年前後から年を追って深刻な色合いになる。一九六二年の段階では、変化を起こすことの必要性や将来的な危惧が示されながらも、現状では来街者数や商店の経営状態も落ち目にはなっていないと結論づけられ（台東区役所編、1963:17-20）、一九六六年の調査でも、浅草は東京の全体的中心地から東北部郊外のサブセンターになったとされたものの、まださほどの悲観的な論調ではない（慶應義塾大学文化地理研究会編、1967:122-6）。が、一九七一年の上野・浅草を対象とした調査では、「他の副都心と対比して憂うべき状況に陥りつゝあり、また観光娯楽の対象としての魅力も失いつゝあるというのが偽りのない所」という、かなり厳しい現状認識から報告書が書き起こされる（セントラルコンサルタント株式会社、1971:2）。さらに一九八〇年の『浅草商店街診断報告書』ともなると、「かつてのエネルギーは今日まったくない」浅草を「眠れる獅子」と断じるところから始まって、これでもかとあげつらったマイナス点を踏まえて、堕ちるところまで堕ちた「浅草復活」への提言を行うという按配だ（東京都商工指導所ほか、1980:1-24）。

客観的なデータでも、上野・浅草を抱える台東区のこの時期の没落は明らかだ。中心商業地区を擁する都心区に関して、小売業販売額（飲食店除く）の対23区比率の経年変化を示した次頁の図を見ると、

小売業販売額（飲食店除く）の対23区比率推移

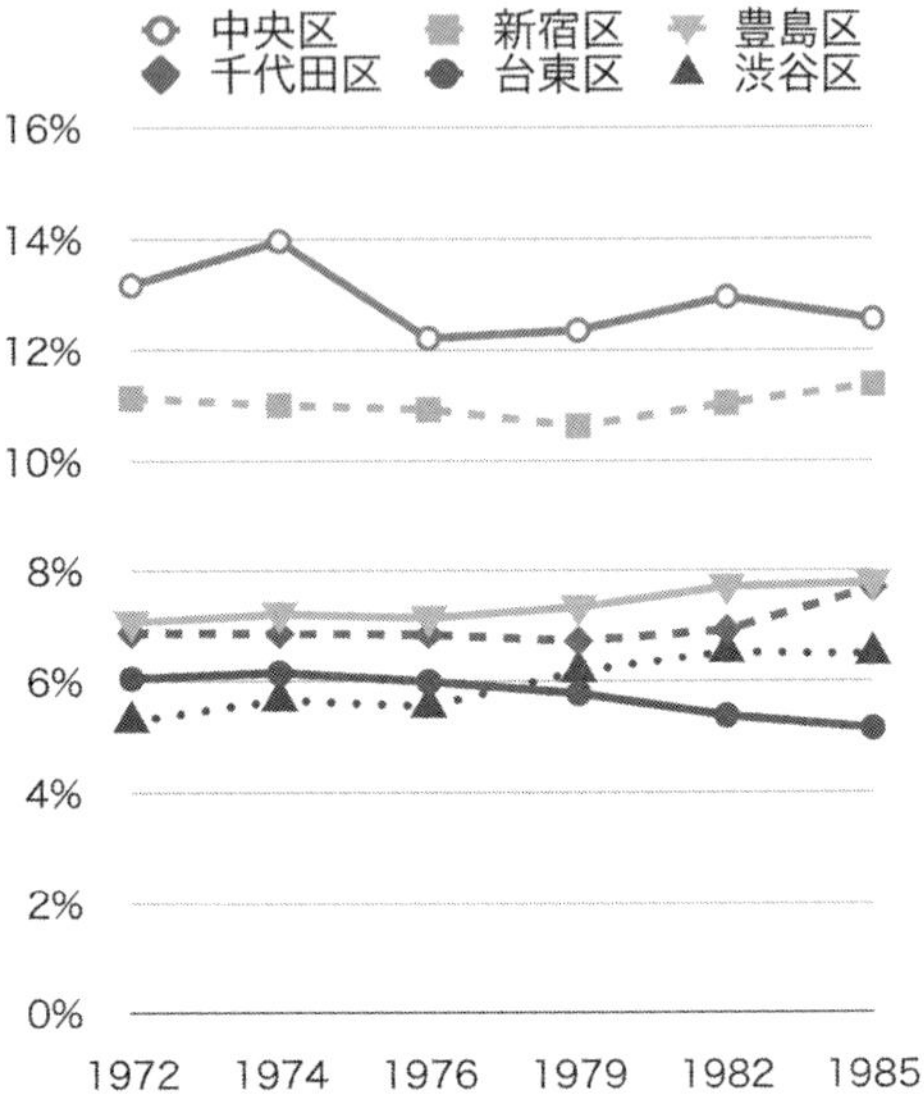

一九七〇年代から八〇年代前半にかけて、ただひとり台東区だけが右肩下がりの地盤沈下を続けている。これは、浅草や上野が、いまや銀座（中央区）や新宿に遠く及ばず、池袋（豊島区）には引き離され、八〇年代を前に新たにファッショナブルなイメージとともに台頭してきた渋谷にも抜かれたことを、如実に示している。[4]

こうした状況下で浅草や上野の人々は、絶え間ない変化によって集客を競う繁華街としては、もはや新興の盛り場に対抗できないことを自覚せざるをえない。そうしたなかで、変わらぬ「ふるさと」であり、過去の名残を残す場所として、「下町」への需要が高まってきたのはまさに渡りに船である。観光産業の要請する「下町」を受けて、供給側も多くの庶民でごったがえす盛り場的な商業の追求から、歴史性を強調した観光対応へと舵を切っていったのは、自然な流れではある。[5]

東京東部が停滞し、何ら新しい変容が起こらなかったからこそ、ここに変わらぬ過去の名残を見出そうとする「下町」語りが生じ得たのか、現役の繁華街としての相対的な地盤沈下を受けて、やむなく地元が「下町」の商品化に対応する道を選んだのか。その因果は「卵と鶏」ではあるが、いずれにせよ、この地域の繁華街としての相対的な地盤沈下が、「下町」という記号の確立の重要な背景となっていたことは、間違いないところであろう。

もう一つ見逃せないのは、高度経済成長期における東京の階層性の「見えかた」の変化という要因だ。広く知られているとおり、徳川時代の江戸は、武蔵野からの台地が手のように張り出した本来の意味での山の手に武家屋敷と寺社地が、その東側の低地帯である下町に町人地がそれぞれ形成され、大雑把に言えば、土地の高低と身分の高低が結びつく形で発展していった。それがさらに明治維新後には、特権階級や知識人が山の手へと定着し、さらに関東大震災後の復興の過程で、東京における西高東低の階層分布は加速され、下町を山の手の下位におく序列構造が決定的になる（橋本、2008:146-53）。下町とはまずもって下層地域であるという事実は、東京各地の盛り場に集まる人々にも顕著であり、関東大震災前後に考現学的分析を試みた今和次郎は、「隅田川東方一帯はべたに貧民窟」であり、「違う風俗の国」とまで記している（今、1925=1971:120-1）。

「細民地区」「不良環境地区」——時代とともにその呼び名は変化してゆくが、帝都／首都・東京に長らくはっきりと目に見える形で存在していたこの「貧民窟」の存在こそ、地域イメージを決定づける可視化された形で凝縮された貧困であり、それは常に東京の東側に目だって分布していた。近代東京の貧困の推移を詳細に記述した中川清『日本の都市下層』によれば、明治中後期から関東大震災に至るまで一貫して、浅草、下谷、深川、本所の４区が、都市住民の10％程度を占める「貧民」「細民」の集積の中核であった。[6] 関東大震災では、同４区の「細民地区」のほとんどが焼失し（前掲書：151）、昭和初期に入ると「要保護世帯」が「細民地区」から分散してゆくが、やはりそれは、新市域でも荒川、向島、城東、足立といった東部地域に明らかに偏って広がっていく（前掲書：264-272）。

戦災で焼け出された人々を飲み込んで一時的に「不良環境地区」が膨れあがった時期をはさみ、戦後の混乱は終息した時期の一九五〇年代末に行われた東京都民生局の調査では、23区内の大小２３１箇所の「不良環境地区」が報告されているが、東京の東北部に位置する荒川・足立の２区だけで、全区部の「不良環境地区」の人口にして32％、面積にして39％を占め、他区を引き離す集積を見せている（東京都民生局、1959:97）。すなわち戦後でも高度経済成長期にさしかかる頃までは、可視的な「不良環境地区」が集積し、そこから染み出していった「要保護世帯」も偏在していた東京東部地域＝下町は、まずもって貧困地帯であるという社会認識が、圧倒的なリアリティをもっていたのだ。そして、前章で紹介したような、訪れるのも躊躇される戦後十数年間の上野公園や上野駅の犯罪化されたイメージは、その貧困地帯という社会認識のひとつの極点に存在していたと言えるだろう。

一方で中川は、一九七三年の東京都住宅局の調査において、不良住宅地区が激減したことが報告され、これを最後にこの種の調査がなくなったことに注目する。この事態は、一九七〇年代に至って空間的な地区として貧困を明瞭に認識することは困難になり、さらには貧困地帯という輪郭も失われて、貧困が社会平面における微かな点へと拡散していったことを意味していた（中川、2007:91-3）。同じ一九七三年

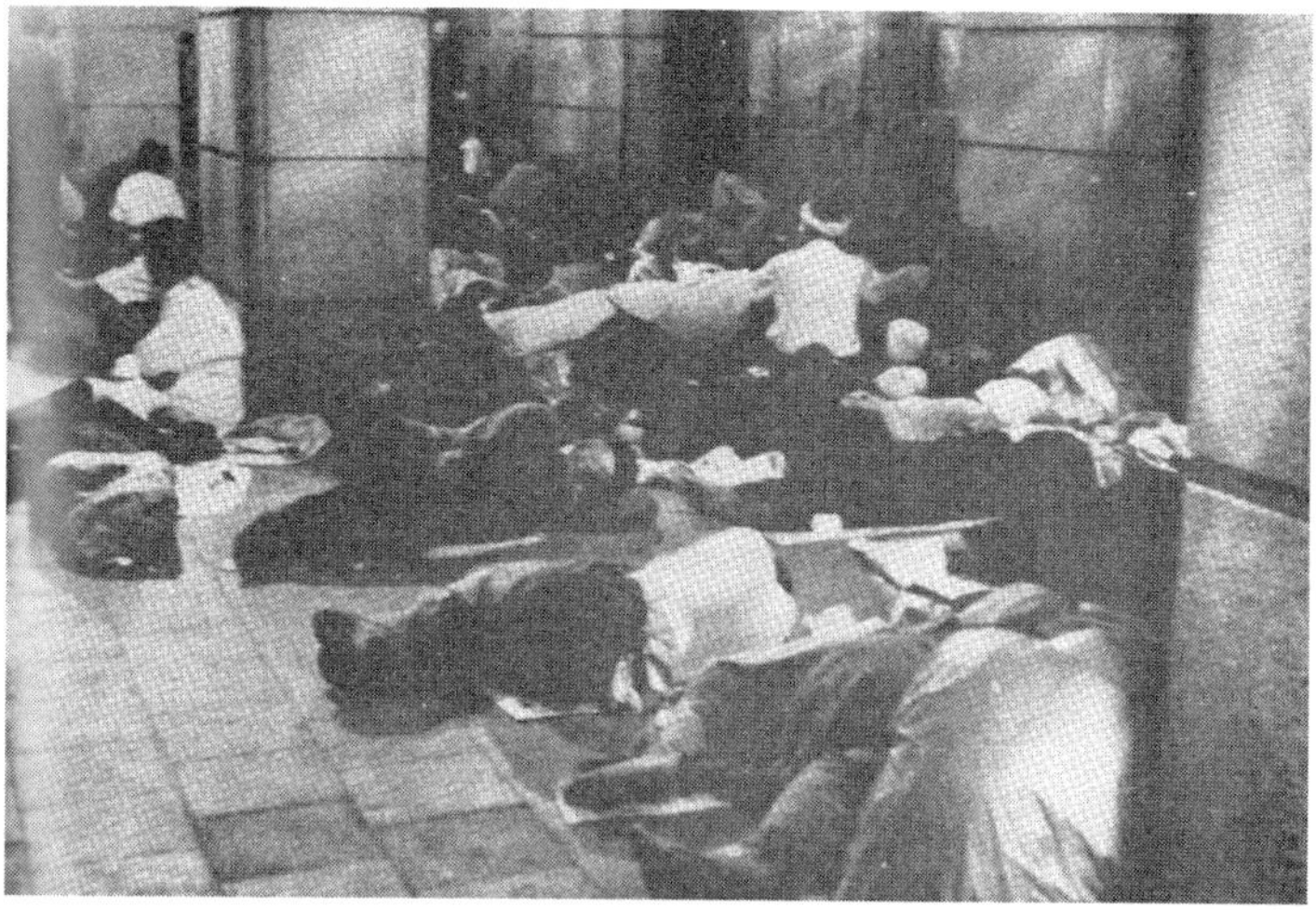

終戦直後、「ノガミ」と呼ばれた時代の上野駅地下道（上野観光連盟提供）

に、『国民生活に関する世論調査』で生活程度を「中」とする回答者は90％を越えた。「中流」意識が急速に拡大する一九七〇年代、東京の都市空間でも、地域イメージを決定づける目につきやすい貧困が、（単身男性労働者の寄せ場として残存した山谷などを除けば）ほぼ消滅していったのだ。

紀田順一郎は、明治中期から関東大震災まで上野駅の北東側に広がっていた巨大な「貧民窟」下谷万年町[7]を論じるなかで、「ここ上野地区ときては公園の桜や不忍池の秋色によき時代の名残をわずかにとどめているため、いまや隣接の浅草とともにブームの一大中心となっているほどだが、その種の懐旧の念に浸る人々に元万年町ごときが眼に入るわけもあるまい」と、「昨今のレトロブーム」を評している（紀田、1990=2000:10）。的確な指摘ではあるが、因果関係としてはむしろ、「一億総中流」の小さな幸せに包まれた一九七〇年代に至り、東京東部を訪れる人々が、万年町のような可視的な貧困を目にしないですむようになってはじめて、「下町」が過去の「名残」を安心して透かし見る対象となり、「レトロブーム」が可能になったと考えるべきなのではないだろうか。

（2）一九八〇年代〜二〇〇〇年代前半：都・区の戦略への位置づけと世界への発信の萌芽

折からの江戸・東京論の隆盛を受けた一九八〇年代後半から九〇年代中盤にかけての時期に、「下町」を題材にしたエッセイや評論の出版ブームは、ひとつの頂点を迎える。そして一九八七年に、実業乃日本社のブルーガイド・シリーズの一巻としてはじめて『東京下町』が出版されたように、従来は『東京』と題されていたガイドブックから「下町」が独立するまでに、観光産業における「下町」の商品化が完成した。九〇年代に入ると、実業乃日本社に続いて、JTB、ぴあ、昭文社、マガジンハウス、成美堂といった各社が、「下町」ガイドブックの最新版を毎年競うように出版するようになる。九〇年代後半以降の時期には、「下町」論やエッセイの発刊は一時期と比べるとなりを潜め、「下町」と題されて出版される書籍の過半を、こうした各社の「下町」ガイドブックやそれに準ずる町歩き・食べ歩きガイドが占めるまでになる。この時期までには、「下町」（論）ブームが一段落する一方で、観光産業にとっての「下町」にまつわる商品は、ブームを過ぎてなお安定した売上の見込める定番市場として確立したわけだ。

観光産業において「下町」という言葉の使用頻度が量的に増大した、この八〇年代から九〇年代にかけて、「下町」というタームはいよいよ地理的な定義とほとんど関係のない記号となり、「下町」と呼ばれる場所が（観光）スポット化する傾向が加速する。一九九四年に出版された『首都圏3時間ハイキング⑦ 下町歴史めぐり』のような極端な例では、東京東北部の「郊外」であった柴又や西新井は言うに及ばず、古川親水公園から葛西臨海公園、板橋から岩淵、徳丸から赤塚城址といったハイキングコースすらも取り上げている。ここに至っては、「下町」という記号を構成する何らかの意味の欠片さえ見出せれば、地勢的条件も住民の職業や階層的特徴も関係なく、「下町」とパッケージされて商品棚に陳列されているようだ。[8]

そうした言説の傾向は、一般の人々の用語法にも確かに影響を与えている。近年では、東京西部の中央線や小田急線、西武線沿線などの駅前にある、自動車の入りにくい細道に店舗が密集している商店街を、本来の地理的概念からはかけ離れて「下町」と呼ぶ感覚も広まっている。たとえば橋本健二は、世田谷駅（東急世田谷線）そばの居酒屋で居合わせた地元に住んでいるらしい中高年男性のグループの一人が、世田谷を下町だと思い込んでいたことを興味深く取り上げている（橋本、2008:217-8）。

バブル景気の興隆と崩壊を挟んだこの時期に、一九七〇年代に確立された路線での「下町」商品化が成熟するわけだが、この時代に特筆すべきは、行政の政策的意図のなかでも、「下町」が重要な意味づけを持つようになったことである。

その発想の起源は、バブルへといたる時期に「世界都市」を目指した八〇年代の鈴木都政にさかのぼることができる。成熟期の東京の経営を開始した鈴木都政は一九八二年、東京の都心構造を一点集中型から多心型へと転換するべく、六つの副都心（新宿、池袋、渋谷、上野・浅草、錦糸町・亀戸、大崎）および臨海副都心を、それぞれの歴史と特色ある機能集積などを生かしながら育成・整備する構想を打ち出し、バブル崩壊後の青島都政（一九九五～九九年）もその構想を引き継いでいる。そのなかで上野・浅草副都心は、「芸術や伝統を育む豊かな文化のあるまち」という将来像を与えられ、[9]「江戸情緒を現代に伝える歴史的な環境や、下町の生活文化を継承する活気ある街並み」などの、「観光、文化資源をいかしたまちづくり」を推進する、とされた（東京都都市計画局、1997）。東京都心部の機能分化が目指されていくなかで、「伝統」と「文化」、そしてそれらを生かした産業である観光が、八〇～九〇年代を通して、東京都の側から「下町」の繁華街に割り当てられていったのだ。

続く石原都政は、周辺七都県市を一体とした戦略を強調する『東京の新しい都市づくりビジョン』（2001）で、分散から集積へと大きく都市政策の大方針を転換し、上野・浅草のみならず副都心という呼び名自体がなくなる。が、代わって設定された帯状のセンターコア再生ゾーンのなかで、上野・浅草は、「街並みや地域の雰囲気を生かした新しいにぎわいのある下町」の一部として、「国際的な観光スポット」を形成していると位置づけられており、結局のところ、青島都政以前の「役割分担」と大きく変わるところはない。

いやむしろ、都市計画上の名称や位置づけはともかく、東京のなかで「伝統」と「文化」を担う地区としての「下町」に期待される役割は、石原都政のもとでは大きく増加したとみるべきだ。

バブル崩壊以降の日本経済の沈滞と、中国をはじめとした東アジア諸国の急速な経済発展をうけ、東京のグローバル・シティとしての地位は、一九九〇年代の「失われた十年」に大きく揺らいだ。そんななか、石原都知事は一九九九年の最初の知事選に出馬したときから、東京の地位の低下についての危機意識とグローバルな都市間競争を煽っていた。就任翌年に発表した『東京都市白書：国際都市東京の魅力を高める』では、紙幅の半分以上が「国際都市東京の魅力の危機」という章に割かれているほどだ。そして、同時期に長期的なマスタープランとして発表された『東京構想2000』には、「千客万来の世界都市・東京を目指して」という副題がつけられ、「激化する都市間競争に勝ち抜き、日本経済を力強く牽引する世界に冠たる国際都市」たるべく、東京の魅力を高めることが謳われた。

そこで、激化する都市間競争を勝ち抜くための手段として位置づけられたのが、観光である。石原都政は、観光関連の部署を、都民向けの生活文化局観光レクリエーション課から産業労働局の管轄に移して観光部に格上げし（二〇〇二年）、二〇〇三年に都が設立した東京都観光財団が海外向けの観光振興キャンペーン「Yes! Tokyo」を開始するなど、一期目から観光政策に強い意気込みを示して、現在の東京へのインバウンドブームの基礎を作っていく。

現代の都市政策における観光の重要性は、潜在的な雇用創出効果と、それによる税収増が大きいことだけではない。ビジネスエリートや高度人材のコスモポリタンな流動性が高まる現在、彼らと彼らが働く多国籍企業の中枢管理部門を集積させ、大規模な国際会議を開くために必要な都市アメニティを充実させるという政策目標と、観光振興とが近似していく。たとえば石原都知事は、就任当初から観光戦略の文脈で臨海地区にカジノを作る構想にしきりに言及したが、そこには国際会議や見本市など、いわゆるＭＩＣＥの国際的誘致競争を念頭に置いた、アフターコンベンションの充実という目論見もあった

（武居、2004:87）。これは、カジノ運営という観光振興策のひとつが、狭義の観光客の誘致と税収増を狙っているのみならず、より広汎な意味でグローバルなビジネス中枢となることを意識した一策でありうることを、端的に示している。

そうしたなか、東京都が「旧」上野・浅草副都心にかける期待はますます大きくなった。二〇〇四年には東京都観光まちづくり推進モデル地区の指定が開始されたが、初の指定地区に選ばれたのは、ひとつが東京の近未来的な魅力を体現する臨海エリア、そしてもうひとつが、東京固有の伝統や文化に恵まれた「下町」の中心的な盛り場のひとつであり、日本を代表する美術館や博物館も集積している——本書のフィールドである上野だった。

グローバルなマーケットで「売り物」となる都市空間は、その場所が蓄積してきた文脈とは無縁な形でフレクシブル[10]に再開発され、機能的に上級化《ジェントリファイ》されたエリアだけではない。都市の魅力が人を集め、その都市の経済成長に大きく影響を与えると主張するリチャード・フロリダも、創造都市に必要な多彩な都市アメニティの一つとして伝統を重視しているように（Florida, 2002）、その都市固有の歴史や文化が色濃く刻印されている場所こそが、シティ・セールス戦略のひとつの要となる。そのため東京を含めた各都市は、固有性のあるローカルな文化シンボルを掘り起こして、資源として動員し、もしくは積極的に作り出し、グローバルに発信することにしのぎを削るのだ。際限なく貪欲に、価値を生み出す差異の快楽（Hall,1991=1999:53-8）を求めて世界中を運動する資本の論理に突き動かされ、場所のアイデンティティが売買・消費されるグローバル化状況（Harvey,1989=1999）のなかでこそ、ローカルな差異の復権が起こるという、しばしば指摘されてきた現象をここに確認することができる。「千客万来の世界都市」を目指した石原都政が上野や浅草に割り当てた役割は、商品化された「下町」らしい景観や生活文化、人々の気質などを保全し続け、国内外からの観光客・ビジネス客にアピールできるまでに、それを演出することである。石原都政下の再開発プロジェクトも、フレクシブルな空間を大量生産したが、台東区のような地域が歴史的に積み重ねられた意味をかなぐり捨て、機能的でフレクシブルなオフィス街となって、金融や情報産業を呼び込む都市中枢になることなど、全く期待されてはいない。浅草や上野や谷中は全く逆に、街路の一本一本、景観の一つ一つに、複製不可能な意味と物語をできる限り充填し、商品化していくという方向で、いわばフレクシブルな都市空間でないことをもって、東京という都市の魅力を高めること、すなわち国際市場での東京のブランディングに貢献するよう、要請されたのだ。

こうした都側の動きに、「下町」の中核として名指されている台東区の行政や区民の側も、基本的には進んで応じ、観光振興政策を支持してゆく。一九八七年に制定された台東区文化財保護条例が、他区にも例がない生活文化財（日常生活用品を生産する技能等）を指定と保護の対象に含んでいるなど、一九八〇年代から観光も視野に入れた条例整備が進んでゆくが、二〇〇〇年代初頭にはこうした政策展開が一つの達成点を迎える。この種の策定としては東京二三区のなかでも先陣を切って、二〇〇一年にまとめられた『台東区観光ビジョン』は、「多彩な魅力の下町テーマパーク」といういささか能天気な副題のもと、「国際観光都市・台東の実現」をこれからの戦略目標に据えている。また、さまざまな自治体が国に先駆けて制定していった景観まちづくり条例は、台東区では江戸開府四百周年を控えた二〇〇二年一〇月に制定され、「地域における伝統、文化、にぎわいその他生き生きとした人々の活動及び暮らしを形づくる生活風景」（同条例24条）を面的に保全することが目指されている。一見してわかるように、卓越した学術的・資産的価値のある文物だけでなく、日常的で何げない景観や伝統文化、そして過去の名残を残す「生活」をこそ保全していこうという方向性は、前述してきた七〇年代以降の「下町」ブームが需要してきたものに対応している。

この傾向は行政文書や条例制定にとどまらず、地方政治の領域にも及ぶ。台東区議会でも観光振興にまつわる議題は高い頻度で取り上げられているし、二〇〇三年二月に大接戦の末に決着した台東区長選挙では、5人の立候補者のうち4人が政策パンフレットなどで観光振興政策に言及しており、うち2人は最重要の基幹政策の一つとして位置づけていた。その中には、自民・民主から共産に至る各政党の公認・推薦候補、および無所属市民派を標榜する候補までが含まれており、保守／革新、既存政党／「市民派」の別なく、観光振興というテーマが取り上げられていることが注目に値する。

観光とは、それを媒介として漠然とした「活性化」や「イメージアップ」への期待が振りまかれるために、その実際の経済効果以上に、政策目標として好まれやすい傾向にある。[11] それを考慮に入れても、やはり押さえなければならないのは、世界都市をめざす東京のなかでの台東区の経済的なポジションである。

一九七〇年前後から「下町」が繁華街としてはっきりと地盤沈下したことは前述の通りだが、その後の時期はどうだったろうか。この時期の大規模都市開発をデータベース化した町村敬志を参照すれば、一九七五年から一九九〇年の間に東京で行われた計２５４件のプロジェクトのうち、台東区で行われたものはわずか3件。[12] 二〇〇〇年代前半に関しても町村に準じた手法で調べてみると、都内で全６６９件あった一九九九〜二〇〇六年に着工された延べ床面積2万㎡以上の建築物のうち、台東区はわずか4件に過ぎず、１９２件ある5万㎡以上の建築物に限れば、台東区内の着工は皆無である（東京都都市計画局、2000〜2007）。バブルに向かって世界都市・東京が喧伝された八〇年代も、不況期を経た二〇〇〇年代の都市再生＝東京改造の再度のチャンスにおいても、台東区は完全に蚊帳の外だったのだ。そのひとつの帰結として、こうしたプロジェクトで生産されるオフィス空間に入居することの多い外資系企業の事業所は、その都心からの近さにもかかわらず台東区には著しく少ない。[13]

商業面でも、九〇年代後半から二〇〇〇年代にかけての各区の小売業販売額（飲食店除く）の対二三区比率の推移を比較してみると、不況下で消費が収縮した一九九〇年代半ばにほぼ現状維持を果たしてプレゼンスが一時的に高まった台東区は、それ以降七〇年代以上に激しい右肩下がりの凋落を見せる。二〇〇〇年代に入ると、従来のターミナル型の繁華街がある各区のみならず、六本木などの大型再開発に沸く港区にも抜かれてしまう。

オリンピック以来の大規模な東京の変貌が起き、続々できる新しいスポットが好景気に沸く人々を吸引したバブル期。そして、実感に乏しい戦後最長の景気回復局面が続き、格差社会の上澄みのような真

小売業販売額（飲食店除く）の対23区比率推移

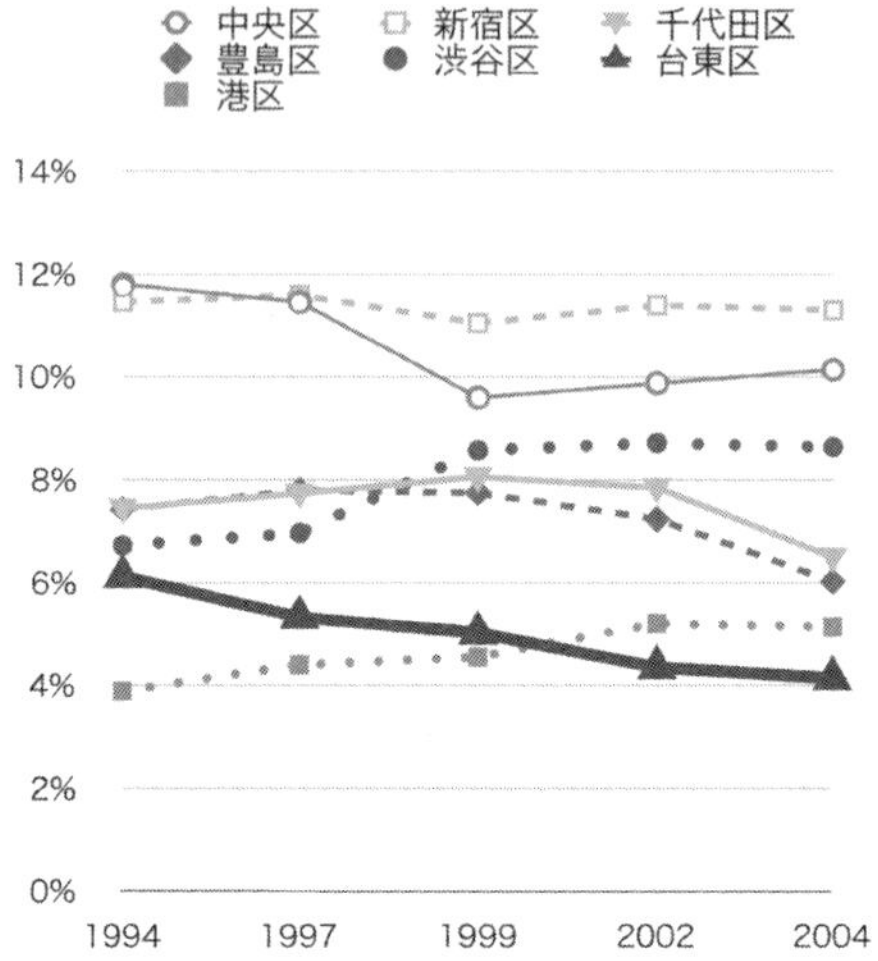

新しいスポットの誕生が話題を呼んだ二〇〇〇年代前半。それらを横目で見ていた台東区の商業者や住民にとっては、一九七〇年代から引き続く停滞意識をさらに深め、グローバル化に向けた東京の変貌など無縁の話だとの思いを抱かせる経験であったことだろう。そうした状況において、「千客万来の世界都市」をめざす東京都は、「下町」にこう呼びかける。旧来の「下町」を肯定し、歴史に育まれてきた「下町気質」や何気ない日常生活、過去の名残を見出せる景観を守ることこそが、世界に向けた「下町」の発信と明確な地域イメージの確立を通して、グローバル化の荒波のなかで東京と地元を生き残らせ、価値を向上させる契機になるのだ、と。ローカルなものを肯定することこそが世界都市を掲げる東京のグローバル化戦略に貢献する鍵なのだ、というこのビジョンは、取り残され感を感じる台東区の住民や商業者にとっては、魅力的なものだったに違いない。だからこそ、グローバル化時代に自己肯定と勝ち残りを両立させる絶妙な隘路をつける観光振興政策を、広範な支持が見込め、誰からも反発を招きにくい論点として、保守から革新に至る幅広い台東区の政治家たちが積極的に語ったのだ。

そうしたなかで、「ふるさと＝下町」に内包されていた「日本」という要素が、グローバルなアピールに格好な差異として見つめなおされてゆくことになる。やはりここでも、政治家のレトリックは明解だ。台東区議会の〇〇年代初頭の議事録を見ていくと、観光振興政策についての質問に絡み、以下のような台東区の国際的ＰＲを強く求める発言が頻出している。

日本の伝統はこの下町なんだ、日本らしさは下町なんだというような、むしろ日本全域だけでなく海外に発信するぐらいの意欲を持ってほしいと思いますし、そのぐらいの価値があるものではないでしょうか。（東京都台東区議会議録、平成十二年第三回定例会）。

浅草に訪れる多くの観光客は、江戸の文化や伝統や歴史に触れたいからこそ訪れるのです。つまり、台東区に訪れれば、日本の文化に触れられることができる、そんな期待を持って台東区に訪れるのです。そして、その期待にこたえることができるのが台東区なんです。つまり、台東区は、日本を語る上でも大変重要な役割を担っているのです。（東京都台東区議会議録、平成十三年第二回定例会）。

こうして、東京の片隅に存在する手近な「ふるさと」として需要された「下町」が、今度は世界都市＝東京を訪れた観光客、さらにはビジネス客やＭＩＣＥ客でも手軽に立ち寄れる「本物の日本」として、新たな存在意義を与えられてゆく。そして、ＦＩＦＡワールドカップを控えた二〇〇二年、台東区は国際線の機内誌や空港ロビー、海外向け政府刊行物に“Taito in Tokyo, The real Japan”というキャッチコピーを冠した広告を出し、世界中からの観戦客に「1年を通じて心温まり伝統的な浅草や上野」をアピールしたように、着々と施策化されていった。

時代はくだり、インバウンドの外国人観光客の増加が一過性のブームを超えて定着した二〇一六年、台東区は、「本物に会えるまち」を目標に掲げ、そのために取り組むべき具体的な観光施策を盛り込んだ『躍進台東2020年に向けて　台東区観光振興計画』を発表した。台東区長は、この文書の冒頭挨拶として、台東区が「日本のショーウィンドー」になる千載一遇のチャンスだと述べている。前章でもみたとおり、年間953万人の外国人観光客が訪れた（二〇一八年）と推定されている台東区では、日韓W杯の頃に目指し始めた、「東京都で触れることができる本物の日本」という立ち位置を、東京オリンピック・パラリンピックを前に、いよいよ揺るぎないものにしようとしている。

（3）二〇〇〇年代中ごろ以降——新たな国内向け「下町」の展開

こうして、一九七〇年代に過去の名残を残す場所として確立した、その歴史性や固有性を強調する形での「下町」の商品化は、八〇年代から九〇年代にかけてさらに成熟した市場となった。同時に、東京都の都市政策でも商品としての「下町」が重要な意味を持つようになり、さらにはそれに「下町」の中核エリアたる台東区も積極的に呼応していった。そして、観光政策を重視した石原都政期の二〇〇〇年代に至ると、「下町」はグローバルに発信すべき東京の、さらには「日本」の魅力の一翼として位置づけられ、現在のインバウンド客の急増へと至る基礎が築かれてゆく。
ただし、〇〇年代半ばごろから、国内向けの「下町」のマーケットでは、また別の側面にも力点が置かれるようになった。たとえば、二〇〇〇年代に入ってから観光ガイドブックの主力となっているムック本の世界では、老舗や人気の飲食店を紹介するにしても、池波正太郎のような文士の「権威」を利用しながら、名物料理の味や店の由緒――歴史性や固有性を強調するというよりは、店主や常連客との何気ないコミュニケーションの魅力を描写するような表現が目立つようになっている。そうした形式での店舗の紹介が特に際立つ『東京大人のウォーカー　浅草・上野』(2007) から、代表的な記述を抜き出してみよう。

特別扱いせず、帰り際におかみさんが『いってらっしゃい』と声をかけてくれる。そのさりげなさが、あったかくていいんです。（語り：春風亭柳之助「芸人たちが贔屓にする浅草の店」：47）

仲見世での取材中「あれえ、いとうさん？」と声が。『あげまんじゅう浅草九重』の主人だ。同じ浅草の住人で、いとうさんのご近所さんであり、小唄の先輩でもあるという。（「いとうせいこうさんが仲見世通りで江戸探し」：42）

ここに挙げたのは、「下町」を代表する盛り場である浅草の事例であるが、もう一方の「下町」の大繁華街である上野にも、似たようなまなざしが注がれている。たとえば二〇〇四年刊の『東京生活　特集：あの街上野　湯島・根岸の底力』において、巻頭を飾るアメ横の三店舗の紹介で大写しになるのは、商品や店舗の外観ではなく、しっかとカメラを見据えた店主の写真である。そしてその写真の傍らには、「やっぱり、お客さんの喜ぶ顔を見れるのが一番だね」（青果店）、「アメ横はいろいろなお客さんが来るから、いろいろな話ができる。だからこそ楽しいんです」（海産物店）といった、店員と客とのコミュニケーションが、アメ横には当たり前に存在していることを強調する店主の語りが添えられている。

花火、浴衣、朝顔市といったキーワードから、夏になると「下町」関係の特集が必ず組まれている女性向け情報誌となると、この傾向はさらに顕著だ。「昔ながらの「ふれあい」に心和む　下町歩き」と題された『OZ magazine』二〇〇八年九月号の表紙を飾るキャッチ文は、「今日をいい日にしてくれたのはそこで出会った人でした」。冒頭から、谷中や浅草の店主と会話しながら買い物をする女性モデルの写真と、以下のような「心温まる」会話文とそれを受けたモデルの独白が紙面いっぱいに配され、その片隅に商店のデータが掲載されるスタイルだ。


「おいしそうなコロッケ！」

「コロッケパンもおいしいよ、このために探してきた特注のパンを使ってるから」

「ホントですか？　じゃあひとつください」

「アツアツだから気をつけてね」

あれ、下町だとお店の人とも自然に話せる。知らない人と話すのは苦手なのに？（千駄木の肉屋の紹介：18）

下町は人との距離が近く感じる。普段はなんとなく面倒くさがっているそれは、実はとても大切なもの。都会暮らしで失われつつある、この心地いいふれあいはいまの自分をちょっと潤してくれる気がする。（浅草の大学芋専門店の紹介：21）

『OZ magazine』2008年9月号の大学芋専門店の記事。店舗情報などの記載は右下にごく小さく追いやられ、店主とのコミュニケーションのイメージが前面に押し出されている。（© スターツ出版株式会社）

グローバル化によって流動化が加速するなかで、アイデンティティの探求や帰属探しの欲求が高まり、コミュニティの理念が魅力を放つようになった（Delanty, 2003=2006:34）のは、先進各国に共通する世界的な現象である。バブル崩壊以降、人々を包摂してきた企業共同体と核家族が急速に不安定化した、九〇年代以降の日本もその例外ではない。そのポピュラーな発現形態のひとつとして、二〇〇〇年代に目立つようになったノスタルジー・ブーム、より正確に言えば、昭和30年代ブームを捉えることも可能だ。そのひとつの頂点を象徴するのが、当初はあまり期待されていなかった映画『ALWAYS 三丁目の夕日』(二〇〇五年)の大ヒットである。第一次政権前の自民党総裁選の際に、一種のマニフェストとして発表した『美しい国へ』の中で、「みんなが貧しいが、地域の人々はあたたかいつながりのなかで、豊かさを手に入れる夢を抱いて生きていく様子が描かれる」と安倍晋三はこの映画に言及したが(安倍、2006:219-21)、このブームの背景に、グローバル化の進行による雇用や生活の流動化・不安定化の反動としての、コミュニティへの希求や憧憬を見出す向きは――それを肯定的にみる側にも、批判的にみる側にも――多い。[14]

こうしたノスタルジー・ブームは、都市空間のなかでは、昭和三〇年代風のテーマパークとして九〇年代から顕在化し始めた。その初期の例としてしばしば言及されるのが、全国から選りすぐった有名ラーメン店を、「昭和三三年の横浜(の下町)」をコンセプトとした空間の中に配置した、新横浜ラーメン博物館(一九九四年)である。その成功に続いて池袋のナムコ・ナンジャタウン(一九九六年)、台場一丁目商店街(二〇〇二年)、大阪・天保山にはなにわ食いしんぼ横丁(二〇〇二年)などが次々にオープンし、いわゆるB級グルメ的な大衆食を扱うフード・テーマパークのフォーマットとして、昭和三〇年代という形式は完全に定着した感がある。さらに〇〇年代に入ってからは、そのフォーマットはインドア型のテーマパークから染み出し、この形式を踏襲する立ち飲み屋や食堂、居酒屋やお好み焼き屋を、都市空間のあちこちで見かけるようになってゆく。

しかし、テーマパークから新規開店の食堂まで、これらのブームを当て込んで昭和三〇年代の形式を忠実に再現した店舗では、当然ながらノスタルジー・ブームを引き起こしたニーズ――昭和三〇年代にあったと想像されるあたたかいコミュニティへの願望――を満たせるはずもない。一方で、明らかに作り物のノスタルジー商品が、常にその記号のネタモトとして言及していたのは「下町」であり、そこに対しては人々のある期待が生じる。東京の東の方、「下町」に行けば、そこには店主や常連客との心温まるやり取りがあって、自分にも「馴染み」のお店が見つかるんじゃないか、と。いや、常連が集う「馴染み」空間の一員に自らなることを目論んで「下町」を訪れる客は、そう多くないだろう。しかし、濃密なコミュニケーションを内包する（しているように想像される）街の雰囲気を、消費の対象として期待する「ライト」な来街者の層は、はるかに分厚く存在する。先の女性誌の記述などは、まさにそうした需要に対応したものだ。

こうして「下町」への、過去の「名残」を残す場所というのとはやや別の方角からの需要が生まれ、「下町」と名指されてきた地域では、その期待に応えるべく、コミュニティを感じられる温かみのある「下町」であることも、アピールしようと考え始める。[15]

上野も例外ではない。二〇〇一年に都営地下鉄大江戸線の全線開通を機に上野商店街連合会が発足したとき、「ほっとタウン上野」というコピーが、そのキャッチ・フレーズとして採用されている。ホット（Hot）との掛け言葉ではあるが、平仮名で表記されているその語感は、「ほっとする」「癒し」というニュアンスを前面に出している。同会会長は、二〇〇四年の定期総会の冒頭挨拶において、「ほっとタウン上野」にひっかけて次のように述べ、店員と客とのあたたかいコミュニケーションの重要性を理解し、来街者が「ほっとする」ような商店街を作ることが、都市間競争が激化するなかでの上野の強みになると「旦那衆」に語りかけた。

この地域間競争をどうやって勝ち抜くのかを日々検証していく上で、「ホット《ママ》タウン上野　この町に来るとほっとするね」を合言葉に活動してまいりました。
（中略）
これは職種にもよりますが買い物に行く際により専門的な知識を持った店員さんが暖かく名前を呼んで迎えてくれたら、「あなたがお客様だったら」うれしいと感じるでありましょう。（上野商店街連合会会長、2004）

そんななか、前観光ビジョンから九年を経た二〇一〇年に、『台東区新観光ビジョン』が策定された。「本物に会えるまち――したまち台東から新たな賑わいのステージへ」というキャッチコピーが付せられた同ビジョンでは、「目標とする姿」として、歴史性とコミュニティ性のアマルガムが身体化された、あるべき「したまち台東」の街の姿と区民像を示している。少し長くなるが、過去四〇年間商品化されてきた、「下町」の集大成ともいえるこの記述を引用しよう。

以上、本節でみてきたように、おもに海外向けに「日本」と結びついた形で歴史性や固有性を前面に

本物に会えるまち
――したまち台東から新たな賑わいのステージへ――

本物とは、心が作り出すものである。


それは、小さな心遣いである。誰から言われることもなく、自ら花を軒先へ飾る。人々が快く歩めるように、毎朝辺りを掃除する。

それは、いつもと変わらない姿で迎えようとする心である。少しずつその姿を変えつつも、一歩足を踏み入れれば、あの時と同じ町並みが待ってくれている。

それは、人々が忘れかけていた人と人との心のつながりである。都会の中心にありながら、なぜか人の気持ちを落ち着かせる。まるで、故郷を思わせるかのように、温かい下町人情が、訪れた人を包んでくれる。

それは、心が躍る祭事である。いつもどこかで、威勢のいい声が聞こえる。数多くの祭事に胸は踊り、一年中人々を惹き付けてやまない。

それは、心に根付く歴史と伝統である。大切に守り育てようとする人々の手によって、歴史と伝統が街の隅々に息づいている。

それは、新しい価値を生み出そうとする心である。時代や環境の変化に合わせ、まちが一つになって、常に新しい魅力や楽しさを届ける。


台東区には、心がある。だから台東区には、本物がある。

台東区は、本物に会えるまちである。

出しつつ、国内向けにはコミュニティ性がせり出してくるのが、二一世紀に入ってからの基調ではあるが、二〇一〇年代以降には特に、さらに新しい「下町」商品化の動向も顕著になってきていることについて、簡単に二点触れておきたい。

ひとつは、歴史性が大衆性に優越して成立した「下町」商品化の背景となったひとつの条件が、急速に変化したことに関係がある。それは言うまでもなく、「格差社会化」、さらには日本社会における貧困の（再）可視化である。二〇〇三年の「年収三〇〇万円」、二〇〇五年の「富裕層」に続き、二〇〇六年には「格差社会」がそれぞれユーキャン新語・流行語大賞のトップテン入りした。さらに二〇〇七年に「ネットカフェ難民」が同トップテン入りした翌年には、リーマン・ショックに端を発する世界的な景気後退が起こる。二〇〇八年の年末には、「派遣切り」（同、二〇〇九年トップテン）された若者たちを救済する年越し派遣村が大きな話題となり、出版の世界も俄かに「貧困ブーム」と言われるような状況になった。

誰の目にも「一億総中流」が過去のものとなった、こうした〇〇年代半ば以降の情勢のなかで、首都圏の地理的な階層分布も再び大きな意味を持つものとなっている。橋本健二は国勢調査のデータなどを援用しながら、バブル経済とその崩壊、その後の格差拡大のなかで、下町と山の手の所得・階級の格差はさらに大きくなったのだと結論づけた（橋本、2006:55-63）。東京東部のなかでも最も平均世帯収入の低い足立区の生活保護比率や就学援助児童比率の高さが、格差社会化のひとつの象徴として盛んに取り上げられ（東・北田、2007など）、二〇一一年には、組織に所属しない《ノマド》新しい働き方の象徴として注目されていた安藤美冬が、「クリエイターが足立区の住所の書かれた名刺では残念」という趣旨の発言をしてネット上で炎上するなど、「住むところ」と階層や社会的成功を結びつける思考はすっかり定番化した言説となった感がある。二〇一五年には、ウェブ連載記事をまとめた『23区格差』という新書がヒットし、東京東部を階層的な意味を込めてまなざす社会認識は確実に復活している。

しかし、観光ガイドブックや行政文書にみられる商品化された「下町」に、この大衆性ならぬ下層性という含意が、今のところ大きく復活しているわけではない。多文化化するロンドンの下町をフィールドとするフィル・コーエンが実も蓋もなく指摘する（Cohen, 2003:322）ように、「多様性」が賞賛される現代において、エスニシティやセクシュアリティの違いは、ワールドミュージックからゲイカルチャーまで文化的生産のリソースとなるし、都市の多様なサブカルチャーは重要な経済的価値を持つことになるが、階級的な差異——貧しさや下層性——は資源にはなりにくいのだ。

ただ、「下町」ガイドブックそのものではないが、吉田類の一連の著作に代表されるような、各地の大衆的な居酒屋や食堂を紹介する書籍や新聞記事——そして、そうした出版物に取り上げられる店舗には、必然的に東京では「下町」とされる地域からのエントリーが多くなっている——のヒットと定番化は注目に値する。居合わせた人たちとのカウンターでのコミュニケーションを強調しながら、立ち飲みや大衆食堂の魅力を描くこうした語り[16]は、先述したコミュニティを希求する流れの延長に顕れてきたものだと理解できる。だがそのなかでも、「ディープ」という、これまた曖昧な言葉で表現されるようなスポットを、東東京に探そうとする一部の傾向には、文字通りの大衆性を越えて、下層性をも商品化・

資源化しようとする要素が強く含まれるのも確かである。[17] ある種のダーク・ツーリズムにも重なるようなこうした傾向が、「下町」確立以前の下町観を復活させてゆくことを促すのか。それとも、下層性ですらも、「下町」の歴史を形作ってきたひとつの文化要素として——それ自体は間違いないのだが——無害化され、消費されてゆくのか。注視していきたい動向である。

もうひとつは、東京東部地域のリノベーションまちづくりに端を発する動向である。たとえば、二〇一六年三月一五日号の『週刊SPA!』「東京の下町が「イースト・トーキョー」になっていた」という特集に、そのひとつの典型的な語り口がある。同特集では、台東区蔵前・御徒町、江東区清澄白河といった街々に、オシャレなショップやカフェのニューオープンが相次ぎ、クリエイターや「ハイセンス」な若者を集めるエリアに生まれ変わっていることが、ある種の新鮮で意外性のあるニュースとして描かれている。

この「イースト・トーキョー」化の契機として指摘できるのが、御徒町と蔵前の間に位置する台東デザイナーズ・ビレッジ（二〇〇四年〜）や、末広町近くに立地する3331 Arts Chiyoda（二〇一〇年〜）といった、行政が絡んだアーティストやクリエイターの支援施設／プロジェクトや、アートイベントから発展して馬喰町周辺の空き物件のリノベーションとクリエイターの移住につながっていった、セントラルイースト東京（二〇〇四〜二〇一〇年）の存在だ。これらは、商品化し観光スポット化した「下町」の周辺部に位置する地域において、東京東部に分厚く蓄積していたモノづくりの伝統を、現代的に翻案する形で成功したプロジェクトである。そして、彼らの作品を展開するギャラリーやショップに多くの「ハイセンス」な若者が訪れ、彼らが集うカフェやレストランがオープンするという活性化のプロセスが循環してゆく。これは、一九八〇年代のニューヨークを分析したシャロン・ズーキンの名著 *Loft Living* に描かれた、アーティストたちが重要な役割を果たしたジェントリフィケーションの初期過程と、かなり重なって見えるものでもある。

こうした新しい動きは、もともと職人の街でもあった東京東部の土壌と連続性を持ってはいるが、少なくとも、ここまで論じてきた「下町」とは一線を画するものである。一九七〇年代以降に商品化された「下町」という意味の束の外に出ようとするこうした動きは、東京東部を「下町」として括るまなざしそれ自体を一定程度相対化していくことになるだろう。

実際に、東京東部のイメージが「下町」の語彙から抜け出していくなかで、「下町」商品化そのものの凋落の兆候がみられる。たとえば、昭文社の『まっぷる』と並んでムック版観光ガイドの雄である、ＪＴＢの『るるぶ』シリーズでは、一九九〇年代以来『るるぶ　東京下町を歩こう』が東京ガイドブックから独立して版を重ねていたが、東京東部において一つの大きな画期だった東京スカイツリー開業を前に、『上野　浅草　東京スカイツリー』（二〇一一年）という巻を出版して以降、「下町」という言葉を冠する巻が発行されなくなっている。

東京の新しい文化の発信は、常に西側から起こるという明治期以来の構造を大転換する、新しいムーブメントは「東」から生まれるという流れが、どこまで定着していくのか。そのとき、東京東部のイメージは、過去の「名残」とあたたかなコミュニティを残す「下町」から脱して、イースト・トーキョーとして刷新され、定着していくのか。本書の主題からは離れるが、二〇二〇年東京オリンピックを経た向こう五～一〇年間ぐらいのスパンにおいて、興味深く注目したいところである。

注

1 対して、すでに都議会民主党の幹事長を務めた経験を持ち、三選を目指している民主党の候補者陣営に関わった二〇〇九年の都議会議員選挙に関しては、「下町」的な語彙が用いられることが全くといっていい程なかった。これは、石原都政に関する具体的な評価を争点化したことに加え、その後政権交代することになる解散総選挙を後ろに控えた政局の中で、同都議選が政権選択の前哨戦として大きくフレームアップされていたことが大きく影響したために、地域アイデンティティへの訴求が完全に後景に退いたと考えられる。

2 ここでは、二〇〇〇年代の代表的な「下町」ガイドブックである『るるぶ　東京下町を歩こう』（JTB、2001）と『まっぷるマガジン　東京下町を歩く』（昭文社、2001）を参照した。

3 二〇〇二年一一月にオンライン版のJ-MARCデータベースを利用。

4 上図および一二二頁の図は各年次の『東京都統計年鑑』より、筆者作成。これは、通商産業省（現・経済産業省）によって全国的に行われる商業統計調査報告の東京都分に基づくデータであり、同調査は一九五二～一九七六年は二年ごとに、一九九七年までは三年ごとに、それ以降は五年ごとの本調査と中間年の簡易調査が行われている。

5 もっとも、観光への全面的な転回を不健全な停滞として批判的に捉える論調も、早い時期から一部には存在する。前掲『浅草商店街診断報告書』（1.11-4）では、浅草を「見掛け上のおていちゃんブームにはなやぐ過去の幻影に生きる回想のみの形骸盛り場」と痛罵した上で、浅草らしさを強調しつつも現代的な変化との両立を図る必要性を訴えている。

6 東京の旧市域に住む「貧民」「細民」のうち、一八九〇年代末で39％、一九一一年で84％、一九二〇年で60％が、同4区に分布している（中川前掲書、28.42-3.109-10）。

7 上野駅から昭和通りを隔てた北東側の下谷万年町は、東京三大スラムの一角と呼ばれ、横山源之助ら数々のジャーナリストや研究者が万年町に潜入取材をし、その「暗黒」「悲惨」を描き出している。関東大震災で焼失したあと、一九六五年にはその町名も変更されて北上野1丁目および東上野4丁目となり、「貧民窟」の記憶は完全に消去されることになる。

8 小林信彦は、旧下町はごく限られた地域の家屋や店舗の形で点としてしか残されていないにもかかわらず、町があるかのごとき錯覚を与えかねないのは、雑誌メディアが好んで擬似イベントとしての下町特集を行うからだと指摘する。小林のこの現状認識は筆者と一致しており、小林が使う〈下町幻想〉もしくは〈架空の下町イメージ〉という語が、筆者の定義する「下町」に対応している（小林・荒木、2002:19.341）。

9 これはたとえば、「多彩な交流・生活の舞台のあるまち」という像を与えられた池袋副都心とは、対照的である。

10 ここでは、その場所が従来拘束されていた機能や意味から解き放たれる形で生み出される空間を、フレクシブルな空間と呼ぶ、町村、一九九四年の用語法に従っている。

11 例えば、北九州市門司港レトロ地区の観光化の分析をした須藤廣、二〇〇八年、九七―一二二頁。

12 町村前掲書、一七三―六、一八八頁。この台東区での再開発の少なさと他区を対比すると、都心三区や新宿区・渋谷区との格差は言うに及ばず、東京東部でもむしろ、工場や倉庫の転用が多かった隅田川向こうの墨田区や江東区のほうが目立つほどである。

13 東京都産業労働局『外資系事務所のための環境整備に関する調査報告書』（二〇〇四年）によれば、同調査に回答のあった東京都内に事業所を置く外資系事業所８４７社のうち、台東区にオフィスを構えるのはわずか11社である。

14　たとえば宮台真司は、自らを入れ替え可能な存在にしてしまう現代の過剰流動性に耐えられない若者たちの、「匂い」のある〈生活世界〉が〈システム〉の外にあった時代への憧れがこのブームの背後にある、と分析している（宮台・北田、2005:192-6）。

15　本稿で論じているのはあくまで力点の変化であり、コミュニティとしての「下町」はもちろん、近年になって唐突に登場したわけではない。一九六九年から九五年の間に48作品が製作された『男はつらいよ』シリーズや、「下町」ブームの嚆矢とも指摘される『おていちゃん』（一九七八年）に始まり、『ひらり』（一九九二年）、『こころ』（二〇〇三年）、『あまちゃん』（二〇一三年）と、各年代で繰り返し「下町」を主要な舞台にしてきたＮＨＫ東京局製作の『朝の連続テレビ小説』など、一九七〇年代以降の日本のポピュラーカルチャーで「下町」の濃密な人間関係を物語のモチーフとしたものは枚挙に暇がない。〇〇年代のノスタルジー商品における「下町」への言及は、冷たい大都会・東京の片隅にある「あたたかいコミュニティ」という、再生産され続けてきた「下町」イメージのひとつの系譜の上に位置づけるのが適切である。また逆に、近年では行政・観光産業における「下町」が、歴史性・固有性を顧慮しなくなったわけでも当然ない。台東区は二〇一九年秋現在、区内の名所を浮世絵風に表現した画像の上に現在の区の観光スローガンを含める形で「ＥＤＯ映えＴＡＩＴＯ　本物に会えるまち～江戸まちたいとう～」というキャッチコピーをあしらった、「江戸の名残」探訪へ誘う典型的な形のポスターを区内外で展開している。

16　そうした典型的な語りは例えば、立ち飲みブームを特集した二〇一五年二月一二日放送のＮＨＫクローズアップ現代『今夜ももう一杯～酒場と日本人の新たな関係～』にもみられた。

17　東京「下町」の事例ではないが、そうした都市における下層性の商品化・資源化という動向の興味深い典型例として、関西圏の都市下層を象徴する場所である大阪市あいりん地区の目の前に、星野リゾートが「ディープな体験」に最適な場所として二〇二二年のホテル開業を目指していることが挙げられよう。

第3章　生きられる下町

第1節　「下町」という両義的な資源

地理的な定義と階層的な定義が重なるだけだった下町が、大きく変貌する東京の開発から取り残されていく中で、過去の名残を残した「ふるさと」として需要され、歴史性の「響き」を宿した「下町」として商品化されていった一九七〇～八〇年代。その歴史性・固有性がグローバル・シティ東京の魅力の一端として海外に発信される一方で、あたたかいコミュニティの残る街という側面があらためて求められるようになった二〇〇〇年代。そしてまた、近年の格差社会化やリノベーションによって、かつての下町観の揺り戻しと新たな「下町」像の誕生が生じつつある現在を概観してゆくと、これほどまで短期間のうちに、ある地域をめぐる言葉の「響き」が大きく変わってゆくこと、そしてそうした変化が、私たち自身あまり自覚的でないうちに起こっていることには、ちょっとした驚きを覚える。

ただし、おおよそこうした時系列的な変化を描くことのできる「下町」という言葉ではあるが、それは小熊が歴史社会学的な分析対象とした「民族」や「民主」といった言葉と違って、特段に政治的論争の対象でもなく、それだけに誰もはっきりとした定義を試みることのないまま流通していくものだ。

筆者が検討してきた「下町」とは、観光産業の生産する言説や、それを内面化した行政文書や地元商店街のキャッチコピーなどに頻発される、「人情」「粋」「情緒」といったそれ自体定義の難しい感覚的な名詞、「懐かしい」「ホッとする」といった形容詞などの一連の語彙の束のことだ。地域の対内的イメージと対外的イメージを、字義通り媒介するのは観光ガイドや情報誌などのメディアなので、ガイドブック類の時系列的な分析によって、「下町」という記号にまつわる語彙の変遷を追うことは有効であるが、支配的な語彙や「響き」がいつの間にか移り変わっていても、地域イメージのすべてが完全に切り替わっていくわけではなく、複数の時には矛盾しあう「響き」が同時代に並列しうる。

たとえばここに、台東区民憲章がある。台東区のイメージに関する大規模な区民アンケート調査を経て二〇〇六年に策定されたこの憲章は、「下町」とされる台東区民の描く自己像の最大公約数と認めてよいと思われるが、その冒頭にはこう謳われている。

江戸の昔、「花は雲　鐘は上野か　浅草か」と詠まれたわたくしたちのまち台東区には、磨き抜かれた匠の技や気さくで人情あふれる暮らしが、今もあちらこちらに息づいています。

「わたくしたちのまち台東区」は、「匠の技」と「気さくで人情あふれる」という、「下町」という記号から頻繁に引き出されてきたクリシェで描写され、それらが「今もあちらこちらに息づいています」という典型的な「名残の語り」でまとめられている。一見さらりと見過ごされがちな常套句に満ちた小文ではあるが、立ち止まって考えてみれば、「匠の技」と「気さくな人情」は必ずしも同時に達成される類の性質のものではない。むしろ、まったく別の方向に引き裂かれる可能性さえあると言えるのではないか。

本書で注目したいのは、「旦那衆」が個人レベルで自らの「下町」アイデンティティに言及するときでさえ、その言葉の解釈には大きな裁量の余地が残るという点である。肯定的に語るにせよそうでないにせよ、なるほど「下町」という言葉は、上野の街に確かな存在感を持っている。しかし、個々人が語る「下町」の含意自体にはそれぞれかなりの偏差があり、「下町」という記号の周囲で何かを語っていても、そこに込めている意味がまるで違うということ、「下町」から導き出される具体的な語彙や街に対する想いが大きく異なるということは、十分にありうる。

たとえばある人は、「下町」という言葉を大衆性という極にひきつけて理解し、「気さく」に訪れることのできる街を作っていくことが大事だと考える。その一方で別のある人は、この地域を「下町」たらんとする地元の人たちが重点を置くべきことは、地域に固有の「匠の技」や「粋な文化」の継承に他ならないと主張する。ここでこの両者が、同じく上野を「下町」であるべきと認識し、自分自身を「下町っ子」と自認し、かつ両者ともが「下町」上野への愛着を語りあっていたとしても、そこでお互いが具体的にイメージしている愛着の対象は全く違うという事態が発生しうる。元来曖昧な概念であるこの言葉の内実が、彼らのあいだで突き詰められて定義をされることがまずないために、こうした同床異夢が起こりうるのである。

そもそもなぜ、この「下町」という言葉の解釈の偏差にこだわっているのか。やや先回りしていえば、「下町」を大衆性にひきつけて認識するか、歴史性や固有性の色濃いものとして理解するかによって、この地域に流入してくる人々に対するまなざしが、大きく異なってくるからだ。

前章で、「東京に残された本物の日本」としての「下町」を「世界に発信」しようという思惑が、台東区に存在してきたことを確認した。七〇年代以降の観光産業や、観光化に積極的に呼応しようとする各レベルの行政によって生産されてきた「下町」言説は、「下町」という記号から歴史性や固有性に引きつけた「響き」を引き出してきた。この文脈では、地域に根づいた人々の気質や過去の名残を残す景観に、「日本」を透かし見ることができることが重要であり、それらが多文化化というグローバル化の帰結によって食い破られることは望まない。つまりは、歴史性や固有性にひきつけた形での「下町」は、異なるエスニシティの住民や商店主には排除的な方向に働くというのが自然な帰結である。

地域を語る語彙やローカル・アイデンティティが、その地における排除や包摂に与える影響力は無視できない。たとえば、大きく湾曲するテムズ川に囲まれた東ロンドンのドックランズにおける研究を参照してみよう。大英帝国の繁栄を支えた港湾労働者地区であり、ロンドンの典型的な下町としてイギリスでは全国的に認知されているドックランズは、土地とコミュニティに対する愛着の強い「アイランダー（islander）」が住む地域として、テレビドラマなどにも表象されてきたが、一方で戦後にはバングラデシュ系を中心とした移民が定着し、多文化化が進行した地域でもある。

職や福祉、住居やコミュニティなどに関してこの地で発せられるさまざまな人種の住民の声は、明に暗に「場所」をめぐって発せられてきたという（Keith, 1996:138）。フィル・コーエンは、こうした場所性の磁場が強いドックランズにおいて、アイランダーというアイデンティティは、「古きよき人情溢れるコミュニティ」を神話化する外からのグランド・ナラティブに強く引きずられる形で、再帰的に組み上げられていると指摘する。その結果、このアイランダーという言葉は、白人たちが強い思い入れを込めて自称する呼び名である一方で、バングラデシュ系移民にとっては、自らを重ねあわせることができないだけでなく、白人、あるいはレイシストというニュアンスで響くものとなるのだ（Cohen, 1996: 173-6, 181,186-7）。

全国的によく知られた「古きよきコミュニティ」として、ナショナリスティックな感性が忍び込む「下町」あるいは「下町っ子」というアイデンティティは、同じく強い対外的イメージに規定され、ドックランズの「アイランダー」と共鳴する部分もある。が、その言葉の「響き」は、曖昧であるがゆえにさらに複雑だ。「下町」という言葉は、「アイランダー」とは異なり、まったく反対の極に引き寄せられる形で響くことがありうるからだ。たとえば、外国人労働者の流入が激化したバブル期に、一八世紀初頭に荻生徂徠が嘆いた「江戸は諸国の掃きだめ」という言葉に言及しながら、四方田犬彦と川田順造が、（その言葉遣いの適否は別として）以下のように鋭く論じている。

四方田：今、台東区あたりでは人口が減っているんですけど、逆にフィリピンの人とかどんどん来るわけですよね。そういうことは、実は東京のダウンタウンとしては健全な機能なんじゃないかと思うんですよ。
川田：そう。江戸時代とは範囲が拡大された形で、諸国の掃きだめになりつつあるというのは、とてもいいことですね。しかも、外国のエリートが来るんじゃなくて、出稼ぎ。江戸だって、まさにそれだったんだから。
四方田：それをやっている限り、下町というのは健全に動いていくんじゃないですか。
川田：だから、今のように疑似的に考えられ、変な思い込みの投影された「下町」よりも、現実のそれの方が、自然な下町のあり方かもしれない。（四方田 1992=1999,308-9）

彼らは、人口流動を前提とした下町の大衆性、より直截にいえば下層性に着目して、それこそが下町の機能の核心であると捉え、それによって本書でいう商品化された「下町」から明確に距離をとっている。下町を大衆性／下層性に引き付けて理解する向きからすれば、絶え間なく流入する都市下層が雑多に交じり合う歴史を持つ下町こそが、ニューカマー外国人を自然と包摂していく地だということになる。すなわち、「下町」という言葉から組み上げられた地域アイデンティティに仮託して、地域のあるべき姿を語りながら、文化的に異質な他者に対する全く違う態度を導き出すことがありうるのだ。言い換えれば、「下町」はその内実が曖昧な語彙の束であるだけに、流入してくる異質な他者に対する排除と包摂、双方の姿勢を正当化する語彙を引き出しうる揺らぎをはらんだ、両義的な資源なのである。「市民」や「民主」といった言葉の「響き」の変化を論じた小熊も、社会変動は必ずしもその社会の構成員に均質な経験をもたらすのではなく、それぞれの個人に異なる経験として受け止められると言うように（小熊 2008:21）、上野の商店主たちも、それぞれの業種・業態や立地している地区の状況、上野での経営歴などに応じて、異なる形で近年のグローバル化を受け止めている。その中で、それぞれの立場から「下町」という言葉をある「響き」に寄せて解釈し、現在の街の状況を肯定的に捉えたり否定的に捉えたりしてゆくのではないだろうか。

とはいえ、上野という地区と「下町」とは完全な等号で結びうるわけではなく、「上野らしさ」という地域アイデンティティの追求が、そのまま「下町とは何か」の問いに直結するわけでもない。上野の山のへりに開けたこの地は、旧来の地理的な意味でも、下町と山の手の接点に位置しており、街のすぐそばにある文化施設群が、上野の最大の資源だと「旦那衆」も捉えていることは、第1章で論じたとおりである。加えて、この街の「旦那衆」は概ね「下町っ子」とは自認しているものの、観光産業や行政が求めてきた「下町」イメージの形成に、必ずしも賛同しているわけではない。

そのため、実際の上野と「下町」の間にある齟齬をめぐって、「旦那衆」の間にも、いくつかの面で認識の違いが存在する。現在の上野が十分に「下町」と呼べる場所なのかどうか。あるいは、今後の上野が「下町」であり続けるべきなのかどうか。すなわち、街の現状認識とあるべき将来像に関して、

「旦那衆」の見解は分かれており、それはしばしば、上野にとっての身近な参照点であり、「下町」の二大盛り場とされるライバルだと認識している浅草が、より全面的に観光産業や行政からの「下町」の要請に呼応していることと対比する形で語られる。以下に具体的に描き出していく「旦那衆」の言葉のなかでは、こうした上野と「下町」の関係性をめぐる言及と、それぞれが立脚する「下町」アイデンティティのあり方が、複雑に絡みあいながら語られてゆくことになる。

第2節　歴史性と大衆性の相克

まずは、「下町」に歴史を読み込もうとする語りの典型的な形を紹介しよう。筆者は聞き取り時には半構造化されたインタビュー手法を採用しつつ、「下町」というような微妙な概念に関して、聞き手の関心に合わせて誘導的な質問をすることは避けているが、そのなかでは非常に明瞭に、歴史性に寄せた「下町」としての上野のあるべき姿を示している発言だ。

そんな中で、上野の場合、「下町」っていう部分を透かして、江戸を見ている、言っている、そういうところがありますね。下町気質と言われるものを残していけば、その中に江戸情緒的なものが残っていける、ということになるんでしょうかな。(2004、物販、一九四〇年代生まれ)

そうしたなか、この地域の歴史的な重みを強調することが、文化的な他者を排除する語りの駆動力となっていることがまま見受けられる。筆者が二〇〇二年に、上野本富士社交料飲合連合会の加盟店に対して行った、予備的なアンケート調査の自由回答欄に記された以下の語りは、その直截な事例である。

池之端周辺は、アジア系の客引きが多く、カード盗難等、顧客に多くの問題が起こっている。大変だと思いますが、上野警察もさらに重点的に取り調べ実施に努力していただきたい。歴史を感じる上野が泣いております。（2002、サービス業、一九四〇年代生まれ）

社交料飲組合は所轄の警察ごとに組織されており、同会は、上野警察署管轄の上野2丁目と、本富士警察署管轄の文京区湯島3丁目が入り組んで一帯となっている、仲町通り界隈の歓楽街で商うバーやスナックの同業組合である。といっても、この地区だけで数百軒にのぼるとみられる同業の店舗のうち、調査を行った二〇〇二年の段階で、わずか九〇軒しか加盟していない。特に、この地区で当時急増していた韓国、中国、東南アジア系のホステスを揃えたパブは、ほとんどが加盟していない。加盟することでのメリットがほとんど失われていた二〇〇〇年代[1]においてなお社交料飲連合会の加盟店であったのは、店舗の移り変わりの激しいこの業界としては比較的長期間、借家で小規模な個人経営を続けている日本人店主の店が中心であった。[2]

一九九〇年代後半から、仲町通り地区に増殖していった大規模なキャバクラ店や、アジア系のパブに比べて、これらの社交料飲組合加盟店のバーやスナックの多くは、地味でこじんまりしたものである。路上に繰り出しての客引きや、低料金をでかでかと掲げた派手な電飾看板など、「下品な」営業形態で隆盛を極める新規出店組の店舗を横目で苦々しく眺めながら、斜陽感を抱いている店主も多いのだろうと推測できる。

社交料飲組合加盟店のあるスナックの店主夫妻は、このような言葉で、新しく出店する店舗の「下品な」営業形態を非難し、「下品な」営業が隆盛する大元である客層の変化を嘆く。

A：新しくできた店のほとんどは、料金を明示したり、一時間5千円なんてやっている。本当は女の子がドリンクを飲むとどんどん単価が上がっていったりするんだけれども。（中略）昔はそんなことなかったんだが、支払いのトラブルが多い。平気で値段交渉もする。○○さん、あの人もこの前飲みに来て、団体だから時間単価を安くしてくれ、っていう。

B：それは東京のもんじゃないね。東京のもんは金のことをがたがた言わないでさっと払う。○○さんってどこの人？

A：富山だったかな。

B：あ、だからだよ、それは関西系だよ。江戸っ子じゃない。

A：韓国のお店が増えたよね。女の子を路上に出して5千円、5千円と客引きする。これじゃあかなわない。向こうから連れてきたら給料が安いんだから。（2002、A：飲食、一九三〇年代生まれ、

B：飲食、一九四〇年代生まれ）

このような、「歴史にはぐくまれた上野の街の商売のあり方」を、「下町」という記号から引き出すことのできる語彙——ここでは、「粋」で品のいい客と商習慣——を使って肯定的に捉え、それとなじまない商売をする新来者を否定的に言及する語りは、ほかの業種の店主たちにもしばしば見られる。そして多くの場合、国際移動の末に上野に定着してきた人々は、とりわけなじみにくい新来者として定位される。

近代以降、経済的な周縁部から東京に吸い寄せられる人々の玄関口であり続けた上野の文脈では、国内からの流入と国境を越えた流入とは連続的に捉えるべきもので、それは前記の語りにもよく表れている。が、やはり他者の異質性が発見されるときの最もわかりやすい指標はエスニシティであり、地域アイデンティティを明確に語ろうとするとき、人種的な思考が召還されやすいのだ。

また、現在の上野が「高級感が出せない」（2005、物販、一九六〇年代生まれ）、「シャレ感がない」（2016、物販、一九七〇年代生まれ）街であるという問題意識は、この街の幅広い経営者に抱かれているが、そこに特に強い危機感を持ちがちなのは、現在の客層に不満を持つ、やや高級で「日本的」な物品を扱う物販店ということが多い。上野の現状に苛立つそうした人々の間にくすぶる次のような思いにも、ある種の人種的な思考と結びつく契機がある。この語りでは、ニューカマー外国人のみならず、戦後の「混乱期」に上野で商売を始めて以降、現在ではすでに地域活動の主要な担い手となっている在日コリアンたちも、彼が理解する「下町」的なもの＝歴史に育まれた「技」や「腕」を重視する商売のあり方とは、相容れない「他者」だとみなされていることが窺われる。

バブルが崩壊してみな苦しくなった、大型店舗がやってくる、そういうときに、自分に腕があれば、何するものぞ、っていうことになる。強いて言えば、それが下町の心意気ですかね。腕、技、個性といったものは、一朝一夕にできるものじゃないですよ。

（中略）（筆者：在日の人たちは、この町に溶け込んでいるように見えますが…）うん、もともとは何かマーケットとかね、その辺のことから始まってね、水商売なんかを独占していって…疑問符つけざるを得ないですね。韓国人だからどうこうってわけじゃないけれども、腕とか技とかというものに対する感覚が違うでしょう。

（中略）韓国の人たちは、強気の商売。強気、強気。何でもかんでも安く仕入れて安く売る。それももう転換点に来ているはず。あれももう、通用しませんよ。（2004、物販、一九五〇年代生まれ）

これら二つの語りに見られる外国人への厳しい視線には、二〇〇〇年代以降の地域での競争の激化や、全般的に厳しさを増す社会経済的状況が色濃く反映されているが、そこにさらに、自身の経営上の利害に端を発する意識が上乗せされる。こうした不満感や焦燥感に、「下町」という記号から地域の固有性やあるべき伝統を語る「響き」が与えられることで、エスニシティという明確な差異を持つニューカマー外国人への排除的な感情として結晶化してしまっている。

ただし、こうした排除的なニュアンスをもった語りは、現在の上野で頻繁に聞かれるわけではない。むしろ、長年上野で商売を営んできたある経営者には、「上野で人種問題でいろいろ揉めてるのは、戦後になってから入ってきたもんどうし」（2004、製造業、一九三〇年代生まれ）という語りもみられた。この語りは、一九九二年に行われた「上野の街とイラン人」調査において、自由回答欄にあった以下の書き込みと対応する意識だ。この回答を寄せたアメ横で商店を営む当時四〇歳代の男性経営者は、上野における「他者」との共生の歴史に対する問いかけを抜きにして、話題を集めるイラン人との関係性だけを調べようとする調査のあり方自体に苦言を呈したうえで、このように綴っている。

数十年間に渡り、上野は言葉も文化も違う人たちを受入れてきました。それは、外国人だけではなく、違うという点では、地方の人たちも同じことです。東北の人間が上野に来ても、はじめは言葉がわからず、文化も全く違いました。（昔、むかしの話です。）それでも上野はその人たちをたたき出したりしませんでした。問題が起きるのは地方の人間同士です。上野で生まれ育った人たちはイラン人たちのこともフィリピンの女性たちのことも困ったねぇと思いながらも「帰れ！」などとは決して言わないでしょう。問題が起きているのは今は上野に居るが、元々は上野の人間ではない人とイラン人。または外国人とイラン人との間です。（東京大学医学部保健社会学教室前掲書 :259）

ここには、上野は本来、外国人に対して寛容な気質がある町だ、という意識が内包されていることがはっきり見て取れるだろう。

終戦後七十余年にわたって、上野が外国人を含む外来者を受け入れてきた街だったというのは紛うことなき事実だが、戦後すぐの時期から外国人に対して寛容な街だったかという検討は次章に譲りたい。ただ、現在の上野が、外国人を含めた外来者に対して非常にオープンな街だという意識は、それを肯定的に語るにせよ否定的に語るにせよ、インタビューをしたほとんどの「旦那衆」に一致している。そしてその前提となっているのは、ここまでの章で言及したような上野の街の流動性、いわば「一皮むけば、そもそもこの街はみんな他所からきた者」という認識だ。地域の歴史に詳しいことで上野の街でも一目置かれているある経営者は、歴史性に寄せた「下町」解釈をもとに、周囲の浅草などと比べて上野は十全な「下町」とは言えない、という認識から以下のように語る。

上野は、基本的にあとから入ってきた人たちの作った街。江戸時代の地図を見ると、多くの部分を大名屋敷などが占めていて、今に引き継がれる町屋が実際に並んでいたのは仲町通りと（筆者注：寛永寺）門前などの一部だけだから、歴史的には下町と呼びにくいところがある。三代目の自分たち自身にも、実際に田舎者意識がある。そんな流動性に富んでいた街だから、二〇年ぐらい住めば商店会の会長ができるところがある。浅草ではそうはいかないだろう。

（中略）そういう浅草や谷中のような場所と比べると、上野はある種パリ的な要素のある街なんだろう。流入者が、外国人が、コスモポリタンな文化を創っていくというような。それに対して、浅草や谷中は、何百年住んでいるんだ、というような、京都的な世界なんだろうね。（2003、物販、一九五〇年代生まれ）

ただ、上野の流動的な現実と齟齬をきたす、商品化された「下町」像とそれを反映した外部からの視線への反発、それを下支えする公定の「下町」戦略への疑念、そしてそれらによって「下町」アイデンティティが上野の街で再帰的に組み上げられてしまいがちなこと自体への違和感も、若い世代の一部に生まれつつある。地域活動にも熱心なある若手は、自分自身はお祭り好きだがと前置きしながら、同じく上野の街の担い手の流動性とオープンさを強調し、上野の街のリアリティと乖離している「下町」言説についてこう語る。

違和感はあるよね。でも、お神輿をかつがないって訳じゃない。それはするよ…でもね、この論文（筆者注：五十嵐が二〇〇三年に書いた論文を指している）にもあったようにね、行政とかが押しつけてきた型にはめられて、その気になっちゃうみたいなところがあるじゃない。あたかも何かの形があったかのように（本人強調）なぞってさ。お神輿どうの、っていうのも、なんかみんな頑張っちゃってるような気がするんだよね。自分から型にはまっていくっていうか。

（中略）行政のやってることは、まさにそういう型にはめるような…石原さんのやってる「観光モデル地区」の話なんて、まさにそうでしょ。産業何とか局の人が来て、いろいろ話もしたけど、あの人たちやっぱり頭いいんだよ。「下町」どうのっていうことで、数字出されてぱぱって説明されちゃうと、やっぱそうなのかなって、ころっと思っちゃうよね。みんな単純だからさ。そういう型にはめた下町から距離が取れないよね。地方の人に自己紹介して、上野に三代、なんていうとチャキチャキの江戸っ子ですね、なんて言われると、ふ〜ん、そんなもんかな、という感じで。自分自身、型にはまった見方で「下町っ子」「江戸っ子」と思われることには、反発があるんだよね。（2004、不動産管理、一九七〇年代生まれ）

一方で、ここまで指摘してきたように、「下町」に江戸の名残を透かし見るような、歴史性にひきつけた「下町」像がドミナントな位置を占めたのはそう古い話ではなく、大衆性を意味する下町観もいまだ息づいてはいる。グローバルな流動性のただなかにある上野の街の中では、むしろ大衆性に寄せた「下町」のほうがリアリティを持つ場合も多いわけだが、以下に挙げる経営者の語りからは、そのふたつの「響き」のあいだでの揺れが感じられ、きわめて興味深い。

（上野という地域は外国人が起業しやすい街だったと思うか、という筆者の問いに対して）下町っぽさが、彼らの世界にあってたってところはあるんだろうね。ガサツさ、田舎っぽさ、いい加減さ、そういうところが性に合ったんだろう。

（中略）これだけいろいろいて、上野には外国人が入ってきたのも古いから、上野には下町っていうのもあまりないいんじゃないの？　純粋性っていうのかな、それがなくなってるよね。

（中略）まあ、雑多、なんだろう。いくつの国の人が住んでるかわかんないしね、これで雑多じゃねえ、ったらおかしいよね。その色んなものの広がりが、時代時代で違うわけだけど。上野は、色んなものがあって休まるというか、そういうところがある、気がおけないところ。ただ、その雑多が、汚らしいになっちゃいけない、ってことだよね。本来の意味は色んなものが入り混じってるという意味でさ。色んなものが交じり合ってる上野、日本人、東京人の、しゃれっ気を除いた代表が上野だよ。（二〇〇四年、物販、一九三〇年代生まれ）


この経営者は、「旦那衆」でも高齢世代に属する上に、四代にわたって伝統工芸品を扱っている物販店を営んでいるにもかかわらず、「歴史とか言うだけじゃ、古くさいになっちゃう」とも言い添えて、現在の上野の雑多で「しゃれっ気のない」ありかたを肯定的にとらえている。そのうえで非常に興味深いのは、一時間ほどのインタビューの中でも、明らかに異なる意味で「下町」という言葉を使い、一方の大衆的な側面が外国人に対しての居心地の良さを提供したのに対して、その一方では外国人の流入によって、「下町」の純粋性が失われているとも指摘しているわけだ。「下町」の「響き」が揺れていることの語りからは、自分自身は上野の街の雑多なあり方を肯定しながらも、商品化され、政策にも裏打ちされた「下町」言説がこの街の「旦那衆」の意識に深く浸透しているさまを、感じ取ることができる。「下町」をその大衆性の要素と不可分な雑多性を表す言葉として明確に解釈し、そのうえでさまざまな人々が流入してくる現状を正面から肯定したのは、戦後に上野で商売を始めて以降三代、いくつかの変遷を経た家業の物販店を閉業してインタビュー当時は貸しビル業を営んでいた経営者だ。アメ横センタービルについて、「世界中のものが手に入るというぐらいにしないとダメ」としながら、以下のように語る。

「下町」みたいなイメージは持っててていいし、いまどきの若い人は、その方がいいでしょ。受けるでしょ。ごちゃごちゃってことでやってくと、犯罪は増えるだろうけどね。でも、恐喝・暴力っていう程度の犯罪はしょうがないんじゃない？　繁華街の宿命でしょ。（中略）江戸情緒ったってもう、ね。ないでしょ？　上野には。公園だけだよ。それは浅草とは違う。それより新しい目玉を作ってかなきゃいけない。だから、センタービルをトンデムン市場（筆者注：ファッション関係の問屋と小売りが集積するソウルの東大門市場のこと）ぐらいにしちゃうとかね…（2004、不動産管理、一九五〇年代生まれ）

こうした「下町」という言葉の基層に存在する大衆性そのものを、治安面のリスクにまで踏みこんで上野の混交的な現状を肯定するロジックとする語りは、「旦那衆」のインタビューの中では、やや例外的なものであった。これは、この経営者が商店街活動などに参加するようになって日の浅い自らのことを、「上野では新参者」と呼ぶような意識を持っていたこととも無関係ではないかもしれない。

では、観光産業や行政が要請してきた、「江戸の名残」を感じることのできる場所としての「下町」の影響力がいまだ大きいなかでは、やはり「下町」を外来者に対して包摂的な資源とすることは難しいのだろうか。いや、「下町」から引き出される語彙の中には、ほかにも包摂性を持つ「響き」として使われうるものがある。それは、観光産業の中では二〇〇〇年代以後にあらためて浮上してきた、「下町」のコミュニティ性に関わる語彙である。ただ、流動性を増す上野の街において、コミュニティという概念は、地域アイデンティティとして、理念として、そして規範として、両義的で複雑な意味を持つ焦点となっている。節をあらためて論じていきたい。

第3節　浮上するコミュニティ

まずは、前節に引き続いて、「下町」から引き出された歴史性の語彙が、「他者」に向けての語りを紡ぎだしているケースをみてみたい。次の語りは、前節で紹介した「上野では「下町」に江戸を透かし見るところがある」とした商店主が、その語りに続けた言及である。ここでは、条件付きの包摂というべき、興味深いスタンスが示されている。

そのためにも、地にいる人たちが、この人情あふれる気質を守るために頑張る責任があります。新しい人たちが入ってきたときに、この気質を気に入ってくれて、そこになびいてくれるような形にならないとだめですね。そうなるような何かを、地の人は守っていかなければいけません。この街にある気質を、いいもんなんだと思って新しく来る人に馴染んでいってもらわないと。そうしなければ、継承していけません。（2004、物販、一九四〇年代生まれ）

ここでいう気質を守る責任がある「地にいる人たち」とは、街の起源から現在まで連綿とひとつの暖簾を守ってきた老舗の店主を意味するわけではない。彼の言う「地の人」とは、上野で定着的に商売を営み、商店街やそのほかの地域の活動にも関与する意思を持つ「旦那衆」を指すわけであるが、その「旦那衆」のメンバーシップはこの街では絶えず変遷している。「名残」を感じさせる景観など残っていない街が期待通りの「下町」であり続けるためには、街の人々の身体や意識に息づいている「下町」の存在に賭けたくなるところだが、その肝心の「街の人々」の家系的な連続性もまた、第1章で確認したように、上野においては全くおぼつかないものなのだ。

そしてその事実は、地域の歴史や伝統を軸にまちづくりを推進したいという思いを持っている「旦那衆」にも、忘れ去られているわけではない。前節でみてきた通り、浅草や谷中と対比されながら、「だから上野は「下町」とは言いにくい」という語りをしばしば伴う形で、表面的な「下町」語りから「一皮むいた」ところにある激しい流動性は自覚されている。

つまり上野では、建築物や町並みのみならず、この地で商いを営む人々自身にもまた、江戸期以来の連続性を求めることができないことは広く了解されている。街そのものの起源は寛永寺の門前に栄えた江戸時代の盛り場に求められるにしても、古い街並みもなく、代々続いている老舗も決して多くはないこの街で、起源へとさかのぼってゆく連続性を主張することは、欺瞞にしかならない。しかしそうした中でなお、上野の街の担い手には変わらぬ「何か」が継承されており、今後も継承されるべきだという意識を持っている経営者たちは非常に多い。前節での引用では商品化された「下町」への違和感を表明していた若手経営者は、筆者の「上野はそれだけ人の入れ替わりがあっても、古いものが完全になくなりはしないようにも見えますが」という問いかけに、上野の流動性の高さを強調し、以下のように答えた。

ちょうどさ、「メンバー総とっかえしたけど人気があり続けるバンド」みたいなもんなんだよ、上野って。いい意味でのいい加減さだよね。懐が深いっていうか、このいい加減さはいいところだよね、本当に。そういう意味での上野的な部分は、確実に自分の中にあるし、本当いい加減な人間ですから（笑）（2004、不動産管理、一九七〇年代生まれ）

ここでは、「旦那衆」のメンバーが入れ替わっても、そこには何らかの気質——たとえその実体は説明困難なものだったとしても——が受け継がれ、新参者がその気質に馴染んでいくことが望ましいだけでなく、実際に上野ではそれに成功してきたと考えられている。そこに必要なのは、「メンバー総とっかえしたけど人気があり続けるバンド」のように、メンバーが変遷しながらも「気質」を伝え、それが魅力を放ち続けることの可能な箱、である。

その箱こそが、上野の「旦那衆」にとってのコミュニティにほかならない。上野の街が単なる空虚な都市空間ではなく、「旦那衆」どうしの濃密なコミュニケーションを内包する確固としたコミュニティであり、その中で気質や習慣が伝えられていくならば、新しく上野の街に入ってきた者も、歴史に育まれた気質や習慣に敬意を払って、コミュニティの新たな成員になっていくはずだ。

経営者・店主といえども大半が上野に住んでいないこの街で、実質的にコミュニティを形成する場は、まずは商店街活動ということになる。地域課題に対応するためには、商店主や地権者どうしが横のつながりを持っていることが何より重要だとする二人の「旦那」は、以下のように明確に語る。

A：商店街やってなければ…

B：付き合いはないでしょう、まるっきり。

A：○○商店街青年部。っていうのに入ったか入らないかは大きいよね。だって…××さんの息子だとか、顔がいま出てこないもん。会ったことはあるけどさ、っていうことになっちゃうよね。

（2009、A：飲食、一九五〇年代生まれ　B：物販、一九五〇年代生まれ）

そしてそのコミュニティという箱は、メンバーのなかに強い地域への愛着があってはじめて存続する。

地域への愛着とは、自らの個店の商いだけでなく上野の街全体の課題に関心を寄せ、地域に骨をうずめるという覚悟を持つこと、すなわちコミュニティの一員であろうとする姿勢そのものにほかならないと捉えられる。このように、商店主たちの間に地域への愛着と、コミュニティの一員としての意識さえ残っていれば、人は入れ替わったとしても、「何か」を継承していくことは可能だと考えられているのだ。

そして、主として商店街活動を受け皿としたそのコミュニティという箱は、成員の間に強い地域への愛着があってはじめて存続する。地域への愛着とは、自らの個店の商いだけでなく上野の街全体の課題に関心を寄せ、地域に骨をうずめるという覚悟を持つこと、すなわちコミュニティの一員であろうとする姿勢そのものにほかならないと捉えられる。このように、商店主たちの間に地域への愛着と、コミュニティの一員としての意識さえ残っていれば、人は入れ替わったとしても、「何か」――しばしばまちづくりの実践者が口にする言葉を使えば、「まちの遺伝子」（堀池、2008）、「地域遺伝子」（後藤ほか、2005）といったものになるだろうか――を継承していくことは可能だと考えられているのだ。

このような形で、上野の街においてコミュニティたるべしという主張は、過去との連続性に依拠する欺瞞とはならずに、説得力のあるものとして機能しうる。そして、あたたかく強固なコミュニティの存在という「下町」の美点を維持すべしという命題は、現在に生きる幾重にも折り重なった規範として機能する。

まずは、「下町」という言葉の中のコミュニティ性が、「あたたかい下町」として直截に表現される、このような語りである。

ええ。誰かが困っていたならば何も言わずにすぐ手伝いにいける、っていうのが下町っていうかみんなこの辺の人間にはやっぱり残ってるちゃうんかなあと。困ったときに見ぬ振りするんじゃなくて、いま困ってるだろうなっていうと、何も言わずにすっと手貸すっていう。(2004、物販、一九六〇年代生まれ)

前章で概観したような、二〇〇〇年代以降の国内向けの観光産業やメディアの中であらためて強く求められるようになった「あたたかい下町」は、まさにこうした相互扶助的なイメージを基層に持っている。そもそも、ノスタルジー商品に登場する「下町」には、長屋や路地を舞台にあたたかなコミュニティ――狭い長屋に肩を寄せ合い助けあって暮らす庶民の一体感や、子どもたちが走り回り、井戸端会議が展開される路地――が繰り返し描かれるが、それはかつての東京の都市下層が、家族の内部で生活が完結できないほど貧しかったからこそ、やむなく形成された共同性にほかならなかった。[3] もちろん、東京東部地区に集積していたそうした細民地区の共同性と相互扶助は、いつの時代もあらゆる意味で彼らとは異なる階層に属している上野の「旦那衆」にとっては、横目で見ているものに過ぎなかっただろう。しかし、国内向け観光の文脈で、「あたたかい下町」の商品価値が高まっている現在、それへの対応として、古きよき「下町」のあたたかなコミュニティや相互扶助を存続させようとする振る舞いは、

「下町」上野における――いわば、この街が「ほっとタウン上野」であるための――再帰的に構成された規範ともなり得る。

そして、上野の街でのこの相互扶助の規範は、以下のような形で外来者に包摂的なものとなってゆく可能性を持っている。アメ横で外国人客も多い食料品店の店主を長らく務めるこの男性は、常連の顧客との商売を越えた交流があることを紹介しながら、自らの店を取り巻く環境を以下のように語った。

向こうの人の、下町みたいな感じ。ハイソサエティさんの感じではなくて、正直言って、ある程度下の方って、助けあわなきゃいけないんじゃないかなって思うんですよ。まあ自分なんかも仕事なんかで誰かに助けてもらってると思うんで。隣の店の人とかお客さんに助けてもらってるところもあるし、そういうところなんじゃないかな、っていう気はしてる。(2011、物販、一九四〇年代生まれ)

この語りにおいては、「下町」に刻み込まれてきた相互扶助の規範が、明確に大衆性と絡み合いながら、外国人との共生を正当化する資源となっていることが見て取れるだろう。

ここで考えてみるべきなのは、「下町」という語彙の束における、相互扶助を中核としたコミュニティ性の位置だ。先に指摘した通り、少し歴史をさかのぼってみれば、貧しさによる基本的な生活インフラの欠如こそが、「下町」に表象される相互扶助的なコミュニティをはぐくんだ揺りかごであった。

言い換えれば、現在のノスタルジー商品でも強く強調される「下町」の相互扶助は本来、歴史性を強調した「下町」が登場する以前の時代に、欠乏と困難が生んだものであり、「下町」の中で摩擦を起こしがちな歴史性と大衆性（ここでは、モノが欠乏している庶民の暮らし）という要素が、ここでは矛盾なく両立する。町内があたたかく助け合うコミュニティというイメージは、同床異夢の「下町」アイデンティティにおける最大公約数となりうるのだ。

こうした「下町」にあるべき相互扶助の規範を語る言葉に対して、「旦那衆」の中に正面から異を唱える向きがあるとはほとんど想定できない。第2章で取り上げた台東区における選挙演説の際に用いられる「下町」的な語彙も、ほとんどの場合「下町」のこの側面に引っ掛けたものであった。それはまさに、相互扶助の精神の息づく「下町」という語りが、この地域で「万人に嫌われることのない」ものであるということを示している。

しかし、コミュニティ性の機能が厄介なのは、上野の街におけるそこへの言及は、外来者や外国人に対して、必ずしも包摂的な「響き」となるわけではないということだ。そこにはもうひとつ、地域への愛着に裏打ちされた共同性を保ち続けようとすることや、コミュニティという箱を守ろうとすることが、「旦那衆」の間で規範として機能する、より実質的かつ、おそらくは上野のみならず多くの商業地の経営者たちに一般化可能な背景がある。

この街で商売を営む経営者たちにとって、守るべき実質的な規範として機能するコミュニティとは、突き詰めれば、個店の利益にとどまらない――時には個店の短期的な利益以上に――商店街全体、さらに言えば上野という地域全体の利益を意識しながら行動せよ、という命題に尽きる。では、コミュニティとしての商店街あるいは地域全体にとっての利益とみなされるものは何なのか。もちろんその具体的内容には、都市景観の魅力、街路の清潔さ、便利な交通アクセスの整備、治安の確保といった多岐にわたる項目が並ぶだろうが、つまるところは、この街を訪れたくなるような街の魅力が十分にアピールできていることと、その大前提として、安心・安全・快適な都市のインフラが、最低限かつ最重要のアメニティとして空気のように存在していることである。一言で表せばすなわち、良好な地域イメージが形成され、それがうまく発信できていること。現在の都市が追い求めてやまないこのキーワードが、再びここで登場する。

今日、移り気で広域のマーケットを相手にしていこうとするタイプの街は、地域イメージをことさら重視する。上野はまさに、東京都の都市戦略の中で観光の役割を割り当てられ、自らも観光まちづくり政策に積極的に対応してきた街である。筆者が聞き取りをした経営者たちも、地域イメージのさらなる向上こそが上野の生命線であると一様に認識しているのだが、ここで最も重要なポイントは、都市間競争／地区間競争の生命線である地域イメージとその発信が、彼らにある種の公共財として理解されているということだ。地域イメージとは、上野地域全体への集客の要であり、それは各個店への来客や売り上げのベースとなるものでもある。良好な地域イメージの形成や発信は、基本的には個店の努力を越えたところにありながら、各個店の営業に重大な影響を及ぼすという意味で、まさに公共財なのだ。

しかしながら、各個店の営業と街の公共財としてのイメージ形成が、まったく切り離されたものとみなされているわけではない。地域イメージとは、個店の営業形態のあり方によって、大幅に低下しうるものと考えられている。たとえば、通行人を妨げるまでに街路に張り出して置かれた捨て看板や、商品ワゴン。女性客などを街から遠ざける客引きやスカウト。[4] こうした事象は、近年の上野商店街連合会や、各商店街の会議の場で、繰り返し問題視されてきた。

確かに派手な捨て看板や大幅なワゴンの張り出し、強引な客引きなどは、一部の店舗にとっては目先の集客に重要であり、短期的には売り上げアップにつながるからこそ、行われているのだろう。[5] しかし、多くの「旦那衆」は、そうした営業をすることこそが、上野という街のイメージを大幅に悪化させる元凶にほかならないと、深刻に受け止めている。そのため、こうした営業を突出した形で行う一部の店舗を、自分の個店の利益しか考えず、上野の街全体のイメージアップという公共財の形成に一切の関心を払わない、非常に利己的で無責任な人々であると非難する。

同時に、そうした一部店舗は、「愚か」であるとも捉えられている。来街者に望まれない強引で景観や治安を損なう営業による地域イメージの悪化は、上野の街全体への来街者を減少させ、結局のところ、現在強引な営業をしている店舗の集客にも、長期的には必ず負の影響が跳ね返ってくるからだ。

あとは、客引き。あいつら、俺に言わせりゃバカだね。やりすぎたよ、はっきり言って。あれだけやっちゃさ、結局いくら客呼び込んでも客そのものがいなくなってんだから。自分の首を真綿で絞

めてるようなこととしてんのが、わかんないのかね。（2004、不動産管理、一九七〇年代生まれ）

この感覚はたとえば、筆者が上野の調査を始めてしばらく経った二〇〇四年、上野二丁目仲町通り商店会が夜間パトロールにおいて、上野警察署とともに配布したチラシに書かれた次頁の文章にも、端的な形で示されていた（下線、太字、斜字は原文どおり）。

繰り返しになるが、本書に語りを引用している調査対象者は、上野で各種の商店街活動や地域活動に、何らかの形で積極的に関与している人たちである。なかには、東京の他の地区や、別の都市に支店展開しているような大規模な店もあるが、それでも拠点は、本店のある上野だという意識がある。上野の街を形成する経営者たちのコミュニティ――つまり、「旦那衆」――の一員であることを自認する彼らは一様に、「上野の街があってこその自分たちの商売」であると強調する。

上野っていうのは、自分たちの商売の基盤であって、ここで商売させてもらっているという感じ。（質問者：だからこそ自分の商売だけでなく町全体の繁栄を考えるというか…?）それは別々には考えられないでしょう。共存、共生ということで。（2004、サービス業、一九五〇年代生まれ）

自らにとってかけがえのない場として上野の街に愛着を持ち、個店の繁盛の基盤となる街全体の繁栄に責任感を持っていれば、その繁栄の源泉となっている地域イメージの向上に反するような営業はでき

上野二丁目仲町通り　商店、飲食店の皆様へ

みんなで作ろう、楽しく安全な町！　明るくきれいな町！

そのような町は、お客様があふれています！！

そんな町を目指して皆で協力し合いませんか？！

（中略）

卑猥な言葉をかける客引き・しつこく誘う中国人女性を避け、不法に駐輪しているバイクや自転車、また張り出した看板類を避けながら歩く・・・・・・

そのような状況のこの通りに、わざわざお客様は来たいと思いますか？？


昔から仲町通りは、上野の夜の観光スポットとして栄えてきました。

料亭、居酒屋、おそばや、すしや、中華、焼肉、スナック、クラブ等、大半のお店は一所懸命工夫を凝らし、お客様に満足していただける味やサービスの追及をすべく努力しています。

しかし、その努力も短い目で自分たちのことしか考えない客引き行為をする店のおかげで報われず、売り上げは激減し瀕死の状況です。

まじめな飲食店が減れば、ますますお客様の足はこの通りから遠ざかっていきます。いつまでこんな悪循環を続けるのでしょうか？


客引き行為が、自分で自分の首を絞めているとは思いませんか？

客引き行為をなくしましょう！！

上野二丁目仲町通り商店会

ないはずだ。良くも悪くも、「上野と心中する」覚悟を持っている彼らは、そう考える。

そして、上野の地域イメージを汚すような営業を平気でできる連中は、つまるところ、「上野に骨をうずめる」意識もその必要もないのだ、というふうに解釈される。強引な営業形態が、長期的に見れば「愚かな行為」であるにもかかわらず、そうした営業をする店舗が後を絶たない「愚かさ」の理由こそが、コミュニティ意識の欠如であると理解されるのだ。

上野の地で短期的に自らの店舗の利益を追求し、その結果として上野の街のイメージが悪化したとしても、そのときには、上野での店を畳んで、別の場所に出店すればいい。このように考えている店舗であれば、上野の長期的な浮沈に死活的な影響を及ぼす地域イメージの形成に関心を払う必要はないからだ。

上野の街は常に流動的であったと、繰り返し記述してきた。しかし、多かれ少なかれ「下町っ子」を自認している現在の「旦那衆」は、その流動性の結果として形成された上野の街のコミュニティが、現在もなお確かに存続していることを誇りとしている。彼らは、そこに新たに流入してくる店舗が、上野への愛着、定着志向を携えてコミュニティに積極的に関与し、「上野の街全体のために」という意識を持っていく意思があるかどうか、実際の営業形態を手がかりに、厳しく判断しようとしているのである。

こうした文脈で重要性が主張されるコミュニティとは、結果的に、渋谷望が「道徳的共同体」（渋谷、2003:51）と呼ぶものと似た様相を呈することになる。渋谷の議論を援用する鈴木謙介は、アンソニー・ギデンズ的な「第三の道」路線のコミュニティ観を道徳共同体と捉え、それを社会への参加を道徳的に義務化する装置と論じる。あわせて鈴木は、ギデンズのいうコミュニティには、モラルの向上と相互扶助の復権による犯罪防止への寄与という役割が与えられてきたことを指摘し、いわゆる「割れ窓理論」の発想を受け継ぐものと位置づけている（鈴木、2007:78-84）。これはすなわち、道徳的共同体としてのコミュニティは、監視や犯罪抑止を社会活動の中で全面化するための規範的媒介物としても、重要視されているということだ。そして、その論理は確かに、客引きという犯罪的行為――二〇〇五年の東京都迷惑防止条例施行以降は、執拗な客引きは実際に犯罪となる――の原因を、コミュニティという規範への包摂の失敗または拒絶に求める上野の経営者たちの語りと、重なり合ってみえる。

そして、そうしたコミュニティの規範に抵触する利己的な店主には外国人が目立つという見方は確かに根強い。以下の語りは、消極的な商店会費納入という字義通りの意味でのコミュニティ志向の希薄さと、周囲への「配慮」に欠ける張り出し営業とがダイレクトにつなげられて、なおかつその理由が直截に民族性《エスニシティ》に求められているはっきりとした例だ。

客引き取締り強化を警告する看板は仲町通りの至るところで見られる（2019年）

それから、商店会の会費なんかも、普通だったら簡単に納めるようなところが、渋ってみたりとか。道路出店の問題なんかにしても、なかなか筋が通らなかったりとか…道に張り出すようなお店には、日本のチェーン店なんかもありますけど、やっぱりパーセンテージとしては、向こうの人たちが多いですよ。（筆者：商売の仕方、考え方が違うんでしょうかね？）商売に対しての考え方、っていうより、民族性でしょうね。人のことを構わないっていうようなところがあるというか。どの地域でもそういうこと聞きますよね。（2004、物販、一九五〇年代生まれ）

客引きの問題においても、前記したチラシにも確認できるとおり、アジア系のパブや性風俗店が槍玉に挙げられやすいが、上野の繁華街の激しい客引き行為は、アジア系の店舗の専売特許ではない。客引きが最も激化し、大きな問題となっていた時期においても、歓楽街の奥まった一角や裏通りに多く立地しているアジア系店舗の客引きよりも、目抜き通りに店を構える日本人のキャバ嬢や男性店員の客引きのほうが、一見して派手に映っていた。もちろんこうした日本人の客引きも大きく問題視はされていたが、それでもやはり、異質性が論点として召喚されやすいアジア系店舗が、コミュニティの規範を理解しない「他者」として、特に問題化されやすいのは確かだ。

急速な外国人労働者の流入が起こったバブル期以降の日本において、アジア系外国人は根拠のない「体感治安」悪化の源として漠然と怖れられてきた（外国人差別ウォッチネットワーク、2004、同、2008）。

外国人に対するいわばモラル・パニックと呼ぶべき状況が続いてきたわけであるが、ジョック・ヤングは、現代社会に蔓延するモラル・パニックの発動は、流動化に伴う人々の存在論的不安に根を持っていると論じている。そして、その不安を解消する手っ取り早い救済として、確固たる規範と、そのベースとなるべき包摂的なコミュニティの再確立を目指す「割れ窓理論」のノスタルジックな主張に、人々はすがるのだ、と[6]（Young、1999=2007:327-31）。

そもそも前章で論じたように、現代のノスタルジー・ブームや、その延長として「下町」という商品に「コミュニティ」が求められるようになったこと自体が、存在論的不安に対するリアクションと位置づけることができるが、「あたたかいコミュニティ」という幻想を売ろうとする「下町」自体もまた、存在論的不安と無縁ではなく、そこを引き金とした人種的な排除意識が上野の街で生じている、ということなのだろうか。

しかし、上野の街における、コミュニティの語りから引き出されるニューカマー外国人への厳しい姿勢をそう結論づけるのは、あまりに教科書的な理解にすぎる。

まず指摘すべきは、在日コリアンの「旦那」たちの存在だ。キャバクラや風俗店の客引きが目立つ歓楽街である上野2丁目には、老舗と呼ばれるような、在日コリアンが経営する焼肉店などが多数ある。在日二世であり、二代目の経営者でもある彼らの幾人かは、上野二丁目仲町通り商店会の役員を務めるなど、地域のリーダー的な存在として自他ともに認める上野の「旦那衆」の一員となっている。もちろ

老舗焼肉店、風俗店、キャバクラ、ニューカマー系のパブなどが入り混じる上野２丁目の路地（2019年）

ん彼らは、地域への強い愛着を持っており、「下町っ子」を自認してもいる。

商品化された「下町」イメージには、確かに「日本」的なるものが根深く浸透しているが、地域の現実の中で選び取られる下町っ子というアイデンティティは、はるかに柔軟なものだ。先に、上野という「いい意味でのいい加減さ」がある地域を、「メンバー総とっかえしたけど人気があり続けるバンド」のようなものに喩える語りを紹介したとおり、在日コリアンの商店主をキープレイヤーとして迎え入れるような「いい加減」さ、言い換えれば「懐の深さ」を、現在の上野は確実に持ち合わせている。外見的な差異の問題などを捨象して東ロンドンの語彙とやや強引に対比すれば、下町っ子はアイランダーほどには「白いこと」を要さないのだ。

そうした上野2丁目の在日コリアンの「旦那衆」は、韓国人を含むニューカマー外国人への最も辛辣な批判者でもある。上野という地域に受け入れられようと努力してきた一世世代の苦労を深く知っているだけに、自らの親の後姿と対照的なものとして感じられる、ニューカマーの「町への無責任さ」に対しては特に手厳しい。

それに彼ら（筆者注：ニューカマー外国人のこと）は、地元のために、という意識はなくて、短期的に自分の店だけ稼げるだけ稼いで母国に送金するという考え方でしょう？　上野の街の発展ということは全く考えていない。客引きにしたって、客が来ないから自分のところだけは客引きを出して何とか儲けようっていうわけでしょ。それで町のイメージがどうなるかとかは考えずに。それで結局もっと客が少なくなるっていう。
そこが親父たちの世代とは考え方が根本的に違う。四〇年前は、失敗しても帰るところなんてなかったんだよ。韓国と日本の差はものすごくて、もうどうしようもなく貧しかったわけだから。だから、腹をくくって上野で成功しないとどうしょうもないという感じ。この街をよくしていかないと、逃げ場がないっていう思いがあった。でも今は違うよね。韓国もそりゃ浮き沈みはあるかもしれないけど、だいぶ豊かな国になって、失敗したら帰ればいいし。ここに腰落ち着けてっていう気持ちにはならないでしょう。そこはぜんぜん別物だと思うな。（2004、飲食、一九六〇年代生まれ）

こうした在日コリアン経営者たちの姿勢を、「旦那衆」が形成する上野のコミュニティへの「同化」、なかんずくモデル・マイノリティに特有の「過剰な同化」とは呼びがたい。そもそもこうした在日コリアンの経営者たちは、日本国籍への帰化者も含めて、エスニック・バックグラウンドを地域で隠しているわけではない。また彼らの一部は、地元出身の保守的な政治家の有力な支持者であったりするのだが、後援会幹部の集まったある宴席で在日コリアンの背景を持つ経営者が、当時の石原都知事の人種差別的な発言を強い調子で非難する場面に遭遇したこともある。端的に言って彼らの多くは、上野という地域への愛着や「下町っ子」の自認と、韓国・朝鮮系という出自への肯定的な自意識を、両立させているように窺われる。

前出の語りで注目すべきは、ニューカマーのアジア系店舗の「問題」の根源が、国際移動がたやすくなるという、グローバルな流動性の増大に求められていることだ。過度な客引きによる通りそのもののイメージの悪化により、自らの商売に「実害」を蒙っている仲町通りで飲食店を営むこの経営者は、入れ替わりの激しいアジア系風俗店は、上野に定着して商売をしていく意思も必要性もないからこそ、一般客が通りを歩くことを躊躇するほどの激しい客引きを繰り返すのだと認識している。むしろこの語りからは、流動性の高いニューカマー外国人を「腹をくくって上野で成功」しようとした親世代と対比することで、地域アイデンティティとエスニック・アイデンティティを両立させている、在日コリアンとしての自らのあり方を、再確認しているようにも感じられないだろうか。

こうした、上野の街全体を考えよという規範への侵害の背景を、激しくなる流動性そのものに求める意識は、在日コリアンの経営者のみならず、「旦那衆」にかなり一般的なものである。次の語りは、新宿や池袋には街に入ってきた多くの外国人が受け入れられているように見えますが、という筆者の問いかけを受けたある経営者の語りである。ここでは、「根づいて商売をする」上野を肯定的に捉えたうえで、そこと対比される新宿では、街全体を考えるというコミュニティの規範がないがゆえに、流動性の高い外国人が許容されているのではないかと指摘されている。

それは、新宿みたいなところでは、自分の商売だけ考えてれば、街全体がと言うような考え方はしない街だからじゃないかな。隣で何人が何をやっててもいいや、というような。それで自分の商売は、できるだけ短期間で利益を大きくして去ってゆく。新宿でどう根づいて商売するか、ではなく、今この商売で新宿が儲かるから集まってきてる人たちなんだと思うよ。でも上野ではそうじゃない。ここに根づいて商売をしようとしている人がたくさんいる。(2001、サービス業、一九六〇年代生まれ)

この「新宿」ないしは「歌舞伎町」を、現在の都市的流動性のネガティブな意味での象徴として、上野と対比する語りは、複数の経営者から聞いた。上野きっての老舗の一つでありながら、風俗店の多い仲町通り近くに立地している物販店の経営者もこう語る。

(筆者:そうした外国人は、上野に根づいてやっていくつもりはなさそうですか?)ないでしょうね。

だから歌舞伎町とかと感覚的には一緒だと思いますよ。商売になればいい、と。やりにくくなれば売り抜けたり、貸しちゃうと。そういう感覚になってるんで。（2009、物販、一九六〇年代生まれ）

ただし、この経営者は、上野では外部からの流入者に対して「声荒らげて反対だなんだって話にはならない」ず、多様な人々を「昔から受け入れて」きたと、繰り返し強調している。そうした上野の「ちょっと緩いところ」を肯定的に語る彼も、近年のあまりに急速で無秩序な流動性には危機感を感じている。興味深いことに、そうした街全体の利害や地域イメージに配慮することが希薄になった背景を、近年の人々の考え方の変化にまで絡めてこう指摘する。

（筆者：上野の緩いところが悪い方向に出ちゃう…？）そりゃあもうあります。全部が全部いいってわけじゃなくて、やっぱり悪い一面もあるし。昔はそれが個々のモラルというか、いろんなものを、そういう「分」の考えがあって、周りのこと気遣ったりとかそういう考え方が普通だったところが、わりといまは小泉改革じゃないですけど、自分本意でお金儲けて何が悪いの、みたいな考えが強い。それが大多数占めてきたら当然街が変わってきますよね。それがやっぱりちょっと緩いのと相まってやり放題になっちゃってますね。（2009、物販、一九六〇年代生まれ）

上記の「小泉改革」のくだりは、やや唐突に聞こえるかもしれない。ただ、客引きの激しいパブ・

キャバクラや風俗店とともに、まったく同じ文脈で「旦那衆」に評判の芳しくない別の対象があることを踏まえると、話はつながってくる。それは一見意外なことに、全国展開する一部の大手資本のチェーン店である。

上野にテナントとして進出した大手資本の店舗の中には、商店街活動に消極的なことに加えて、周囲の景観に注意を払わない派手な色彩の掲示物や捨て看板、大幅に張り出した商品ワゴンを置く例も目立つ。これらの大手資本の店舗もまた、地域イメージや周囲の環境への配慮、商店街活動への協力という観点からは、風俗店と同じく眉をひそめられる対象となる。資本の規模や都市の消費市場での周縁性といった意味では、まったく異なる層に属する外部の大規模資本と小規模なパブや風俗店が、ここでは、コミュニティというひとつの規範に鑑みて、その「街全体を考える」意識のなさを等価に問題視されているのだ。

上野の街でもリーダー的存在のある経営者が、「大手のフランチャイズ系」の店と外国人の小規模な店舗を、次のようにそれぞれ語っているさまからは、街や商店街に協力的かどうかを問おうとする一貫した姿勢がはっきりとみてとれるだろう。

そういうお店（筆者注：大手資本のフランチャイズ店）が協力してくれればいいですよ、商店街活動に。テナントさんとして入って、商店街活動に協力してくれるんならいいけど、一切そういうのには協力しませんってとこが出てきちゃってるから。なかなか商店街活動っていっても、会費収入とかいろんな面で、これから難しいんじゃないかなとは思ってるんです。（中略）外国人でも日本に永住権とって日本でずっと商売やろうと思っている人と、不法滞在してとりあえず金を稼いで帰ろうと思っている人が、いろいろいると思うんだよね、そういうとこでたぶん違ってくると思うんだけど。まあ、日本に永住して日本で腰落ち着けてね、商売しようと思ってるんだったら街に協力してもらいたいと思うしね、そうじゃない人がどんどん増えちゃうのは困るなぁとは思うんです（笑）その辺はどういう風に見極めるかは難しいからね。（2009、飲食、一九五〇年代生まれ）

ただ、テナントに物件を貸すのは、地権者やビルオーナー、つまりは上野の街の「旦那」にほかならない。そして、客引きの激しい風俗店であれ、街に非協力的で地域イメージや周囲の景観に注意を払わないフランチャイズ店であれ、どういったテナントに物件を貸すかの決断は、言うまでもなくオーナーの専権事項であり、基本的には「街のため」を振りかざしてソトから口を出すことはできない領域である。前出の経営者は、「そういう店入れないでくれっていう権利もない」と慎重に気を使いながらも、ビル経営を最適化しようとする中で街全体を考えるという視点が、ともすると「旦那衆」自身にも欠けがちであること、そして、このパラドクスを解決する糸口はやはり、オーナーたちの横の連携強化による情報共有と意識形成、すなわちコミュニティにあると指摘する。

実はあのー、自分では意図してなくて、自分のこと守ろうとしてるだけのことが、実は自分も含めて街の、実はそう、もう少し深く考えるとマイナスになってることもあるんだ、っていうことをオーナーはどのぐらいご存知なのかな、と。どのぐらい考えてらっしゃるのかな、と。

（中略）その辺のところのオーナーの意識と知識と、情報共有ってのが進めば、結構ね。それでも、少しでも高い家賃で貸せるところに貸しちゃうってとこが多いと思うけどね。やっぱり1軒だけじゃないわけだから。所有権者なり権利者が横のつながりを持てると、それってずいぶん違うと思うよね。顔を知っている、話をしたことがあるっていうレベルだけでもね。そうすると、やっぱり周りはどう思うかなーってことになりますよね。やっぱり一種のマンションと同じで。管理組合がしっかりしてて、横のつながりがあると、最終的に自分の身を守ることにもつながるじゃないですか。ていうことを、どのぐらい作れるかって言うのが、大事なんじゃないかと思うけどね、商店街としてはね。（2009、飲食店、一九五〇年代生まれ）

上野の街で重要な規範として機能するコミュニティの語彙の複雑さを理解するために、この節の記述もかなり入り組んだものとなってきた。ここであらためて整理しておこう。

上野の街のメンバーシップは確かに入れ替わっているが、その気質を受け継ぐ箱としてのコミュニティがあれば、街のよさを継承していくことはできると考えられている。そして、「あたたかい下町」というイメージの商品としての重要性が増している昨今、上野の街においてコミュニティに関わる語彙は、街の誰からも否定しにくいものとなっている。

それは、困っていたら助け合うという相互扶助の規範として、新来の外国人に対して包摂的に機能する一方で、上野の街においてコミュニティの語彙は、より重要な別の形の規範的意味も持つ。すなわち、この街に「骨をうずめる」覚悟を持ったコミュニティの一員であろうとするならば、「街全体のことを考える」はずだという規範であり、地域イメージを毀損する過度な客引きを行う外国人を含む新来の風俗店やパブ・キャバクラは、その点から非難の対象となる。こういった意味では、コミュニティに関わる語彙は外国人に対して排除的なものとなりうるが、新来外国人への批判的な視線は、レイシズムというよりは、グローバル化する現代における激しい流動性そのものへの懸念だと解すべきものである。

そして、そうした「街全体」に対する意識を持たないテナントの増加を食い止めるためにもまた、ビルオーナーでもある上野の「旦那衆」は、横の連携と情報共有を強化すること、すなわちコミュニティとしてのあり方を強化していかなければいけないと考えている——。

一般的に地域コミュニティは、地域課題の協働的な解決の拠点となる可能性と、成員を排他的に統治する拘束性の両面をもつ。上野の街においても例外ではない。しかも上野においては、この地域を貫いている「下町」アイデンティティとコミュニティに関わる語彙は密接にかかわっており、この言葉にさらに独特な負荷がかかって規範化してゆく。このきわめて重要であるがゆえに多面的な、上野の街におけるコミュニティの規範を、アプリオリに肯定すべきか批判すべきかという原理的な議論は、まったく意味をなさない。

なされるべきは、より文脈依存的で繊細な次のような一連の問いだ。そもそも、上野にやってくるニューカマーの人々はみな、街に定着し、コミュニティの一員となる意思を本当に持たないのだろうか。そうではないとすれば、上野のコミュニティは、どんなきっかけや接点で彼らと関係形成することができるのか。そのとき、「日本的」なものに帰着しがちな商品化された「下町」と一線を画し、開かれた「いい加減さ」を鍛え続けるためには、上野のコミュニティが、この土地で継承されてきた気質を伝え、地域イメージを守る拠点となる箱であるためには、どういった未来を目指していくべきなのか。

こうした一連の問いに関する模索は終章まで一旦先送りし、次章では、この第3章にはほとんど登場していない、上野でも特異な成り立ちと位置づけを持っている商店街、アメ横についてじっくりと見ていこう。

注

1　以前は、警察署の所轄ごとに組織されていた社交料飲組合に加盟していないと、警察からの時間外の営業許可が下りない、というような組合への加盟の営業上不可欠なメリットがあったが、二〇〇〇年代には既にそのような状況にはなく、不況下で組合費を節約するために会員数が減り、組合財政が逼迫して、会員に対しての実利的なことが何らできなくなるという悪循環に陥っているという（2002、飲食、一九三〇年代生まれ）。

2　例外的に、組合長自身のバーの隣に位置する韓国系の飲食店1店のみが、隣近所づきあいから同組合に加盟していた。

3　中川清によれば、明治中後期から大正期に東京東部に集積していた都市下層民たちは、四畳半から六畳の長屋の一部屋に複数の家族で雑居することも珍しくなく、劣悪な住居内で生活を完結することが不可能な彼らは、炊事・育児・洗濯・排便などの大半を集住地区内での共同性に依存しながら行う必要があった。欠乏と集住に由来するこうしたレベルでの共同性は、貧民層においても昭和恐慌期には既にかなり減衰していくが、そこには、関東大震災の壊滅的な被害を経て、東京東部の伝統的な細民地区から都市下層世帯が拡散したこと、この時期には都市下層の内部で家族形成と世代再生産が可能な程度には生活が向上していたことに加えて、都市下層向け住宅の間取りの変化が決定的だった。具体的に言えば、昭和恐慌期の都市下層が住んでいた借家は、おもに水道が普及した震災後に建築されたものであり、従来の長屋と違って台所が住居の奥に位置していたため、生活動線が住居の内部で完結し、家族としての生活空間が個別的に確立していったのだ（中川、1985:286-90,336-42）。これは、昭和初期に共同井戸という共有インフラへの依存がなくなり、集住地区の路地を舞台とした井戸端会議というひとつの共同性が失われたことを意味している。そう考えると、誰かの家や街頭に備え付けられたテレビに町内中の人々が熱狂するという、昭和三〇年代ノスタルジー商品にみられる定番の表象は、貧しさゆえに一家に一台普及していないことから共同性を生み出していた最後のインフラが、「テレビ」であったことを表現していると言えるだろう。

4　なお、上野における客引きやスカウトは、二〇一七年の台東区客引き防止条例の施行後、かなり減少した。その経緯は終章で詳述するが、本章での客引きに関する記述は、同条例施行以前の状況に関するものとして理解していただきたい。

5　もっとも、店先で商品ワゴンを大きく張り出させて声を張り上げる売り子＝従業員の実感からしてみれば、必ずしもそうでもない。たとえば、二〇〇〇年代中期に、「悪質」な出巾営業として商店街の中でしばしば指弾されていた、上野地区外にも支店を持つある物販店の店員（一九七〇年代生まれ）は、客引き対策の上野地区合同パトロールに、店舗の代表として参加した際、隣り合わせた筆者にこう語っている。大幅な出巾営業をしても売り上げアップにつながるかどうかは疑問であり、パトロールや取締りで注意されるたびに商品ワゴンを引っ込めてという手間は無駄でしかないが、店長含め現場では、上野では出巾営業をするのが当たり前だと思い込んで感覚が麻痺し、惰性でやっているだけだ、と。ただし、同じく「街のイメージダウンにつながる」と指弾されている営業行為を行う当事者の中でも、店舗と通常の従業員とは違う契約を交わし、成功報酬や歩合制で働いている一部の客引きたちは、まったく違う意識を持っていると推測される。

6　コミュニティの再生と犯罪抑止の同時達成を目指す「割れ窓理論」の日本的な展開の特徴は、芹沢・浜井（2006）を参照のこと。

第4章　「商売の街」の形成と継承

第1節　アメ横というアンビバレンス

「国民的」――と呼ぶべきかどうかはともかく、二〇一三年に放映されたＮＨＫ朝の連続テレビ小説『あまちゃん』は、その年の話題をさらった掛け値なしのヒットドラマだ。引っ込み思案な少女が、岩手県久慈市をモデルにした「北三陸市」に居場所を見つけて再生し、のちに上京してアイドルを目指し、さらに震災後に、彼女のジモトになった北三陸に帰ってゆく。その東京編の舞台に選ばれたのが、上野・アメ横である。

明らかに秋元康を意識して造形された、劇中の敏腕プロデューサー太巻氏の構想では、東京の北の玄関口・上野に[1]「会いに行ける」劇場をつくり、アイドルグループ「アメ横女学園」と、その二軍にあたる全国の美少女を集めた「ＧＭＴ（ジモト）47」を展開しようというものであった。その「上野ＥＤＯシアター」は、アメ横の中心部に実在するアメ横センタービルの上層階にあるという設定で、実際に早朝のアメ横商店街でロケが繰り返されていた。

アメ横の中心に位置するセンタービルには、今なお『あまちゃん』のロケ地であったことを示す横断幕がかかっている（2019 年）

そんな「アメ横女学園」のキャッチフレーズは、「絶滅危惧種下町アイドル」。宮藤官九郎が脚本を担当した『あまちゃん』は、「下町」のコミュニティや人情を描いた旧来の朝ドラ作品とは一線を画するものの、「下町アイドル」が活躍する劇場の所在地として上野が、なかでもアメ横が選ばれたことはやはり重要だ。

ドラマ内の重要なシーンのいくつかは、主人公たちの行きつけの劇場裏の鮨屋と、その向かいにあるいつも自転車が置かれている銭湯らしき店舗の前で展開される。『あまちゃん』において、〈北〉からの上京者を温かく迎える「下町商店街」として、北の玄関口・上野といえばまずは思い起こされるアメ横が選ばれたことが窺えるが、間違いなくこれはセットだ。アメ横のどの裏通りにも銭湯は存在しないし、アメ横は自転車で近隣から買い物客がくる商店街ではない。アメ横は長年にわたって、安売りが名物の商店街である一方で、広域から顧客が「ここに行けば何でも手に入る」とニッチな商品を探しに来る、ロングテールの商店街だったのだから。[2]

『あまちゃん』が、生活感にまみれた「下町」に「改変」してまでアメ横を舞台に設定したことは、このあまりにも有名な商店街をめぐる外部イメージと現実のギャップを象徴している。こうした認識ギャップの背景を手掛かりとして、本章では、都市的な多様性に満ちた上野のなかでも、アンビバレンスに満ちたひとつの特異点といえるアメ横を描写してみたい。

正月を迎えるための食材の買出し客で賑わう上野・アメ横の光景を、何らかのメディアで目にしたことのない人は、日本にはほとんどいないだろう。この時期、「全盛期」の昭和三〇年代より人出は少なくなったとはいえ、一日に30万人、多いときには50万人を越える買い物客がアメ横商店街を訪れ、上野駅―御徒町駅間のJR高架線の西側のガード沿いは、歩くのも困難なほどに混み合う。この人出を当て込んで、珍味屋、乾物屋、豆類の卸に至るまで、歳末の4日間だけ、にわかにカニや新巻鮭を売る店に衣替えし、洋服屋や靴屋の店先までもが魚屋に貸し出されて、大勢のアルバイト店員が一斉に声を張り上げる。

この光景が「歳末の風物詩」としてテレビの全国ニュースに取り上げられるのは、すっかり定着した年末の定番プログラムになっている。さまざまなタウン誌や街歩き雑誌なども、年末に向けてアメ横の特集を数多く組み始め、一一月から一二月にかけて取材がひっきりなしに訪れる。

年末のアメ横の雑踏（2005年）。筆者が年末に魚を売るアルバイトをした際、店舗側から撮影したもの。

アメ横商店街連合会の広報担当者は、ただでさえ忙しい年末だけでなく一年を通してこうした取材が来てくれればと嘆く。しかし、いかに特定の季節に集中するとはいえ、プレスリリースもせずにマスメディアの側から積極的に毎年欠かさず訪ねてきて、全国的に取り上げられる商店街など、ほかに存在しないのも事実だ。その結果アメ横は、まさに全国区の知名度を誇るようになっており、上野の代名詞ともなっている。さらに、英語圏・中国語圏のガイドブックや、東京観光関連のＳＮＳにも例外なく取り上げられるアメ横は、日本国内にとどまらず、広く世界的にもその名をとどろかせている。

もちろんこうした状況は、昨今始まったことではない。終戦後、すなわちアメ横成立後一五年にあたる一九六〇年に「アメヤ横丁」と書かれたアーチを建設した折、各方面からの寄付を募った『趣意書』には、「「アメヤ横丁」の名称は所謂「終戦」このかた色々な意味において全国的に知られた存在になって居り」と記されており、当時の好悪取り混ぜた全国的な知名度を伺わせる（上野アメヤ横丁商店会、1960）。

言い換えれば、一般の来街者にとって上野の「街」といえば、まずはアメ横をイメージするような状態が、久しく続いてきたと言っていいだろう。[3] 二〇〇三年に商店街診断の一環として、上野駅前通り、

「上野」と聞いて思いついたこと（上位10回答）

休日回答	（人）	平日回答	（人）
アメ横（店も含む）	66	アメ横（店も含む）	65
動物園	42	上野駅・集団就職	18
上野駅	23	安い	16
にぎやか	13	公園・不忍池	13
公園・不忍池・桜	12	下町	13
西郷さん	11	西郷さん	9
下町	9	パンダ	9
アメ横・上野公園（施設含む）※ママ	8	動物園	7
パンダ	6	楽しい	6
美術館・芸大	6	美術館	6

休日調査：n=290、平日調査：n=298　両調査とも街頭抽出、対面調査

上野中通り、アメ横の中程の三点で来街者に行った街頭面接調査では、「「上野」と聞いて思いつくこと」として、平日・休日——休日では動物園や公園のイメージに迫られるが——ともにアメ横が最上位に挙げられている（台東区産業部商業計画課、2003:127）。

イメージやシンボルというにとどまらず、同じ街頭調査で、実際に上野の街を訪れた（訪れる予定の）店舗や施設を尋ねると、次表のようにアメ横がほかの大型店や文化施設を大きく引き離している（前掲書:202）。

これは、二〇〇三年に街中で行った街頭調査であるため、このあとだいぶ改善傾向にある山と街の回遊性のなさや、街と山では客層が違うという実態を図らずも示していると言えるかもしれない。しかし、上野の街中のスポットとしては、アメ横が他を圧倒する誘客効果を持っていることにあらためて驚かされる。より最近の調査でも、二〇一六年のアメ横地区には実に九二五万人の年間観光入込客数があり、特に外国人観光客に限れば、上野

来街者が調査当日立ち寄った施設（複数回答）

アトレ上野	85
松坂屋	104
赤札堂（アブアブ）	75
吉池	83
丸井	104
多慶屋	92
アメ横	393
上野公園・動物園	59
美術館・博物館・音楽ホール・映画館	53
その他	85
特になし	39
無回答	4

公園全体への九七万人の倍以上に当たる、二〇一七万人もの年間観光入込客数があったと推計されている（台東区、2017:25,40-1)。

また、単にアメ横そのものの知名度にとどまらず、東日本を中心とした広い地域に、「アメ横」の名を冠する商店街やショッピング・ビルが多数存在することも興味深い。「アメ横」という名称自体が、各地のメインストリートを指す「〇〇銀座」とはまた違った形で、一定のイメージを喚起する一般名詞として機能してさえいるのだ。仙台朝市アメ横市場、新潟県柏崎市の寺泊・魚のアメ横などがそれにあたるが、なかでも認知度と集客力が高いものが、本家「アメ横」に商標登録を促すことにもなった[4]名古屋の大須にあるアメ横ビル（1号ビル一九七七年完成）である。この事例は、その立地環境が名古屋圏を代表する下町として、広く認知されている地区であるという共通性も持っている。

関東地方には、「〇〇のアメ横」という愛称で親しまれている商店街もいくつか存在する。たとえば、「横浜のアメ横」といわれている横浜市保土ヶ谷区の洪福寺松原商店街、「世田谷のアメ横」と呼ばれる三軒茶屋の太子堂中央商店街といったところが、その代表格である。いずれも、廉価な食料品の販売をウリにした小規模店舗が密集する商店街であり、「横浜のアメ横」は本家と同じく戦後のヤミ市由来の歴史を持っている。こうした愛称で親しまれる商店街の存在は、少なくとも東日本では、密集度が高く庶民的なエネルギーに満ちた商店街をあらわす代名詞として、「アメ横」という名称が広く流通していることを示している。

ただ、アメ横の突出した対外的な知名度・吸引力と、地区内におけるアメ横の位置づけとの間には奇妙なズレがある。その一端を示唆する調査結果が、上野ではなく台東区という枠組みではあるが、『台東区の将来像のための基礎調査報告書』にある。区内外の人々に台東区のシンボルを問うたところ、ほとんど似通っているランキングが、唯一「アメヤ横丁」に関してだけ大きく異なっているのだ。次表のとおり、都内各地や近県住民を主とする来街者と近隣区民では、浅草寺と上野公園／動物園に次ぐ第3位に評価されているアメ横が、区民や区内経営者においては、上野のなかでは公園関連のイメージに大きく水をあけられ、下位に沈んでいる（台東区、2003より筆者作成）。

第2章で紹介した田中美子のイメージ・ダイナミクスモデルによれば、地域内の数多くのイメージ・シンボルのうち、地域住民にとって魅力的で理想的な自己像であり、かつそとから肯定的な評価を受けたものが選択され、それが住民の間で広く共有されることによって、自己組織化的に地域アイデンティティが結晶化してゆく（田中、1997:44-7）。この図式で先の表を解釈すれば、台東区民や区内経営者は、アメ横を肯定的な自己像として選択することを躊躇しているということになる。

台東区のシンボル上位10回答（複数回答）

※太字は上野地区関連の施設等

区民		区内企業経営者		近隣区民		来街者	
浅草寺	306	浅草寺	52	浅草寺	96	浅草寺	147
上野公園・不忍池	**195**	**上野公園・不忍池**	**46**	**上野公園・不忍池**	**83**	**上野動物園**	**75**
国立西洋美術館、東京国立博物館などの文化施設	**175**	**国立西洋美術館、東京国立博物館などの文化施設**	**27**	**アメヤ横町**	**55**	**アメヤ横町**	**68**
上野動物園	**114**	浅草ｻﾝﾊﾞｶｰﾆﾊﾞﾙなどの祭りやイベント	20	**国立西洋美術館、東京国立博物館などの文化施設**	**36**	**上野公園・不忍池**	**65**
ほおずき市や浅草ｻﾝﾊﾞｶｰﾆﾊﾞﾙなどの祭りやイベント	101	**アメヤ横町**	**19**	**上野動物園**	**35**	**上野駅**	**49**
隅田川・隅田公園	71	**上野駅**	**15**	ほおずき市や浅草ｻﾝﾊﾞｶｰﾆﾊﾞﾙなどの祭りやイベント	27	隅田川・隅田公園	46
上野駅	**59**	**上野動物園**	**13**	**上野駅**	**23**	**国立西洋美術館、東京国立博物館などの文化施設**	**39**
アメヤ横町	57	隅田川・隅田公園	12	隅田川・隅田公園	20	谷中・根岸界隈	19
谷中・根岸界隈	35	問屋街	11	問屋街	12	ほおずき市や浅草ｻﾝﾊﾞｶｰﾆﾊﾞﾙなどの祭りやイベント	19
問屋街	29	**東京芸術大学**	**3**	谷中・根岸界隈	10	問屋街	17

区民調査　：n=419、郵送法、無作為抽出

経営者調査　：n=76、郵送法、層化抽出

近隣区民調査：n=139、郵送法、千代田・中央・文京・墨田・荒川の5区で無作為抽出

来街者調査　：n=200（上野100、浅草100）、対面調査、上野・浅草両地区の集客スポットでの街頭抽出

※※来街者調査において、区内在住者は4.3%、隣接5区在住者は2.4%

二〇〇三年の『上野地区商店街診断報告書』は、上野という街は、商店主よりも来街者に高く評価されていることを強調するが、来街者に高く評価されているのは、「活気」「安さ」「気楽さ」などが都内の繁華街のなかでも独特の異彩を放っているからであるとしている（台東区産業部商業計画課、2003:32-3, 162）。庶民的な商店街の代名詞ともなっているアメ横が、上野のそうした側面を一手に引き受けてきたことは間違いない。言い換えれば、「下町」の大衆性を体現する街として上野が評価され、その中核であるアメ横こそが上野の街のシンボルと対外的にはみなされているわけだ。

それに対して上野の商店街の内部では、そうした庶民的な賑わいがあることがあまり重要視されておらず、結果として「街の明るさ」や「街の活気」に対する自己評価が、対外的な評価よりも著しく低くなっている[5]（前掲書:37-8）。そしておそらくは、アメ横を街のシンボルとすることに対内的な躊躇があることは、この傾向と連動しているとみていいだろう。

この内外認識の差は、近年では上野商店街連合会の定例会などでもしばしば話題にのぼり、アメ横の雑然とした雰囲気を、上野の欠くべからざる魅力として再定位していこうとする意識が「旦那衆」の間にも生まれているが、上述のようなアメ横に対する内外での認識ギャップには根の深い歴史的背景がある。次節では、そこを掘り下げていくところから、アメ横という商店街の置かれた特異な位置について検討していきたい。

第2節　アメ横における「歴史の不在」

アメ横には歴史がない――アメ横でさまざまな人に話を聞くと、しばしば耳にする言葉だ。これは少し奇妙な認識に聞こえるだろう。ヤミ市由来の商店街であるアメ横はすでに、七〇年を越える歴史を持っている。年長世代にとっても既に遠い記憶のなかにあり、若い世代にとっては映像や漫画のなかでしか知らないヤミ市は、間違いなく「歴史」の領域に入っている。それは、昭和三〇年代を対象とすることが多いノスタルジー・ブームよりもさらに前の時代であり、その痕跡を色濃く残す東京圏で唯一の大規模な商店街であるアメ横は本来、七〇年以上の特異で固有な歴史性を備えた、十分にノスタルジックな街歩きの対象ともなりうる場所だからだ。

しかし当のアメ横の多くの経営者の自意識は「歴史」からは遠く、観光産業などのなかで実際にアメ横がノスタルジックな視線と結び付けられることも、奇妙なほど少ない。これは、アメ横というユニークな商店街の特質や、前節で見たような上野地区のなかでのアメ横の位置づけを理解する上で、決定的に重要なポイントである。

この意識を理解するためにも、ここでアメ横の成立の経緯を簡単に振り返っておきたい。上野は徳川家の菩提寺として重視されていた寛永寺の門前町として発達し、一九世紀中ごろには、既に江戸を代表する盛り場のひとつとしての地位を確立している。そのなかで、現在アメ横として賑わっている地は、戦前からの商業集積地ではなく、「しょんべん横町」と呼ばれた薄暗い人家の密集地帯であった。そして、その傍らの鉄道ガード下に鉄道省の変電所があったために、戦時中の一九四四年には、空襲時の変電所への類焼を避ける目的で周辺の人家の強制疎開・立ち退きが行われた（塩満、1982:2、原、1999:96）。

結果として、この地は終戦時に、上野駅という大ターミナルから至近の大きな空き地となっており、そこにきわめて自然な流れとしてヤミ市が形成された。「外地」から帰還した引揚者が中心となっていたそのヤミ市は、当時は貴重だった芋アメなどの甘味が多く売られていたことで、一九四七年秋ごろからアメヤ横丁と呼ばれるようになった。その後、朝鮮戦争が始まるとそこに、米軍からの放出物資が売られる「アメリカ横丁」という意味も加わり、「腹を満たす」ものを求めて人々が殺到したヤミ市から、舶来の最先端のものが何でも見つかるマーケットへと移行し、アメ横はさらに隆盛を極めてゆく。

アメ横の商店主たちの口から「アメ横には歴史がない」という言葉がしばしば聞かれるのは、ヤミ市ができる以前にはこの場所が商店街として成立しておらず、上野のなかでは最も新参者の商店街であるという、この成立の経緯に由来するところが大きい。自己アイデンティティがそうであるように、自らの地域を語る言葉や意識は、準拠集団となる周囲の他者との関係性のなかで構築される。現実に十分に個性的な歴史性を備えていようとも、江戸時代から今につながる商店街が存在する「下町」上野に位置するアメ横では、七〇有余年の積み重ねが「歴史」と意識されることがあまりないのだ。

アメ横は「歴史がない」と言明されるのには、もう一つ理由がある。JRのガード下を中心とするアメ横は、その成立当初から、その場に住んでいる人はごく例外的な、純粋に商売のための街である。上野をはじめとした「下町」地域の商業地では、商売に立脚する商店街組織と居住に立脚する町会とが、メンバーをかなりの部分ダブらせながらも、双方とも大きな存在感を持っている。上野では、職場と一体化した住居に住んでいる商店主はもう長いこと少数派であるが、それでもその多くは商売を営んでいる上野で町会に参加して、実際に居住しているところに対して以上の愛着を上野に持っており、子供を上野近辺の小学校に越境入学させるような「旦那衆」も多い。

そうした上野の「旦那」たちにとって、居住地ではない上野における町会活動の中核をなすのが、下谷神社、五條天神社などの祭礼である。しかし、純粋な商売の街であるアメ横には、祭礼の神輿がない。[6] この地域では、年に一度の祭礼を中心に町内の濃密な社会関係が存在し、商品化された「下町」イメージにおいても、威勢のいい神輿担ぎをはじめとした祭礼文化は重要な位置を占めているが、「下町」を代表する繁華街である上野の街の「顔」にあたるアメ横は、実は祭礼の真空地帯なのだ。それは、単にこの地区には戦前に遡れる老舗が存在しないというだけでなく、上野に盛り場が形成される以前から継承されている土着的な地域の核が不在であるという意味でも、「アメ横には歴史がない」という意識を生んでいる。

それは、この章の冒頭に記したように、『あまちゃん』に描かれたような一般的なイメージとは裏腹に、アメ横は広域商圏に支えられた商店街だという性格と併せて、アメ横の商店主たちに、しばしばアメ横は「下町」ではないという意識を抱かせる。

うーん、下町イコール江戸情緒みたいなのあるでしょうしね、アメ横にはちょっと…。庶民的って言えば、言えないこともないが…アメ横はほかのところみたいに下町商店街とは思わないが、といって、一方でお台場みたいな新しい商店街ともまるで違うわけですからね。下町の商店街って言えば、やっぱり地元密着だと思うんですよ。地元の人が買いにくるような。だけど、アメ横は昔っから広域ですからね。しかし、今となっては、このごちゃごちゃした感じなんかに、その広域から来る人たちが逆に、ここを下町と見出すというようなことがあるのかもしれませんね。（2004、物販、一九五〇年代生まれ）

こうした意識は、上野全体で行われるイベントへの、街の「顔」であるはずのアメ横のいまひとつ消極的な姿勢にもつながっている。

商店街連合会はね、上野公園の文化の香りとか、歴史の流れとか、そういったことをコンセプトに、いろんな仕掛けを企画していますよね。そのなかでアメ横は、一番後発でスパンが短いわけです。集まってる人たちも、利益があるからここに入ってきた人たちです。それで、上野の街の施設とかそういうのの恩恵を受けるといったようなこととか関わりなく、この場所は繁栄してきたわけですから、認識は周りと違いますよね。歴史、文化といったことを商売につなげるというのが、今ひとつピンと来ないというところがあります。（2004、物販、一九五〇年代生まれ）

言うなれば、「下町」の大衆性を体現する存在として認識（あるいは、誤解）されがちなアメ横自身が、「下町」という商品のもうひとつの大きな軸である歴史性とは距離を感じているわけだが、ここで同時に、アメ横が周囲の商店街からどのようなまなざしを向けられてきたのかに触れなければ、アンフェアだろう。

「アメ横には歴史がない」という意識は、彼らの自画像のなかだけではない。周囲の商店街の商店主からも、アメ横の非歴史性はしばしば言及されてきた。むしろ、そうした周囲からの視線との相互行為のなかで、アメ横の自意識が形成されてきたといったほうが実態に近い。

一定の年代以上のアメ横の商店主たちは、寛永寺門前の広小路だった時代からの歴史を有し、その後も上野の「旦那衆」の中心であり続けた中央通りを、「表通り」と呼ぶ。そして歴史のないアメ横が、「表通り」から一線を引かれ、さらには「新参者」として一段下に見られてきたという意識を、アメ横第一世代の商店主は根強く持っている。

だから、要するにアメ横っていろんな人の集まりだったんですよ。アメ横で代々いるっていう人いないもんな。あそこらは全部マーケットだもんね。

（中略）だって一切そういうしがらみないんだから。うちは何代目だとか。

（筆者：だから、逆にそういうしがらみの多いまわりの商店街からしてみると…）

すごい反発くったんですよね（笑）。僕なんかずいぶん言われたもんね。中通りとか広小路の人に。

「なんだアメ横は」って。うちがアメヤ横丁ってつけたときに、ヤミ市みたいな名前つけたって、散々言われたんだ。で、ガード下って馬鹿にされてたんだ。ガード下って。当時はだって、どれ見たって老舗ばっかだったもんね。広小路とか。昔はね。（2005、物販、一九二〇年代生まれ）

A：大体あいつら、アメ横って馬鹿にしてたからさ。いや正直な話してさ。それは俺はけったくそ悪いからさ、あんまり…

B：スタートが違うから、こうやって「君らとはちょっと違うんだよ」っていうことなんだ。

（2005、A：物販、一九二〇年代生まれ、B：物販、一九四〇年代生まれ）

住民でもない「新参者」であり、ヤミ市に由来する歴史のないアメ横が、狭い店舗ながら坪あたりでは都内随一とも言える売上を叩き出し、上野を象徴する商店街として広く認知されてゆく。そのことが、寛永寺の門前町からの由緒を誇る「表通り」などの商店街にとって、面白くなかったことは想像に難くない。そうやって周囲から「一段下」の歯がゆい存在として見られ、それに対して反発するアメ横の商店主たちが、自分たちこそ上野で一番人を集め、稼いでる「商売の街」なんだと胸を張るという構図は、ヤミ市時代が終わってなお、しばらくは上野にくすぶっていた。その七〇年の歴史の蓄積からみれば不自然なまでに自他ともに認める、アメ横には「歴史がない」という言明には、そうした背景がある。

ここは強調しておきたいが、現在はもはやこうした意識を、ある世代以上の人の「回想」以外の形で表立って聞くことはない。こうした確執が解消されてゆく一つの契機は、当初の発表（一九七一年）では東京駅を起点として上野を素通りするはずだった東北・上越新幹線の工事計画を、熱心な誘致によってひっくり返した上野駅始発実現期成同盟だったたと懐古する「旦那」たちは多い。ヤミ市というアメ横の出自がかなり薄まっていた時期にあたる一九七〇年代に、上野地区の商店街が利害を共有する形で一丸となり、周辺住民まで巻き込んで大きな目標を達成した、この経験が上野にもたらした一体感は確かに大きなものだったという。

そして、繁華街だけをとればわずか500メートル四方でしかないこの上野地区において、アメ横を含んだ商店街を束ねる上野商店街連合会が結成されたのは、都営地下鉄大江戸線の全線開通をきっかけとした二〇〇一年のことである。さらに、戦後期に犯罪の巣窟と目された「汚名返上」を目的とした上野鐘声会を前身にもち（上野観光連盟、1963:240）、伝統的に上野地区の「表通りの老舗」の経営者たちが役員を歴任してきた上野観光連盟においても、二〇〇三年にアメ横の経営者が会長となった。この一件は、「表通り」とアメ横の関係性が完全に変わったことを、上野の街の人々に強く印象付けた。こうして、アメ横がすでに上野の「顔」となっていた時期になってから商売を受け継いだ世代へと、上野の「旦那衆」の中核世代が代替わりした二〇〇〇年代に至り、ようやく上野全体を包括する恒常的な商店街組織ができあがり、上野全体としてのイベントなども頻繁に試みられるようになってゆく。

Ｂ：一緒にイベントやったってことは、昔は無かったですよね？

A：ないないない。もう五、六年になるかな。
B：うん、せいぜいこの一〇年ぐらいじゃないの。
A：うん、全然付き合い無かった。僕は（著者注：A個人は）付き合い多かったけどね。一緒にやんなかった。やるようになってまだ何年も経ってないよね。イベントとしてやるようになったのは一〇年ぐらい前からだよ、本当にね。
（2005、A：物販、一九二〇年代生まれ、B：物販、一九四〇年代生まれ）

元来の成り立ちの違うアメ横と、一体になったまちづくりをどのように進めていくべきか。上野の団体の役員を数多く務めるある物販店店主が、上野で生まれ育った店主のいないアメ横を「外様」としたうえで語る以下のような言葉は、現在も続くその模索をうまく言い表わしている。

外様なんだけど、プライドは高いんですよ。で、上野と言ったらアメ横以外は商店街じゃないぐらいのプライドを持ってる人たちなので、逆に言うと、その性質を捉えてしまうと意外と仲間にしやすいんです。立ててあげればいいんです。
（中略）やっぱり外様ですけれど、利にはさといです…そこらへんをうまく使い分けていくと仲間になってくれて、なおかつ仲間になると今度は強力な戦力になってくるんですよ。そういうふうに利にさとい人たちですから、儲かるんだったら何でもやるよっていうノリで皆さん動いてくれます

んでね。（2012、物販、一九五〇年代生まれ）

第3節　「アメ横商法」とエスニシティをめぐる視線の交錯

先に挙げた一九六〇年の『趣意書』でも、「色々な意味において全国的に知られた存在」と自ら語っているとおり、ヤミ市時代の上野がとどろかせた評判は、決してポジティブなものとは言えない。現在のアメ横に至る地区は、一九四九年に閉鎖された上野広小路の露店街とあわせてノガミのヤミ市と呼ばれていたが、そこでしばしば起こる物騒な経済警察とのいたちごっこや、露天商どうしのいざこざは、同じく隆盛した新宿、新橋、渋谷などのヤミ市での事件とともに、当時の限られた新聞紙面——朝日新聞東京版で言えば、終戦後一九四九年一一月まで表裏二面の朝刊のみの発刊である——を相当な頻度で賑わせていた。網羅できているとは思えないが、朝日・読売・日経三紙のデータベースから、終戦後から一九五二年にかけてあわせて三〇数件ほど見つけた記事の、代表的な見出しを挙げてみよう。

禁制品の闇市場に武装警官の奇襲　上野の乱闘 ピストルが飛ぶ
警官、露天商と亂闘　上野、禁制品取締まりから
露天商〝手入れ〟を妨害　上野青空市場二度警官隊と衝突
上野露店街も閉鎖　〝放置せんか犯罪の温床とならん〟　塩谷保安部長閉鎖理由を発表

四十三名を検挙　闇に移動した上野付近の露店商
この眼で睨む〝泥棒市〟一坪交番にお巡りさん四十五人　上野署
ヤミ石けんに手入れ　武装警官　御徒町の問屋街を急襲
権利金千二百万円の返還を命令　上野の露店ボスに断
セッケン横丁を急襲
アメ屋横丁を急襲　不良サッカリンなど大量押収
アメヤ横丁、役所をなめる　自発的取壊し、武装警官らに肩すかし
ヤミ外国品取締り　東京・上野マーケット街
西郷さんの足元異変　マーケット新築　一千万円横領の疑い

戦後の物資の欠乏期に食料と生活必需品を供給し、多くの国民が生き延びるよすがとなったヤミ市(塩満、1982:65)のなかでも、アメ横が東京で最重要なものの一つであったことは間違いない。しかしその一方で、当時「悪の巣」と呼ばれた上野地下道の「浮浪児」や「愚連隊」、血桜組に組織された上野公園の街娼たちとともに、戦後の社会悪を象徴する存在として言説化されていったのもまた事実である。

そして、注意しておかなければならないのは、こうした記事にはしばしば在日外国人、とりわけ在日コリアンが登場することだ。原正壽は、戦後期の露店で商売をしていた主力は、旧植民地出身の朝鮮人、中国人、台湾人であり、なかでも上野のヤミ市では関西方面から上京してきた朝鮮人が主体であったと

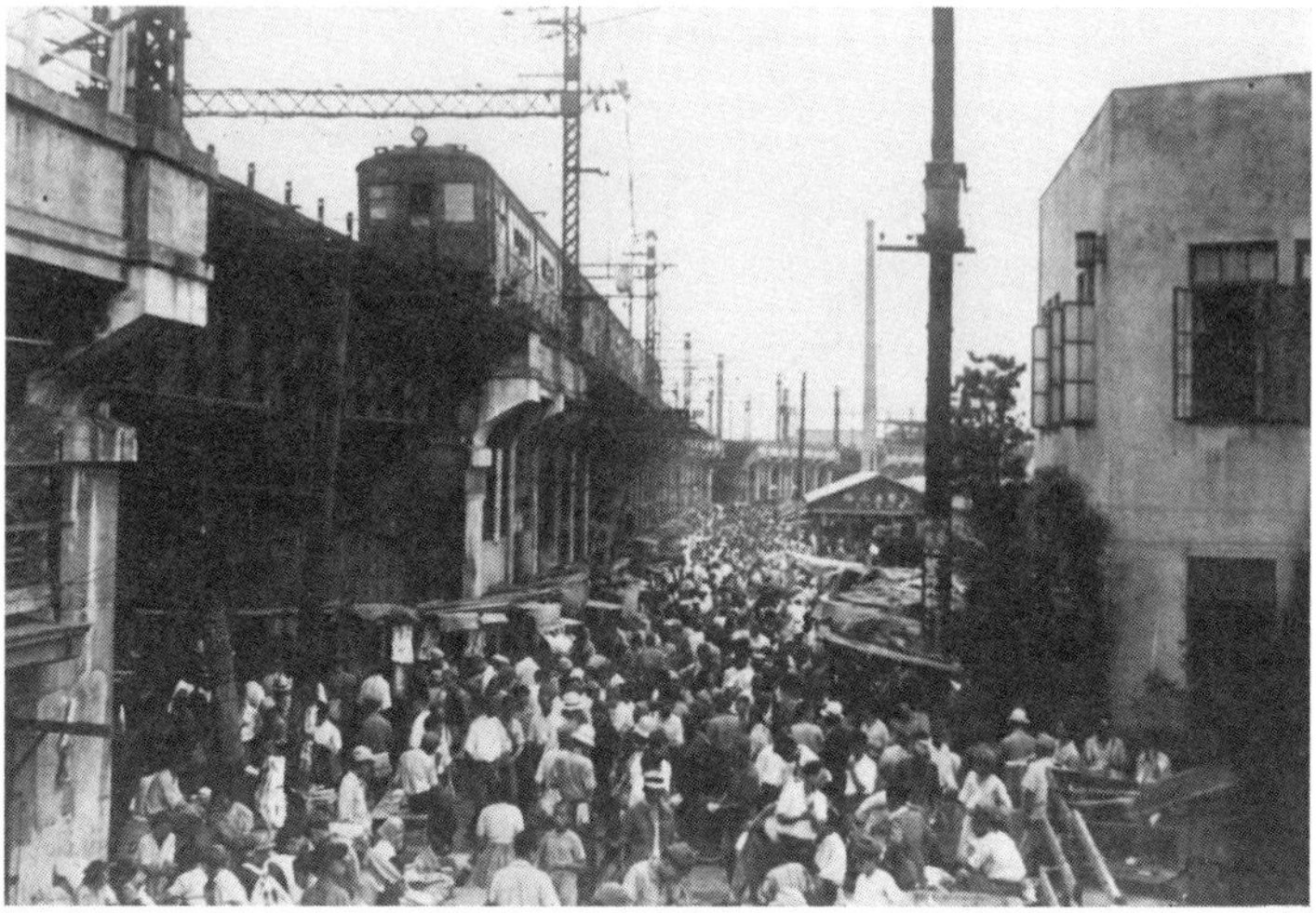

終戦直後（1946年）のアメ横（© 毎日新聞社／アフロ）

指摘している。日本のヤクザ、テキヤといった人も出入りするアメ横では、「日本人と第三国人《ママ》とのイザコザは、しょっちゅう」であり、昼も銃声が聞こえるような状態だったという（原、1978=1999:97-8）。

文京洙は当時の状況を、「敗戦直後の日本社会の湿った空気」のなかで、ひとり旧植民地出身者のみが意気軒昂であり、彼らがヤミ市を含むあらゆる場面で解放された民族として振る舞う[7]ことで、気圧された日本人も少なくなかったはずだと描写する。その一方で文は、当時の在日本朝鮮人連盟が、「解放の喜びと独立国民という自尊心を誤解」した少数の同胞の不祥事を遺憾とし、同胞の信用を失墜させるものだとして非難していることを紹介している（文、1996：174）。

しかし、これまで見下していた旧植民地出身者の一部が、混乱のなかで「やりたい放題」しているように見えることへの敗戦国民の反発が、現在の反韓レイシズムで「在日特権」と呼ばれる一群の言説の底流となる、「ヤミ市の無法な朝鮮人」という像を、固定化させてしまったのも事実である。一九五六年には、『白い手黄色い手――日本の財布は狙われている』という、在日外国人や外国資本の脅威を読者に煽り、大きな反響を呼んだという毎日新聞の記事をまとめた書籍が出版された。[8]全国的に流布したその神話の形成に、こうしたアメ横での事件報道も一役買ってしまっていた。『白い手黄色い手』に所収された「朝鮮手品」という記事の扉には、「朝鮮財閥の生まれる上野付近のマーケット」というキャプションが付された写真が掲載されている。

　諸説あるその経緯の詳細を現在はもう辿ることはできないが、混乱をきわめる上野の露店市場「正常化」の第一歩として、実業家の近藤広吉と下谷区長、上野警察署が協力する形で、のちにアメ横センタービルとして建替えられる（一九八二年）ことになる場所に、一九四六年に近藤産業マーケットが開設されている。その大きな目的は、露店市場からの悪質なヤクザ集団や「よそ者」の締め出しにあり、ここを締め出された朝鮮人のグループの一部は、現在は東上野のキムチ横丁として知られる昭和通りを隔てた地に、「国際親善マーケット」を建設して集住した[9]（塩満、1982：107-8）。ただそれでも、一九六八年版の『商店名鑑』には、「第三国人《ママ》がバラックの仮店舗を張り、三五年頃まで人をあつめ賑わいをきわめた」（台東区商店街連合会、1968:33）とあるように、その後もアメ横では、在日韓国・朝鮮人に若干の在日華人もあわせて、いわゆるオールドカマー外国人の商店主の割合が、上野の各商店街のなかでも常に高い。通名使用の比率も高いために、韓国・朝鮮人もしくは華人と思しき姓の商店主が目立つ各年代のアメ横の商店街名簿からその比率を正確に推し量ることはできないが、アメ横の商店主に聞き取りすると、商店街構成員の3分の1ほどが外国籍者ないしは帰化者ではないかという推測で概ね一致している。

このように、草創期のヤミ市時代のアメ横には、エスニシティにもとづく深刻な対抗関係が存在し、それこそが、近藤産業マーケットの建設と一部の朝鮮人の東上野への離脱の契機となった。しかし、筆者が聞き取りをする範囲では、アメ横二世世代の経営者のみならず、戦後の混乱期に自ら商売を始めて既に引退している一世世代も、この街は外国人に対して以前からオープンだったと口を揃える。実際に、アメ横商店街連合会の支部のなかには、一九六〇年代に既に在日コリアンが役員になっているところも存在していた。済州島出身で、大阪経由で戦後上野に出てきたその元役員は、「オマンマを食わしてもらっている」上野への愛着を語り（2005、サービス業、一九二〇年代生まれ）、地域社会に貢献することを考えてきたと強調する。そして、アメ横のなかには偏見を持っている人はいなかったときっぱりと言いきり、ごく早い時期からさまざまな地域有力者からの商売上のサポートが得られたと語っている。

ただ、終戦後から、上野が全体として外国人に開かれた姿勢だったとは言いがたい。現在の上野の街の中核となっている一九五〇年代生まれ以降の「旦那衆」は、在日コリアンの人たちと子供のころから街で一緒に育ち、一緒に街を担ってきたという感覚が強く、上野の街で確固とした地歩を築いてきた在日コリアンの人たちには優秀で働き者の人が多いと、高い敬意を払っている。しかし戦後直後の時期からそうだったわけではなく、現在の上野の若手・中堅も、自分たちと親世代の感覚は違ったようだとしばしば語るとおり、戦後ある時期までの「表通り」や、その他のアメ横以外の商店街から在日外国人への目線は、かなり排除的なものであった。たとえば一九六三年に、上野の「旦那衆」の代表的な組織である上野観光連盟が編纂した『上野繁昌史』では、戦後の上野広小路を懐古して以下のように描写されている。[10]

確かにドサクサに儲けたのは見得も外聞もなく、これはと思う商売を次からつぎへ手がけてゆくことのできる人達だけだった。三国《ママ》人経営の店が都内各所にみられるようになったのもこの頃からで、上野もその例外ではなかった。「汚い商売ほどよく儲かる」という教えをさながら地でいった時代である（上野観光連盟、1963：234）。

こうした空気のなかで街に受け入れられようとした、親世代の苦労を目の当たりにしてきた在日コリアンの経営者の思いには、やはり複雑なものがある。たとえば次に挙げるのは、現在は上野2丁目で手広く店舗を経営するとともに地域内外で各種の役員も歴任し、上野の「旦那衆」の一人と自他ともに認められているある在日コリアンの経営者の語りである。彼ら二世が社会人になった時期にあたる、韓国が経済発展してきたソウル五輪の頃以降は、「色眼鏡でみられる」ことはなくなっているとしたうえで、「同世代の（日本人の）経営者たちは上野をオープンな街だという意識が強いが」と水を向けた筆者に、一世の父が警察や消防への協力など街に認められる多大な努力をしてきたことを強調して、こう語気を強めた。

親父をね、上野が認めてくれたんじゃないよ、認めさせたんだよ。上野の街が最初っからオープンでウェルカムって手を差し伸べてきたわけじゃない。そこんとこは絶対違うよ。絶対貸さない、って言う人もいた。そこを親父は、何ていうか、結局商売は資本主義社会じゃないですか。そのなかの競争で、努力して勝ち残ってきたんだ。それでこの街に認めさせたんだよ。（2004、飲食、一九六〇年代生まれ）

同様に現在は上野2丁目を中心に手広く事業を営み、上野の街で確固とした地歩を築いている別の在日コリアンの経営者も、先の経営者の語りと同じような感覚を示す。そして、かつてははっきりと存在していた狭い上野内部の地域性の違いを、以下のように語る。

今の〇〇（筆者注：店舗名）のあるところ、池之端仲町。ここは昔はそこまでにぎやかなところじゃなかった。それから末広町、上野広小路。この三箇所が寛永寺の門前町で一番古い街なんです。歴史がありましたし、特に池之端仲町は昔の文豪や有名画家が通う花街だったのです。だから、古い感覚はありましたよね。朝鮮人に対しても。だから、最初は上野町のほうが、古い街よりも入り込みやすかった。アメ横とか、4丁目ですね。あっちは新しいところですから。一度入り込んであ

る程度店ができていけば、あとは二軒、三軒と増やしていくことは楽でした。（2004、サービス業、一九五〇年代生まれ）

この地域的傾向は、滋賀県立大学の朴慶植文庫で閲覧できた一九六一年の『東京都内朝鮮人事業所名簿』からも、ある程度——在日コリアンの一方の団体である朝鮮総連系の事業所名のみのデータだが——確かめられる。まだ旧町名で表記されている在日朝鮮人の事業所所在地のうち、上野町に51軒が集中するのを筆頭に、アメ横の西側と上野中通りにあたる上野4丁目（上野町・三橋町・五条町）に55軒が集積しており、アメ横の東側とそこに隣接する現上野6丁目エリア（仲御徒町3～4丁目、下谷町）にも、54軒（うち仲御徒町3丁目だけで48軒）が集積している。これは、現在では「キムチ横丁」と呼ばれる、国際親善マーケットが築かれた御徒町3丁目とその周囲の26軒の集積をも大きくしのぐ数字である。一方で、上野の「表通り」にあたる上野広小路には1軒の立地もなく、現在は在日コリアンの焼肉屋やニューカマー韓国人のコリアンパブも多い歓楽街、上野2丁目地区（池之端仲町、数寄屋町、元黒門町、北大門町）には、当時はわずか5軒しか在日朝鮮人の事業所が存在していないのだ。

ここで注目したいのは、前節にみたような周囲の商店街からアメ横にかつて注がれていた白眼視と、アメ横がその起源から多文化的な構成であったこととのあいだに、本質的な関係性があったように見受けられることである。

上野では、「向こうの人」たちが戦後の混乱期に始めた「下品な商売」への反感が、エスニックな他者に対しての排除的な語りとして結晶化する場合があることを、第3章で論じた。直截に言えばこれは、「安かろう悪かろう」品も含めて威勢よく「叩き売る」という、ヤミ市に始まる「アメ横商法」を指している。戦後に流入した「向こうの人」たちが上野のよき伝統を壊し、あまつさえそれによって大いに繁盛している「問題地区」としてのアメ横。先に、「三国人《ママ》」の「見得も外聞もない商売」を苦々しく懐古した『上野繁昌史』の記述を紹介したが、次に引用するのは一九五九年に行われた中通りの商店街診断の「現状分析」である。中央通りとアメ横のあいだに立地する中通り商店街では、「向こうの人」たちや、彼らと結び付けられるアメ横への反発は「表通り」より露骨で、伝統ある商店街に忍び寄る「アメ横的なもの」の侵食に対しての強い危機感を感じさせる。

> 冒頭にも述べた如く当商店街の歴史は古く、戦前は呉服類の専門店街であったが、戦災により戦後は、様相が一変し、戦前より住みつきの店舗は約30%である。残る70%が所謂新興勢力であって、これら一群の新興勢力は戦後直ちに露天営業を行い、最近にいたつて店舗を構えたような状態であり、その実権は第三国人《ママ》によってしめられ、業種としては、飲食店、パチンコ遊技場等に変り、このラインが一部アメヤ横丁に結びつかれているともいわれ、現況にあっては往年のせんい品商店街としての姿は望めない。（東京都台東区役所、1959:3）

こうした周囲からの視線に対して、アメ横の商店主たちは、もちろん強く反発してきた。そして、「ここはほかとは違う」というその周囲への反発こそがきっかけとなって、自らの商店街の寛容さやアンチレイシズム的な気質が、アメ横のアイデンティティとして言及されていく。初期からのアメ横の立役者の一人であり、東京輸入雑貨卸商協同組合の設立に奔走した長田昭は、著書『アメ横の戦後史』のなかで、一九六四年の同組合結成当時を振り返ってこう強調している。

「朝鮮の人も集めて、長田は何をやろうとしてるんだ」という声があちこちで聞かれました。自前のビルの建築を進めている「東京輸入雑貨卸商協同組合」へのそれは強い関心、それと羨望のようなものです。

組合員の数は確かに三分の一が在日の韓国と北朝鮮の人で、アメ横の成り立ちからは当然のことです。アメ横はユナイテッド・ネイションズだと、私はいつも言っていました。民族差別の傾向を私は持ちません。少数ですが中国・台湾の人もいる多国籍の組合を、だから無理なくまとめていくことができました。（長田、2005:109）

ある物販店の2代目経営者も、筆者のインタビューに対して、以下のようにアメ横の地域特性を語る。

通常、こんな狭いところに外国人のお店ができるっていうと、まあいろいろあるんだろうけど、ここは外国人のお店が入ってきてどうこうっていうのは一切ないですね。そういうところはすごいですよ。誰が何をしようが迷惑をかけない限りはいい、っていうところですから。みんな顔をあわせて、ヨーなんて言って案外馴染んじゃうんですよね。そういうところは、住んでいるバックボーンがある上野のほかの商店街とは違う気質でもありますよ。(二〇〇四年、物販、一九五〇年代生まれ)

こうした意識の背景として重要なのは、前節でも見た「アメ横は商売の街」だという自己認識である。歴史や「格式」を誇るがゆえに閉鎖的だった「表通り」から、安売り・叩き売りの「アメ横商法」を白眼視されながらも、驚異的な坪当たりの売り上げを誇り、上野のシンボルと目されるまでの対外的知名度を獲得してきたんだという自負。そのずば抜けた活力の背後には、まだ在日コリアンへの差別と偏見の激しかった時代から、彼らとともに街を築き上げてきたアメ横特有のオープンな気風があった。そんな状況のなかで、アメ横流のある種の「共生」は、周囲からの白眼視に対抗する矜持として生きられていったのではないか。この街には格式もタブーもない、迷惑をかけずに商売をする者であれば、最初っから誰でも受け止め結束してきたんだ——そんな「商売の街・アメ横」という誇りとして。

ここでひとつ、南ロンドンのある事例を、ひとつの補助線として紹介したい。*New Ethnicities and Urban Youth Culture*(『新しいエスニシティと都市の若者文化』)にまとめられたレス・バックの実証研究である。フィールドとなったテムズ川の南岸は、もともとは重工業主体の産業地区であり、比較的生活の安定した労働者階級が多く住んでいたが、一九三〇年代から五〇年代にかけての不況期に地域の産業は衰退し、当時の二〇年間で25％にあたる人口が流出した。そこに一九五〇年代末から流入してきたのが、ジャマイカ人を中心とするカリブ系の黒人移民たちだった（Back,1996:19）。そのなかのリバービューとサウスゲート（いずれも仮称）という隣接した二つの地区は、外からは等しく「人種問題」を抱える「問題地域」として認識されている。しかし、バックが調査した一九八〇年代後期当時、両地区の若者たちの間の実際の人種関係や人種意識は、大きく異なっていた。

リバービューは、一九六〇年代中葉に生活の安定した労働者向けに計画され、戦後のドックランズ復興の成功例とされていた住宅地であったのだが、調査当時には極右勢力のはびこる地区として認知されていた（Back, 1996:31）。リバービューでは、過去の「ゴールデン・エイジ」を懐かしむ言説と、現在のコミュニティの崩壊を嘆く言説とが結びつく。そして、外部からのこの地区へのまなざしにほぼそのまま同調する形で、自分たちが流入する移民に飲み込まれ追い出されてしまうという、「白人の逃亡（White Flight）」という語りが若者たちの間でも支配的なものとなってゆく（Back,1996:45-7）。

それに対して、一九七〇年代に安価な住宅をできるだけ大量に供給するべく作られたサウスゲートでは、その開発時期の相対的な遅さもあり、開発当初から黒人の入居者が目立つ地域であった。調査時点では、旧植民地出身の移民だけでカリブ系とアフリカ系を中心に人口の23％、イギリス生まれの二世を含めれば、実に30％以上の黒人人口が住んでおり、南ロンドンでも際立って高い比率を示している（Back, 1996:102-3）。外部からはその黒人人口の多さゆえに「犯罪地域」として表象されるサウスゲートだが、若者たちの間では、リバービューで支配的だった「白人の逃亡」の語りは、ごく少数にしかみられない。

バックは、両地区での人種意識の違いの原因の一つを地域形成の歴史に求める。開発後白人と黒人が同時に転入してきたサウスゲートでは、早い時期からブラック・パブやカリブ系文化の施設が発達しており、サウスゲートの白人の若者たちは、人種主義へと転化されやすい理想化した過去のコミュニティへの喪失感を持っていない代わりに、この地がロンドンにおけるブラック・コミュニティの中心だった歴史に敬意を払っている。彼らの語るコミュニティには、「白人の逃亡」という語りにおけるそれと違って、黒人も確実に含まれている。そうした立ち位置からサウスゲートの若者たちは、「俺たちのコミュニティは、実際には人種摩擦と無縁な場所なんだ」という人種的調和の言説を紡いで、外部からの「犯罪地域」というレッテル貼りを拒絶してゆこうとする。これが、サウスゲートの若者たちの間で支配的な、「俺たちの場所（Our Area）」という語りである（Back,1996:111-5）。

住宅地と商業地の違い、エスニシティの可視性の程度の差など、いくつかの重大な違いがあるとはいえ、この南ロンドンの人種関係をめぐる語りは、筆者には戦後のアメ横の在日コリアンをめぐる語りと響きあうものにみえる。

一九五〇〜六〇年代の「表通り」におけるアメ横とその「下品な商売」に対しての危機感はそのまま、リバービューにおける支配的な語り、すなわち流入する移民に古くからの住民が飲み込まれ追い出されてしまうという、「白人の逃亡（White Flight）」に対応するだろう。一方で、「お高くとまる」周囲の歴史ある商店街に対する反発心から生まれた、アメ横は「商売の街」だという語りは、バックがサウスゲートにみた「俺たちの場所」という語りの機能的等価物となっている。

戦災で広大に広がった駅前の空き地に形成された「ノガミの闇市」には、生活のために、あるいは一旗あげようと、その後のアメ横の中心となっていく外地・戦地からの引揚者や復員兵に加え、周辺農漁村からのかつぎ屋、地回りのヤクザ衆、そして旧植民地出身者が、いわば「横一線」で流入してきた。多様な人々が同時期に入ってきた新開地であるアメ横には、商売最優先のやり方で隆盛を誇ってきたからこその周囲からの危険視・白眼視と、それへの反発として芽生えた出自を問わないオープンさと共生の誇りがあった。

住宅地と商業地という違いから、周囲からの非難の内容と、それに反発する拠り所となる矜持の核こそ違うものの、地域アイデンティティ編成の構造として、きわめて似通っている。このロンドンと東京の事例の共振は、多文化化する地域での人種意識の構築過程の分析には、きわめてローカルな地域の形成史や微細な地区間の対抗構造に分けいっていくことが欠かせないことを、強く示唆している。

第4節　「歴史がない」アメ横を継いでいく、ということ

ところでアメ横は、確かに周囲の商店街と違って戦後にゼロから築かれた商店街だが、歴史がないと

語られる割には、実は戦後期から現在まで続いている店舗は少なくない。アメ横が混乱と激しい流動性に彩られたヤミ市期をすでに終えた一九六四年と、約四〇年後の二〇〇五年の住宅地図を、各年代の商店街名簿を参考にしながら比較してみると、一九六四年の住宅地図上に確認できた２４６店のうち36%にあたる89店舗が、高度成長期からバブル崩壊までの四〇年を越えて残存している。これはたとえば、第1章でみた「表通り」である中央通りを同様の方法で推定した、一九六四年と二〇〇五年のあいだの残存率28%よりも、皮肉なことにむしろ高い。

ただポイントとなるのは、このような観測方法で推定される地図上の残存率は、「屋号」ベースのものであるということだ。過去半世紀以上の環境変化のなかで、中央通りの経営者たちの多くは、高い家賃を払いうる金融機関やナショナルチェーンの飲食店、コンビニやカラオケ店にテナント貸しをする不動産業に転じながら、「旦那衆」の一員であり続けている。こうした形で「表通り」でかつての屋号が地図から激減していく一方で、入れ替わりがありながらも現業の営みが続いているアメ横では、代替わりをした屋号が引き継がれている。ただし、それは、一般的に想起される意味での「老舗」が、アメ横にはかなり残っているということを必ずしも意味しない。なぜならアメ横の最大の特徴は、「高度成長期にゴルフブームが始まって、売れるとみれば一夜にしてゴルフ用品店を扱う店が通りに並んだ」[11]というような、大胆で急速な業態転換にほかならないからである。

「儲かるモノを売る」「売れるモノを売れるときに売る」のがアメ横の商売人であり、「何を売るか」にはさほどのこだわりがない一方で、「儲けること」にはプライドを持っているというような言葉を、アメ横ではしばしば耳にする。時代と客のニーズの変化を的確にとらえて対応する、その変わり身の早さがヤミ市時代からアメ横の活力の源泉であり、その商品と業態の転換はしばしば顧客層のシフトと連動して行われた。

たとえば一九八〇年代後半以降、アメ横センタービルの地下食品街にはアジア各地やアフリカの食材を扱う店が増え、買い出しをする関東一円の定住外国人で賑わっている。ただ、ここはしばしば、ごく初期からのニューカマー外国人向けエスニックショップ街と誤解されるが少し違う。確かに二〇〇〇年代に入ってからは新華人系資本の進出も目立っているが、一九九〇年代までの段階では、「エスニック食品」を売っていたのはすべて従来のアメ横の食品店だった。

地下食品街の入り口には、アジアだけではなく、欧米を含むさまざまな世界中の市場のイメージ写真がモザイク状に掲げられ、ワールド・フード・マーケットというキャッチが付せられている。一九八二年にこのセンタービルができたとき、まさに「アメリカ横丁」時代以来の「舶来品が何でも手に入る」食品街として企図されていたことが窺える。しかし、輸入食品が簡単に郊外のスーパーでも買えるようになったこの時期、その市場は先細りになっていく。そこを埋めたのが、バブル景気に向かって人手不足が深刻化するなかで流入した、多様な国籍の外国人労働者をはじめとする定住外国人の需要である。日本のスーパーでは一般的でない部位の品ぞろえで有名な、センタービル地下のある精肉店で長年働いていた従業員の以下の語りは、「顧客に求められるままに」次第に商品ラインナップが切り替わっていく様を、如実に表している。

アメ横センタービルの地下食品街。ハラルフードの表示が目を引く（2019年）

一番最初はやっぱり上野に日本の方が年末年始とか安いものを買いに来る、どこにでもあるような普通のお肉屋さんだった。うちのお店ご覧になったかはわかんないけど、内臓なんて昔は売ってなかったんですよ。で、最初そうやってて、ある程度頭打ちになってきたんですよ。そこで、中国の方から内臓関係をください、っていうご注文がだんだん増えてきたんですよ。で、どんなものがほしいんですかって聞くじゃないですか？

（中略）じゃあこれ持ってってね、っていう形で始めてやっていって、今度はあれが欲しいこれが欲しいってお客様の要望を聞いていくと、それが倍のケースになって、表で台が足りないから大きなケースで、って形でだんだん増えてって。

（中略）で、その人が友達を連れてきてくれる。じゃあもっと広げよう、もっとやろうってことであああいう形になった。（2011、物販、一九六〇年代生まれ）

やはり「アメ横の歴史は業種転換の歴史」と強調する島田隆司は、著書『ヤングでよみがえる　アメ横超繁盛の秘密』のなかで、「第1期：アメ菓子がヒットしたヤミ市時代（一九四五～五〇年）」「第2期：朝鮮戦争勃発後に米兵からの物資が大量に流入したアメリカ横丁期（一九五〇～七一年）」「第3期：商品構成や業種が多様化していった転換期（一九七二～八二年）」「第4期：アメ横センタービルが完成し世代交代が進んだそれ以降（一九八三年～）」の4期に、九〇年代までのアメ横の半世紀を整理している（島田，1994:101, 174-84）。筆者が聞き取りしたアメ横の商店主たちの実感とも符合する適切な時期区分だが、島田の整理から二〇年以上たったいま、もう一つの時期区分を付け加え、二〇〇二年ごろ以降をアメ横の第5期とする必要があるだろう。

タイトルにも表現されているとおり、島田が同書を出版したのは、アメ横の各種カジュアル衣料品店が『mono magazine』などの雑誌に頻繁に取り上げられ、若者のあいだでアメ横ブームが起こっていた一九九四年である。島田も同書で強調するように、一九九〇年代には若者向け衣料品という「売れるモノ」へと大胆に業種転換した店が、アメ横の賑わいを牽引していた。

しかしそのブームにも終わりは来る。アメ横の物販店が一斉に店頭に並べた最後の売れ筋商品は、九〇年代後半からクロムハーツを筆頭にした男性向けシルバーアクセサリーだったという言葉を、筆者はアメ横の複数の経営者から耳にした。そして、木村拓哉らがトレンドリーダーとなったシルバーブームが終焉した二〇〇〇年代初頭以降は、これを置けば売れるというキラーコンテンツがなくなり、何を売ったらいいのかという模索が続いていると。

確かに、筆者が上野に関わるようになった二〇〇〇年代以降、物販店が一斉に大規模な商品構成の転換をするような事例は見かけなくなった。デフレ下でのいわゆる「価格破壊」と言われた動向のなかで、安売り・叩き売りというヤミ市以来の「アメ横商法」の根幹をなす方法論が無意味化し、アメ横の物販店の経営者たちは、〇〇年代中盤には既に、以下のような危機感と変化の必要性を語っていた。

今後はわかんねえんだよ、どうしたらいいか（笑）それがわかってりゃねえ苦労ないんだけれども。（中略）だけど今はもう結局値段で競争したら、地方の各町にもディスカウントの店がいっぱいあるから、それだけじゃもう対抗できないんだよね。それだけのこう、イメージじゃね。だからそれじゃないプラスアルファの何か、お客さんはわざわざ電車に乗ってくるんで、近所の人が相手じゃないんだから、乗って運賃かけても来てもらえる何かだよね。（2005、物販、一九四〇年代生まれ）

そうしたなかで、「ここに行けば何でも手に入る」というアメ横のもうひとつのストロングポイントを持つ、狭い間取りに所狭しとニッチな品揃えを充実させたり、ハイエンドな商品に特化してきたりしたタイプの店舗は、実はロングテールなマーケットを得意とするネット通販と相性がいい。ステージ衣装などの特殊な商品を扱う衣料品店、高級志向の化粧品店、品ぞろえ豊富な乾物店などのなかには、試着や試用のニーズに応えるためにアメ横の実店舗をショーケース的に残したうえで、ネット検索のＳＥ

表通りとは打って変わって静かなガード下のエリアには、特化した専門店も多い（2019 年）

O対策においてもアメ横という「ブランドは非常に大きいので、それはすごく効いて」（2012、物販、一九七〇年代生まれ）いることを利用しながら、売り上げの中心をEコマースに移行させている店舗も存在する。

しかし、こうしたネット空間への移行は、〇〇年代以降のアメ横の物販店における全般的な動向ではない。「第5期」のアメ横を特徴づけるのは、買い物の街から観光の街への移行だ。より直截に言えば、（特に二〇一二年頃以降はインバウンド客のブームも追い風となって）人通りは増えていくのに、多くの物販店では売り上げは伸び悩む時期、と位置づけることができる。こうしたなかで、この時期のアメ横の空間的な変化として強く感知されるのは、もともと飲食店が非常に少なかった商店街に急増する、ドネルケバブ、焼き小籠包、海鮮丼など、食べながら歩き回れるメニューや、そうでなくともごく安価なファストフードを提供する飲食店だ。こうした店舗のなかには、いまや平日は外国人客が7〜8割を占めるという場合も多いという。

来街頻度別、アメ横への来街目的（単数回答）

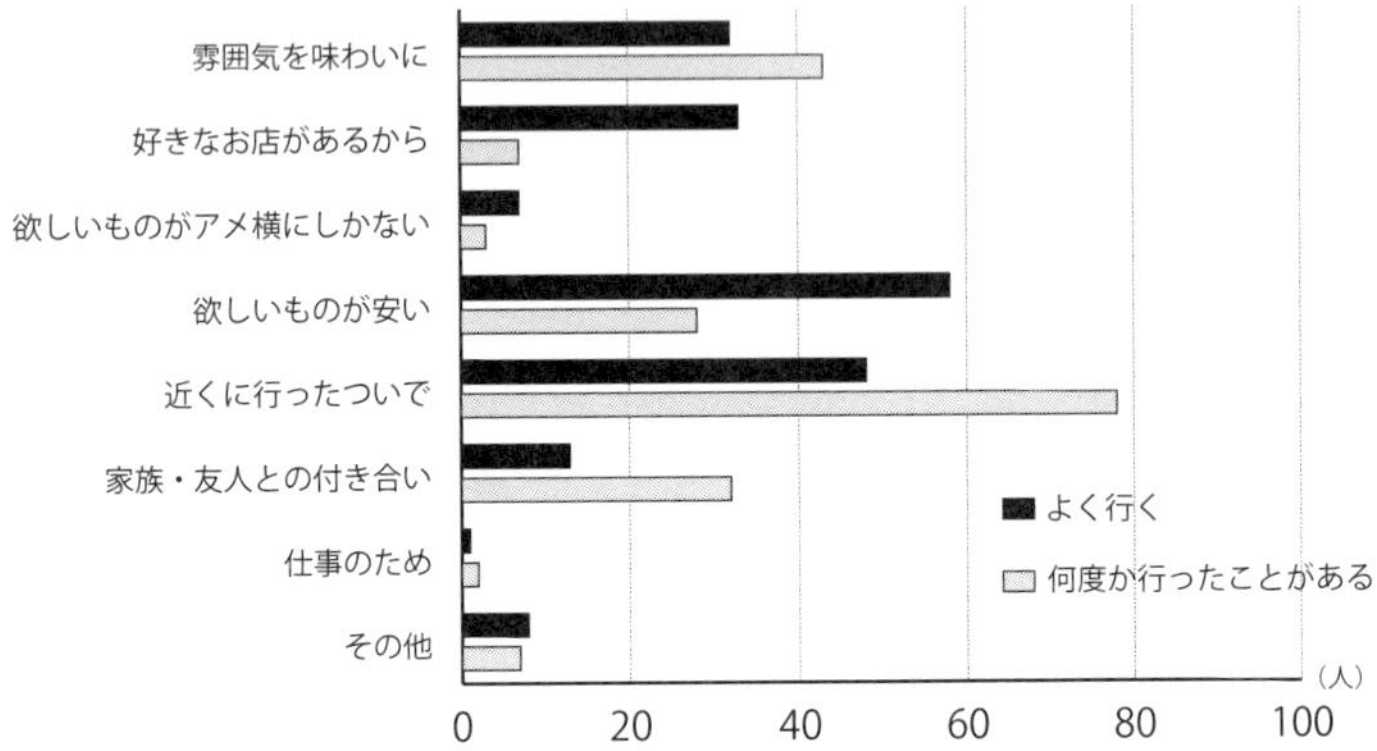

面白いデータがある。二〇一二年に筆者が筑波大学のゼミでの共同研究として行ったインターネット委託調査では、それぞれ二〇〇名ずつを割り付けたアメ横に「よく行く」グループと「何度か行ったことがある」グループのあいだで、購買行動やさまざまなアメ横への評価を比較した。そのなかで、上図のアメ横への来街頻度と来街目的の関係が興味深い結果を示している。数回しかアメ横に訪れたことのない層では、「近くに来たついでに」という消極的な動機が突出していることを別にすれば、「雰囲気を味わいに」という目的が多く、頻繁に訪れる層において、「欲しいものが安い」という「アメ横商法」に照準した来街目的が多いことと好対照をなしている。

　長引く不況と消費行動の変化をうけて、消費社会論やマーケティング論で〇〇年代以降提唱されてきた「モノ消費からコト消費へ」というキーワードは、いまや一般的な小売店の現場でも完全に定着した指針となっている感があるが、まさにアメ横は叩き売りや客の値切りといった「アメ横商法」が、

アメ横への年末(12月27日〜31日)の人出の推移

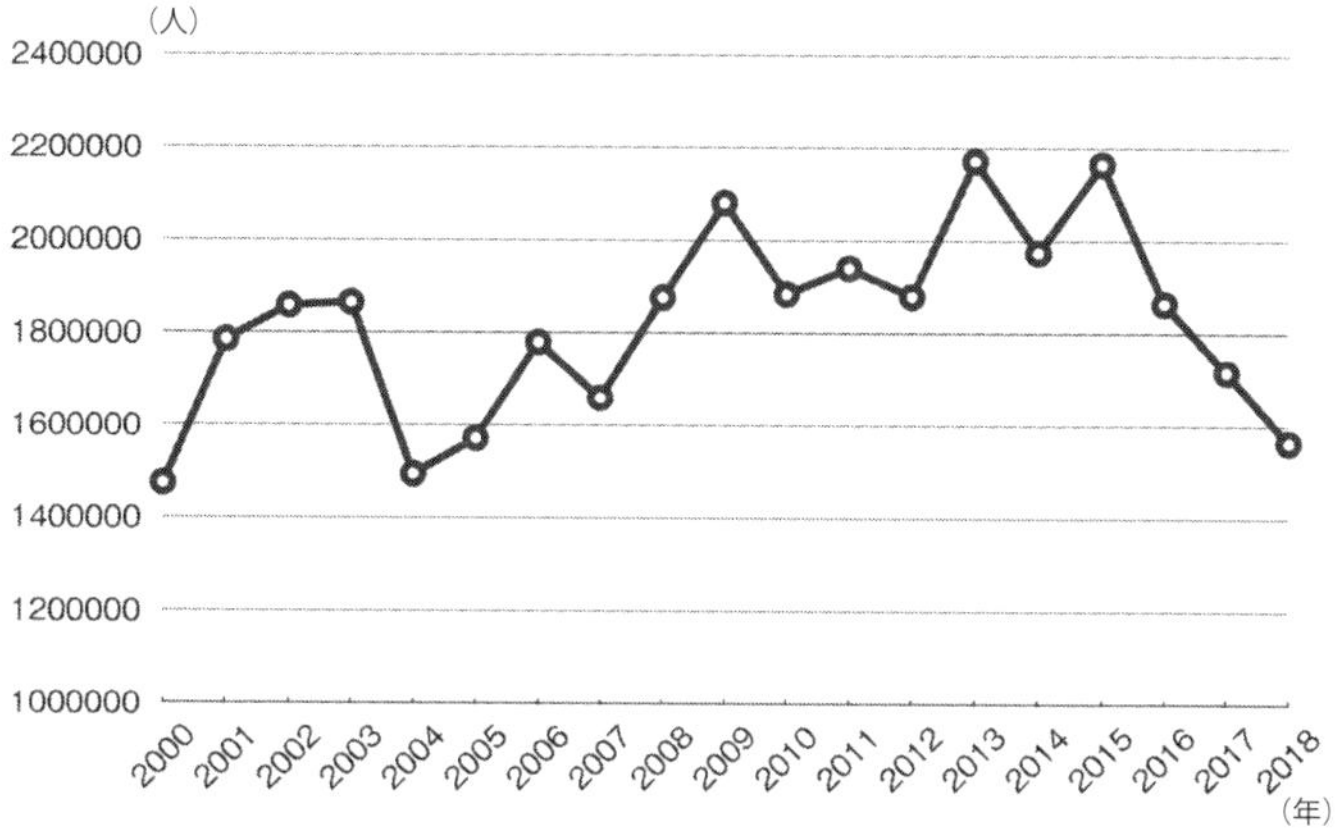

一つの体験型消費の受け皿となり、買い物目的ではなくアメ横の「雰囲気を楽しむ」来街者が近年増えてきていると考えられる。街をぶらぶらしながら食べ歩けるケバブや小籠包は、彼らにとっておあつらえむきのスナックであろう。上野駅中央口にJRが設置した案内板『まちあるきＢＯＸ上野』に「アメ横：海産物から衣料品まで、見るだけで楽しい。食べ歩きもおススメ」と端的に示されているとおり、現在のアメ横は各国のファストフードを食べながら「見て歩く」街になりつつあるのだ。

こうした傾向の延長上にあるのが、メディアを通して多くの人に強く印象付けられている、あの年末の人出である。上図に示したアメ横商店街連合会発表による年末（一二月二七〜三一日）のアメ横来街者の推移をみてみよう。直近二年の落ち込みは気になるが、アメ横の年末の人出は、インバウンド観光客が増え始めるよりずっと以前の〇〇年代後半から、一〇年代半ばにかけて上昇傾向にあったことが見てとれるだろう。

アメ横が「ニッポンの歳末」の象徴的光景となっていったのは、高度成長期の暮れに帰省する地方出身者たちが、上野駅での切符発券を待っている間に、アメ横で新巻鮭を買って行ったことが始まりだと言われるが、いまのアメ横にはそうした位置づけはないし、ましてや正月用品は郊外のスーパーマーケットですべて揃ってしまう。にもかかわらず、「ニッポンの歳末」を味わうイベントとして、その雰囲気を味わいに――帰りの電車に生臭い海産物を持ち込むことは必ずしもせずに――、多くの人々が年の瀬のアメ横を訪れる。これは、売り上げ増が伴わない本末転倒な形ではあるが、二〇〇五年に前述の食料品店の店主が模索していた、アメ横の「電車に乗って運賃かけても来てもらえる何か」が、人々に――航空券かけても来てもらえる人々も含めて――価値として浸透しつつあるとも言える。

実はここに、近年のアメ横が抱えるもう一つのパラドクスがある。本章の冒頭で紹介したように、ニュース映像で紹介される年末のアメ横に魚屋が画面の端から端まで並んでいても、その多くは、通年マグロやカニが売られている店ではない。まさに「売れるときに売れるモノを売る」というアメ横の面目躍如ともいえる光景だが、難しいのは、アメ横内外の上野の街で、鮮魚店という存在が必ずしも高く評価されていないことだ。島田は、アメ横内部に、魚屋の接客のあまりの口の悪さや、鮮度の悪い商品の混じる「玉石混交」の品質を問題視する声があると指摘しているが（島田、1994:114-118）、現在でも、「地元の者はアメ横では決して魚を買わない」というような声はしばしば耳にする。[12] アメ横内部で「ここにしかないもの」を置こうとしている専門店志向の店舗からは、魚屋が形成するアメ横の安売りイメージから距離を取ろうとする声も聞く。[13]

来街頻度別、アメ横でよく行く業態（単数回答）

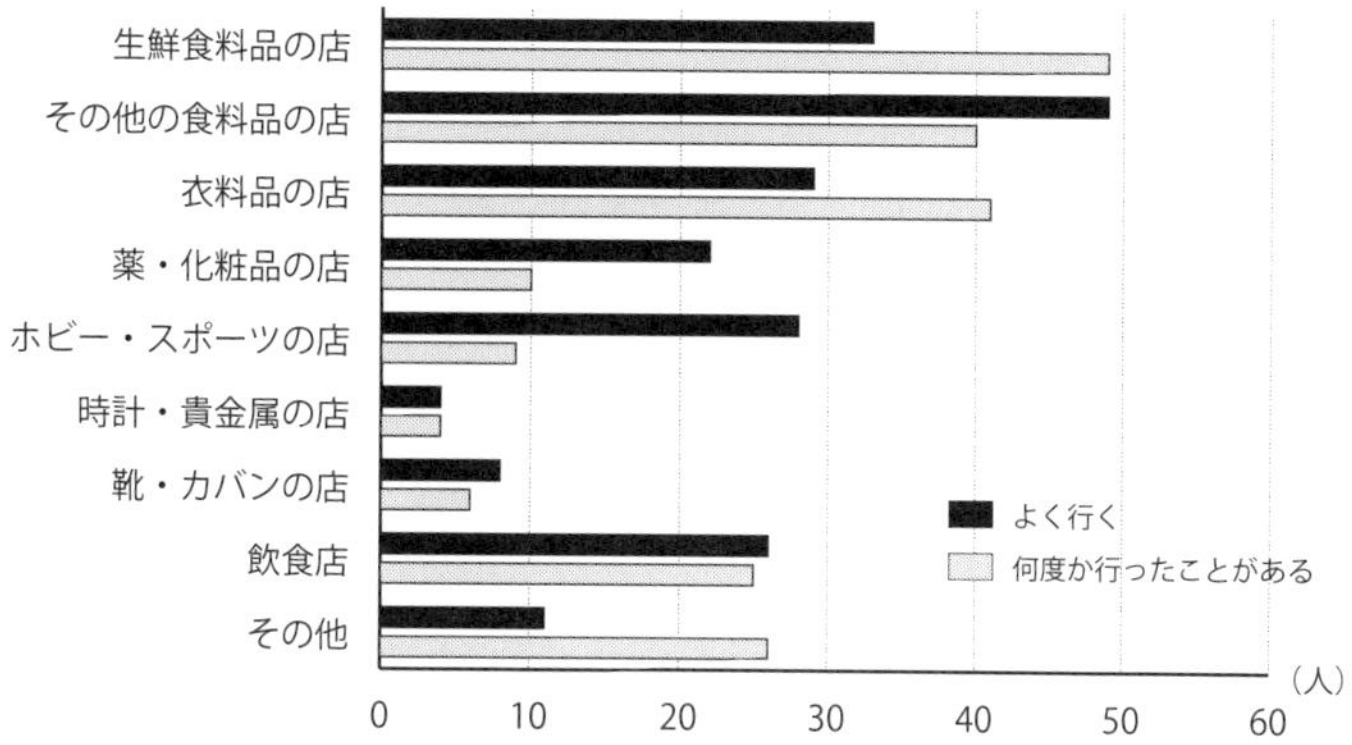

しかし、ややこしいことにこんなデータも存在する。先に紹介した計量調査によれば、アメ横に数回しか行ったことがないという層では、生鮮食料品店への来店が最も多いのだ。

「安かろう悪かろう」品を含めて叩き売る「アメ横商法」をまさに体現する存在であり、それゆえにアメ横が一九七〇年代以降に業態や商品構成を多様化していくなかで、アメ横内部からも時に疑問視されるようになった鮮魚店。しかし、この魚屋こそが年末の映像を通してアメ横のパブリック・イメージを形成する存在であり、彼らの叩き売りと値切り客がやりあう独特の「雰囲気」が、「コト消費」の対象としてインバウンド客も含めた来街者を吸引し続けていることは、誰にも否定できない――いわば、過去にアメ横に注がれていた周囲の商店街からのアンビバレントな視線が、いまも魚屋をめぐってアメ横内部で縮小再生産されているとも言える。

ともあれ、わずか数十年の間に業種や業態が大きく変わりつつも、アメ横はその独特な「何か」が人々を惹きつけ続けている。それはまさに、第1章で紹介したシャロン・ズーキン（Zukin,2009=2013）のいう都市の「アウラ」であり、資源としての「オーセンティシティ」にほかならない。ただしズーキンは、「文化的な目的地」として再生されたハーレムのような地区において、「オーセンティシティ」が演出されて街の価値を高めていく過程で起こった地価高騰によって、地元に根づいた家族経営の商店がなくなってチェーン店ばかりになってしまい、「アウラ」が喪失していくことを問題視していた。

だが、もともと居住と経営が分離している商店街だったアメ横では、家賃相場がきわめて高いレベルで高止まりしているにもかかわらず、衰えない客足と高度化が不可能なガード下という立地のために、事情が異なる。個人商店が現業をやめて貸しビル化し、ナショナルチェーンにテナント貸しするという一般的な現象がかなり食い止められ、個人商店が軒を連ねる街の形状が今のところまだ概ね保たれており、それがさらに独特な「雰囲気」を味わいたい観光客を増やすという好循環があるのだ。これは、遊興飲食店を中心とした歓楽街や土産物屋街と化した大観光地の門前町などを除けば、全国的にみても稀有な事例である。

それでは、このアメ横をアメ横たらしめ、買い物という明確な都市機能を超えて、「文化的な目的地」として人を集めている「アウラ」ないし「オーセンティシティ」とはそもそも何なのか。その問いは、そう自明ではない。

日本の都市計画分野では近年、地域史や社会的記憶を掘り下げる住民参加型ワークショップを通して、地域で守るべきものを再発見し、それを生かしたまちづくりが盛んになっている。その「守るべきもの」を、たとえば後藤春彦は、都市景観のなかでコミュニティが脈々と受け継いできた「地域遺伝子」と呼ぶ。ただ、「地域遺伝子」を地域住民の口述史から抽出する目的は、「役に立つ過去」を提示し、「懐かしい未来」を描くことに活かすことである（後藤ほか、2005:22-6）と言われると、アメ横で探られるべき方向性は少し違うもののように思われる。

上野では自他ともに「歴史がない」と認識しているアメ横は、実際には戦後のヤミ市以来の景観を首都圏でもっとも大規模な形で残している商店街であり、その歴史的な価値を提示することは十分に人を惹きつける資源となるだろう。本来、そのヤミ市の歴史を語り継ぐ重要性は大きい。ただ、それ以上に重要なアメ横の本質は、顧客のニーズの変化に合わせて業態や商品構成を変化させ、街の性格さえも変えていくような「変わり身の早さ」によって、七〇年間常に人を集め続け、「商売の街」という矜持を持ち続けたことである。だとすれば、いまや空間開発の定番になっている昭和三〇年代をテーマパーク的に再現したフードコートのように、アメ横がヤミ市期や高度成長期などある時点での「役に立つ過去」を保存／演出することは、まったくもって望ましくない。

現在の賑わいの上にのみ成立しうる「商売の街」というアイデンティティは、あくまで現在形でしか定位できない。都市を人々の論争や闘争が形成する歴史的産物であると捉えるマニュエル・カステル（Castells, 1983=1997:532-6）的な意味では、前節でみてきたように、アメ横はまさに歴史が濃密に刻印された都市そのものである。が、ある特定の過去を参照点として資源化するという形での歴史化からは、「変わり身の早さ」をもって自ら距離をとってきたとも言える。そういった意味において、確かにアメ横には「歴史がない」し、より強く言えば、「歴史化しない」ことを選択してきた街だと言えるかもしれない。

このように、アメ横に人を吸引し続ける「オーセンティシティ」をあくまで現在形で考えたとき、重要な参照点となりそうなのが、広田康生による「その都市が持っている独特の歴史や特徴、アイデンティティとそれに関する人々の認識や合意を指す」（広田・藤原、2016:41）という、このズーキンの概念の再解釈である。都市エスニシティを分析対象とする広田は、流動性の高い都市において、「差異に開かれた」形で場所が形成されていく過程に注目する。若林幹夫の共異体＝共移体（若林、1999：113）という都市観にも通じる、担い手が移り変わりながら不断に合意されるものとしての「オーセンティシティ」概念は、その成立当初からの激烈な流動性と担い手の多様性のなかで、ある強烈で特有な都市アイデンティティを保持し、人々を吸引し続けてきたアメ横を捉える視角にふさわしい。

では、その不断に合意されていくアメ横の「オーセンティシティ」の内実とは何か。筆者が聞き取りをした22名のアメ横の経営者や店舗の店長、そのほかインフォーマルに接してきた多くの人々が、例外なくアメ横の特徴として口を揃えるのは、「対面販売」「人の魅力」である。アメ横内外の役員を歴任してきた経営者は、アメ横の対面販売の魅力を、「お客さんに得した感じにさせるおまけのサービス、お客さんとの値切りの掛け合い、まあやりすぎの部分もあるけど言葉遣いの悪さ。この三つだね」とまとめる（2016、物販、一九五〇年代生まれ）が、業態、年齢、経営者か従業員か、創業者か二代目以降かを問わず、アメ横の本質がその特徴的な対面販売にあるという意識は共有されている。

そして、そうしたアメ横の接客に魅力を感じて、隣あったわずかな間口の店舗どうしがシャッターを共有しているようなきわめて条件の悪い物件に驚くほど高額な家賃を払ってなお、アメ横に店舗を開こうとする若者もいる。大学院卒業後に決まっていた大手企業の就職先を蹴ってアメ横の鮮魚店に就職し、その後独立してガード下に小さな立ち飲み店を構えている若手経営者は、そもそもアメ横の魅力に取り憑かれるきっかけとなった年末のアメ横でのアルバイト経験を、学生時代に研究していた秋田県の祭礼と重ねながらこう振り返る。

年末のアメ横は圧倒的にステージなんですよね。売るっていうよりパフォーマンスです。まさに祝祭的空間。本当に驚かされました。僕のなかでは秋田で見たものとアメ横はどこかで繋がっているんです。ここでしか見たことがないパフォーマンスでした。それで最初は修士論文にアメ横のことを書こうかなとか思ってたんですが、結局論文に書くのではなくてプレーヤーになってしまったんです。（2016、飲食、一九七〇年代生まれ）

さらに興味深いのは、出店計画段階から手掛けた新規出店の衣料品店店長の語りだ。自社ブランドの和柄ラインの専門店を出店するにあたり、「雰囲気だけ言うなら京都をイメージ」して業態とマッチしそうな「下町」地域を狙った出店は、アメ横の実態に見事に期待を裏切られる。しかし出店後、当初期待していたインバウンド客の土産物需要ではなく、リピーターの日本人客に支えられるようになったなかで、店舗でのコミュニケーションを大事にする自社ブランドの姿勢と、アメ横とその対面販売を好む客層の相性の良さを見出していく。

うちのお客さんは店舗が好きなんですよね。スタッフとお客さんが話をすることに意味があるんです。うちのコンセプトはすごくマニアックですから、お客さんもマニアックな人が多いです。だからみなさん話し好きなんですよね。コアなことをわかる人が少ないんで、話し好きな方が多いんです。そして、うちのスタッフも話し好きの人が多いんです。こうやってお客様と話をするのが、ブランドが長続きしている要因なんだと思います。

（中略）それが面白いんですよ。このお店を好きになってくれる方は、何かしらアメ横に関係してたりするんですよ。ドはまりしてくださる方は、アメ横や上野に飲みに来るのが好きだったり、レザー買いに来る人が多かったり、っていうのがあとになってわかったりするんですよ。それこそ××（筆者注：アメ横に立地する大衆酒場の有名店）が好きだったりとか。（2016、物販、一九九〇年代生まれ）

アメ横の「雰囲気」を楽しみたい国内外の来街者を惹きつける「オーセンティシティ」が、その独特な対面販売にあるのだとすれば、そこへの「合意」はこうやって、アメ横に新しく出店する経営者や店長たちからも――当初からそれに取り憑かれた出店者であれ、事後的にそれを見出した者であれ――、不断に調達されてゆく。[14] もっと平たい言いかたをすれば、あまりにも独特な――その象徴に、ヤミ市という起源以来眉をひそめられてきた「アメ横商法」の叩き売りがある――商習慣に何らかの魅力を感じた者だけが、厳しい賃借条件というハードルを越えてこの街での営業を選び、その結果として、担い手や業態を変えながらも街の性格が継承される。

であれば当然のことながら、アメ横で働いている人々の多くは、アメ横での年数の長短にかかわらず、「マニュアル化されない」形の対面販売により、顧客と濃密にかかわる商売のありかたを、「楽しい」「飽きない」と感じていることを強調する――逆に言えば、そう感じていない人は、おそらくこの独特な商習慣＝「オーセンティシティ」のある街で商売を続けようとは思わないだろう。

でも先生ね、アメ横は毎日いて飽きないですよ！（笑）この前もさ、お年寄りが50円でこの荷物御徒町まで運んでくれとか言ってきてさ。50円ですよ？ ふざけんなって話。むしろただのほうがいいぐらい（笑）あと、これ５００円っていうと、２００円にしてくれとかさ。ふざけんな、帰れよ、ですよ。でもこういうの言い返すのもね、アメ横だから言い返しても何とかなる。他なら許されないですよね。まあそもそも、ほかの街ならこんなこと言わないでしょうけど（笑）やっぱりアメ横は特殊ですよ。（2016、物販、一九五〇年代生まれ）

「アメ横商法」に象徴されるこの街の対面販売は、前述のとおり「雰囲気を楽しむ」来街者の目的となってきているのと同時に、この街で商売を続ける経営者や商店主たちにとっても、大きな魅力として不断に「合意」されていく。「ショッピングモーライゼーション」(速水、2012)と言われるような、商業空間の均質化・効率化・透明化が郊外のみならず都心部でも進むなかで、そのシステムの外部にあるアメ横の希少性は高まっている。

アメ横名物の一つとしてメディアで取り上げられることも多い、ケバブ店の経営者であるガーナ出身の男性は、アメ横の魅力を自らにとって一番大事な「freedom」があることと即答し、その母国のマーケットにも通じる「freedom」として、やはり客との掛け合いに言及する。

アメ横は好き。Freedom あるね。渋谷とかいろいろ行ったら、ちょっと静かでしょ。日本人はうるさいのヤじゃない? アメ横は違う。ここは大きな声出してもいい。(中略)キレイはいいことだけど、この atmosphere は変わっちゃう。アメ横は汚いよ、だけどいろいろあるよ、それでいいんじゃない。あんまり変わったらダメだと思う。それが全部キレイになったら、アメ横の意味は終わりと思うよ。面白くない。マジメになっちゃう。アメ横ではお客さんと、こんにちは、オイなんだよ、バイバイキンとかみんなやってるじゃん? そういうのがいいんじゃない。(2016、飲食、一九七〇年代生まれ)

特に東日本大震災以降、屋台形式の飲食店やヒップホップ系の衣料品店を中心に、アメ横では外国人の出店ラッシュ——中国、タイから、トルコ、アフリカまで——が続いている。これは、決して条件は良くない物件の家賃が高止まりしているアメ横で、リスクを負って出店し、貪欲に稼ごうとする人たちに、外国人が目立つという意味でもある。そして彼らは、いまや観光客が「食べ歩き」ながら「雰囲気を楽しむ」街になっているトレンドを確実にとらえ、現在のアメ横のあり方を創り出している存在でもある。そういった意味では、貪欲に、オープンに、「売れるものを売ってきた」ヤミ市以来の「商売の街」としての伝統を、いま最もプリミティブな形で体現している存在と言えるかもしれない。

しかし、こうした外国人の店舗に対するアメ横内外の経営者の目線は、概してきわめて厳しい。街路に大きく張り出す形で客が座るベンチを置き、さらにその先に店員が立って来街者に声をかけているケバブ店や小籠包店は、現在のアメ横で最大の「問題」とされているのだ。

間口の狭い店舗から街路に張り出して商品を陳列し、客との距離を縮める商習慣が、確実に街のひとつの魅力となっているために、一概に道路交通法で取り締まることもできないアメ横では、二〇〇〇年代に入ってから道路への出巾の限界を、敷地から1.5m先に引かれた黄色い線で示した自主ルールを設けている。しかし、それ以降にアメ横に進出した外国人の店舗は、こうした自主ルールの存在を完全に無視し、それがためにアメ横全体の出巾営業に対する警察の取締りの強化も呼び込んでしまった側面がある。実際に、本章執筆に関する聞き取り調査を行っていた二〇一六年には、懸念されているという段階だった警察の取締りの強化が、二〇一七年に入ってからは急速に本格化し、自主ルール線までの出巾さえも対象になっていった。

ケバブ店ほか、外国人経営の屋台が並ぶ一角（2019年）

出巾取締りを含む警察と街との関係については終章で考察を深めていくが、「やりすぎた外国人の店舗」がこのような規制強化を招いたという認識のリアリティが、この街でますます増しているのは確かだ。そして残念なことに、これらの外国人商店主と、既存の商店街との対話の機会とチャンネルは、現在のところほぼ存在していない。

確かにアメ横は、高度にシステム化されてゆく商業空間の外部として、そこで商売する人々にとっても、「自由」な領域がまだまだ残されている稀有な商店街である。しかし、あらゆる人々が「横一線で入った」ヤミ市時代は、遠い過去のことだ。歴史を経た商店街と、進出してくる外国人店主とのコミュニケーションがはかれていない現状では、前節の南ロンドンの事例を再度ひけば、アメ横はサウスゲートというよりリバービューにどんどん近づいてしまうだろう。しかし、「商売の街」という矜持の重要な要素であったオープンさを手放してしまったとき、アメ横はアメ横であり続けることができるだろうか。

戦後すぐの激烈な流動性の時代を経た後、この特異な「商売の街」を守っていくためにこそ、アメ横の人々は結束して自浄作用を発揮し、激烈な流動性に彩られたヤミ市から脱却して安定した商店街組織を作ってきた。出巾営業でいえば、道路交通法では縛りきれない商習慣を街の魅力としているからこそ、街の「オーセンティシティ」を、防災・バリアフリーなどほかの重要な課題と調整しながら守っていくという、地域内での高度に自治的な「合意」がむしろ必要となる。「横一線」ではなく新たに入ってきた外国人に対して、いかに対話と交渉の回路を開き、高度な自治への「合意」を取りつけていくのか。商業空間としての成立から七十余年。来街者も担い手もこれまでとは段違いにグローバル化しているいま、アメ横が試されている。

注

1 劇中での当初の構想より縮小してしまったので実現しなかったが、もともと「西の玄関口」である品川にも劇場を作り、東日本出身者は上野に、西日本出身者は品川に集める構想だったということが、劇中で語られている。

2 アメ横で広報事業を運営する経営者によれば、「テレビで何か話題になった商品があると、まずアメ横に探しに行ってみようかっていう街。（筆者注：ウコンなどのあまりなじみのない商品が）「あるある大事典」に取り上げられた時なんかは、すぐすごい数の問い合わせが来たんですよ」（2011、サービス業、一九七〇年代生まれ）。これはまさに、ロングテールな商店街としてのアメ横の特性を端的に示している。

3　上野のほかの地区の経営者は、地方に行った折に上野で商売をしているというと、「へえアメ横ですか」と言われて、「まあ、その辺です」と言葉を濁すことがしばしばあるという。

4　大須アメ横ビルが、「アメ横」という名称を商標登録しようとし、「本家」の上野のアメヤ横丁商店街に対して通告がきて訴訟となった事件であるが、その後両者は和解し、現在では友好的な交流がある。

5　ただ、上野地区の商店主の街への自己評価を商店街別に集計すると、アメ横もまた、街の明るさや充実度、活気や楽しさをもっとも厳しく評価する商店街の一つであることを付記しておきたい（前掲書：140-1）。

6　もちろん、個人的に近隣の町会の神輿担ぎに継続的に参加しているアメ横の商店主はいるが、アメ横地区としての神輿などは存在しないという意味である。

7　戦後の朝鮮人には、植民地支配から解放された高揚感があったほかに、「中国人たる台湾人及び朝鮮人を、軍事上の安全の許す限り解放国民として取り扱う」とする、占領軍総司令部（ＧＨＱ）の一九四五年一一月の指令（「日本占領及び管理のための連合国最高司令官に対する降伏後における初期基本的指令」）が、戦後まもない時期に商品入手や営業の後ろ盾となったこともあるだろう（塩満、1982:76）。ただし翌四六年一一月には、ＧＨＱは一転、「日本に残留する朝鮮人は、日本国籍を持つ以上日本の法律に従うべき」であり、「日本政府が朝鮮人取締りの完全な権限を持つ」と表明している。本論で占領期の政策評価に深く立ち入る用意はないが、猪野健治はこうした一連の流れを、「解放区」たるヤミ市の窮民を糾合させないための、民族感情を巧みに利用した分断政策と位置づけている（猪野、1978=1999：299-302）。

8　同書の記述では特に、日本人より生活保護費をもらっている、不正に医療扶助を得ているというような、現在まで根深く残る定番の在日コリアンへの非難が、この時期には既に出揃っていることが注目に値する（毎日新聞社、1956：206）。

9　原正壽によれば、その過程で一九四七年の夏に、新宿の尾津組組長の立会いのもと、ヤクザ組織の幹部と朝鮮人露店組合・華僑宏済会の代表者、台東区長や上野警察署長までの70名ほどが下谷神社に顔を合わせて、「アジアの親善」を名目とした杯を交したという（原、1978=1999:109）。この儀式の記事を当時の新聞から探すことはできなかったが、同年二月にはやはり同じく下谷神社で、上野警察署長と都議会議員を見届け人に、朝鮮人と台湾省民の代表を含む露店商の代表者44名が、「自粛親睦」をかかげた「誓の盃」を交わしたという写真入りの記事が掲載されており（日経新聞朝刊、一九四六年二月四日）、当時の上野ではこうしたパフォーマンスが行政も巻き込む形で実際に行われていたことが確認できる。

10　ここで、上野広小路では、戦間期から既にかなり流動性が高かったという、第1章の記述を想起する必要がある。多数の露天商が流入する戦後の混乱期の前の時代にあたる時期の流動性を忘却した形で、「先祖伝来の上野」への脅威の語りが展開されていたということは、強調しておく必要があるだろう。

11　山口桂造上野観光連盟常任顧問による講演「上野商業盛衰史」（国立科学博物館、二〇〇六年一月）より。

12　ただし、流通の構造上必ず生じてしまうB級品・C級品を安く仕入れ、それを「華々しく叩き売る」ことに、アメ横の魚屋は複雑な矜持を持っていると、アメ横の鮮魚店勤務を経験した飲食店店主（2016、飲食、一九七〇年代生まれ）は強調する。本稿の論題からは離れるので詳述はしないが、首都圏の流通構造におけるアメ横の「必要悪」的な位置を物語るものとして、きわめて重要な指摘であろう。

13　CA4LA、SHIPSなど、アッパーミドル向けブランドには実はアメ横発祥のものも多いのだが、（ABCマートのような大衆向け店舗がアメ横発祥という出自を隠さないのと対照的に）それらがアメ横発祥という出自をあまり前面に出さないのも、この「距離をとる」傾向のひとつの表れとみることもできるだろう。

14　さらに、一見アメ横的な対面販売から「撤退」したと目されがちなネット通販においてさえ、Eコマースに売り上げの大半を移行したある経営者が、ネット上の価格競争に埋没せずに顧客のロイヤリティを高める戦略で成功しているのは、アメ横の店頭での豊富な接客経験で培った独自の商品説明を、そのままネット上に表示することが強みになっている、と語っていたのは非常に興味深い（2013、物販、一九六〇年代生まれ）。

終章　懐の深い街であり続けるために

第1節　都市の多様性という困難

世界に冠たる文化施設の集積から、東京の繁華街でも最も早い時期から在日コリアンが根づいてきた地区まで、世界的にも稀なレベルで狭い範囲に多様性が凝縮しているきわめて都市的な街である、上野。上野の山と街の流動性の歴史の記述（第1章）からスタートした本書では、「下町」という語彙の変遷を追った予備的分析（第2章）を経て、グローバルな流動性の増大を前にした「旦那衆」のアイデンティティのありかた（第3章）、上野のほかの地区とはかなり異なった歴史的経緯を持つアメ横の形成と現在（第4章）をみてきた。それらはいずれも、豊富な歴史的・文化的資源とそこから喚起されるさまざまな方向性の地域イメージを徒歩圏に抱えている、すぐれて都市的な街である上野が、多様性と流動性にどう向き合ってきたのか、という物語であった。

ただ、第3章と第4章では、上野のコミュニティが備えてきた「いい加減さ」や、アメ横の「オーセンティシティ」を見つめなおすことこそが、これからさらなる多様性と流動性に向き合う鍵となることを示唆したうえで、その問いの行く先を見極めることなく章を閉じてきた。この問いをもう少し掘り下げていくために、現代社会において都市の多様性というものをどのように考えるべきなのか、ここで一度確認していきたい。

都市とは高密度で異質性が高い場所というその古典的な定義にさかのぼるまでもなく、都市の多様性は、現在の都市政策の中で目指されるべき重要なテーマとなっている。

際限なく貪欲に、価値を生み出す差異の快楽を発見し続け、あるいは、生み出し続けるために、世界中を資本が運動する現在、ある地域が人を呼び込む吸引力となるのは、どこにでもあるありふれたものではなく、わかりやすい差異を伴う特別な何かだ。デヴィッド・ハーヴェイが論じたように、そうした資本の運動が地球を覆い尽くす現代には、ますます場所のアイデンティティの重要性が高まり、各地の地域的伝統も模倣された商品として生産され、市場で売買されることによって保存される（Harvey、1989=1999: 390-2）。

それゆえ、国境を越えるグローバルシティから生き残りを賭ける地方都市まで、それぞれのレベルで激しい地域間・都市間競争に煽り立てられている地域や都市は、固有性があってわかりやすい差異の記号を掘り起こし、もしくは積極的に作り出して資源として動員し、グローバルに発信する空間そのものの商品化競争にしのぎを削っている。歴史上、経済的余剰によって文化は作られてきたが、文化が起業の主要な手段になる現代の先進国の諸都市では、文化と経済の関係性の因果が逆転しているとさえ言われる（Zukin, 1995:12）。こうした時代に、文化的多様性を伸ばしていこうとする政策は、都市にとって基幹的な戦略である。

そうした競争の中で目をつけられるのはもはや、国民国家とその社会の主流をなす中産階級によって認証されてきた各都市・各地域の「正史」にとどまらない。無視されてきたエスニック・マイノリティの営みや、目を背けてきた産業の歴史、眉をひそめられてきた若者サブカルチャー。そういった従来は周縁化されてきた多様な文化や記憶を資源として動員してゆくことを、現在のシティセールス戦略はもはや躊躇しない。資本の論理は、集客力＝生産性につながるものでありさえすれば、なんでも利用するだけのリベラリズム、もしくは、節操のない寛容さは備えているからだ。

ただ、このような文脈で称揚され、目指すべきとされる都市の多様性には、ふたつの位相が混じりあっていることに注意しなければならない。すなわち、おもに都市の個性や固有性という言葉で呼ばれる都市間の多様性が一つ。そしてもう一つが——都市の多様性と聞くと一般的にはこちらを思い起こすことが多いだろうが——都市内の多様性である。

都市における多様性称揚の言説の一つの典型が、二〇〇〇年代のアメリカでベストセラーとなった、リチャード・フロリダの *The Rise of the Creative Class* に興味深い形で表現されている。フロリダによれば、現在のアメリカでは、ハイテクや金融といった知識集約型産業に従事する専門職層＝創造階級（Creative Class）が台頭し、アメリカ経済を牽引する存在になっている。彼らの雇用はきわめて流動的なので、勤務する職場がどこかということよりも、就業機会が数多く存在する都市に住むことが重要になり、特定の都市への集住が進み、場所へのアイデンティティや、特定の場所に住むことのステータス性が高まってゆく。

それでは彼らは、どういった都市を好むのか。フロリダが、創造階級の人々へのインタビューの知見からキーワードとして挙げるのが、多様性と、個性やオーセンティシティである。多様なライフスタイルを謳歌する彼らは、自分たちの好むさまざまなアウトドア・イベントやナイトライフ、「本物の」音楽やエスニック・レストランといった都市アメニティが存在する都市へと、集住していくのである。そうした都市の筆頭に挙げられたのが、外国生まれの人口やゲイ人口が多く、アメリカで最も多様性に富んだ都市と筆者が位置づける、サンフランシスコである（Florida, 2002:223-31,246）。

ただし、こうした都市の多様性を称揚するシティセールス戦略は、いくつかの困難に必然的につきあたる。

ひとつは、都市の多様性という概念そのものが内部にしばしば孕む矛盾である。先のフロリダの指標の中で、多様性は本節で定義する都市内の多様性にあたり、個性とオーセンティシティは都市間の多様性にあたる。都市の個性や真正性をアピールするためには、対内的に明確な地域アイデンティティが確立されているのみならず、対外的にも地域イメージがわかりやすく像を結ぶことが必要である。そのためには、当該の都市や地区全体が、何らかの明確な特徴で定義され、その特徴をより際立たせるよう演出されていることが望ましい。

観光客向けの店が連なるシンガポール・チャイナタウンのメインストリート（2005年）

その中では時に、地域の中での複数の文化的・歴史的資源の中から、何がこの街で表象されるべきものなのかを選択する過程を伴う。それは、エスニックグループ間の対立や、支配／被支配の歴史を経た多文化都市では特に、マイノリティにとっては抑圧的なものとなりがちだ。実際に、アジア系やアフリカ系の刻んできた歴史や記憶が、それぞれの街の公的な地域イメージ形成から見過ごされがちな北米の都市では、マイノリティによる数々の異議申し立てがある（Hayden, 1995=2002）。

また、そうした潜在的な対立を抱えるグループ間のせめぎあいとは別の形でも、地域イメージ形成に際した摩擦は起こりうる。シンガポールのチャイナタウンの事例を紹介しよう。

経済成長を成し遂げた一九八〇年代初頭のシンガポールは、観光客数の急減を経験する。その理由を、アジア的な魅力が失われたがゆえであると分析したシンガポール都市再開発局は、チャイナタウンとその生活・商業文化を保存して「初期シンガポール文明のゆりかご」として売り出し、外国人客と地元客の双方に「一味違った経験」を提供する必要性を主張した。ただ、実際に行われたチャイナタウンの保存は、きわめて選択的なものであった。漢方医や占い師、マージャン製造といった中国の伝統的職業の象徴とみなされる店舗の営業が促進される一方で、自動車部品工や洗濯屋といった、それ以外の「周囲の環境を汚染する」店舗は排除されていったのである（Kong, 2002:359-63）。

観光客を呼び込むという経済的価値を高めるかぎりにおいて文化的伝統の保存は推奨される一方で、元来多様な生業や営みが混在・並存していた生活空間が、表層的な固有性を強調したテーマパーク的なものになってゆく。その結果、チャイナタウンは多くの観光客を集めるようになったが、チャイナタウンに古くから住んでいる中国系住民の多くは、来訪者のまなざしに応えることのみを目的として再編成されたチャイナタウンを、自分たちの生活空間ではなくなってしまったと感じて、疎外感を覚えていった。[1]これは、第1章の最後で紹介したズーキンが嘆く、都市再生によって「文化的目的地」となることと引き替えに、「アウラ」を失った街とそのものの顚末である。

ここで起こったことはいわば、都市・地区内の多様性と、都市・地区間の多様性の相克である。シンガポールのチャイナタウンがそうであったように、広く世界のなかで都市・地区の多様なありかた――それはすなわち、その都市・地区の個性や真正性ということだ――をはっきりと内外に示すためには、都市・地区内部の多様性の消去をむしろ志向するようなことが起こりうる。そして、そのような形である都市や地区の真正性として選択されたものは、外向けに差異が演出され、必然的に多様性を抱えるその地の実態と往々にして乖離してゆく。

本来、地域の歴史に目を向けて確固たる地域イメージを確立する戦略とは、グローバリゼーションがもたらす均質化の暴力に抗して、それぞれの場所の固有性＝都市・地区間の文化的多様性を重視する立場である。一方で、地域イメージ戦略が目を向ける歴史や文化が選択的であることを指摘し、そうした戦略に伴う地域アイデンティティの（再）活性化が排除を導きかねないことに警鐘を鳴らす議論は、都市・地区の中の多様な文化の尊重と共存を重んじる立場である。都市の多様性という言葉は聞こえがいいが、実のところ、その言葉の内部にこのようなシャープな対立点が内包されている。それを正面から見つめぬままに、都市の多様性という価値は、アプリオリに称揚されてきてはいないだろうか。これは、あえて雑駁に整理すれば、コミュニタリアン的な発想をベースに各都市・地区の多様性を守ろうとするまちづくり系の議論と、リベラリズムを大前提として多文化共生に価値を置く議論とが、都市の現実を念頭に置いた真摯な理論的対話を、怠ってきたということでもある。

都市の多様性のこの二つの側面を同時に追求することの困難は、多様すぎる歴史や記憶を、地域資源として蓄積してきた上野の物語をここまで追ってきた読者なら、腑に落ちるだろう。上野はこういう街だという明快で確固たる地域イメージを、内外に向けて確立することは重要だ。しかし、寛永寺の門前町として栄えた江戸の名残、文明開化の窓となった足跡を示す上野の杜の文化施設、戦後のヤミ市に由来するアメ横の雑踏……どの時代、どの側面に焦点を当てようとしても、歴史的、文化的、庶民的、あたたかい、どのような形容詞で上野を描写しようとしても、上野の全体像を端的に表現できる言葉は、そう簡単には見つからない。

第3章でみてきたように、上野の地域アイデンティティの重要な部分を構成する「下町」という言葉の内部にさえ、大きな揺らぎや同床異夢が存在する。一九八〇年代の上野浅草副都心の指定にはじまり、東京都というレベルではこの地区に歴史と伝統文化を割り当て、東京における観光面での主要な担い手とみなしてきたことを第2章で確認したが、多様な主体が長い歴史の中で築き上げてきた上野のさまざまな表情を、不用意に一つの言葉で言い表そうとするのは、困難なだけでなく、きわめて危険なことでもある。

また、多様性が現代的な都市間競争やシティセールスの文脈で称揚されるとき、それは都市内の多様性を無条件に称揚しているわけではないことにも注意が必要だ。

いくら「個性的」で魅力ある街並みや地域資源があったとしても、交通が不便で、衛生面の不安があり、そして何よりも、身に危険が及ぶような場所には、誰も訪れまい。不快な気分を催す他者——ホームレスや、しつこい客引き——が道端におらず、各店舗は清潔・小奇麗で、ほどほどな高級感を保っていること。さらに、商品には定価をつけた値札が示され、クレジットカードやスマホ決済、電子マネー等でのスムーズな買い物が可能であり、客に対して過干渉にも放置にもならない適切なサービスが提供されること。そうした都市空間はまさに、ジグムント・バウマンが描き出す厳重に監視・管理された

「消費の殿堂」の様相を呈する。

混雑した場所では避けられない出会いは、目的にとっての障害でしかない。出会いは短く、表面的でなければならない。関係は出会ったものの望み以上に、浅くてもいけないし、深くてもいけない。空間はこの原則を破るような人間からしっかりと守られている――あらゆる闖入者、おせっかい、やかまし屋、消費者や買い物客のすばらしい隔離状況に干渉するでしゃばりから（Bauman, 2000=2001:128）。

消費に集中できる安心・安全な都市空間と商業インフラが整えられたうえで、先にみた都市・地区内部の多様性が称揚される都市空間のあり方とは、どのようなものになるのか。北米の都市再開発の成功事例において、管理された「多様性」が、不快な他者との接触はせずにリスクなくカーニバル的な都市のエネルギーを味わいたいミドルクラスの観光客を惹きつけている状況を、ジョン・ハニガンは、「衛生化されたお祭り騒ぎ」（sanitized razzmatazz）と表現している（Hannigan, 1998:67-78）。何とも言いえて妙な表現だ。

そこにおいて、各都市・各地区の固有性や、都市内部の多文化という多様性は、消費者を戸惑わせかねないローカルな商習慣の改変を伴う[2]、標準化された消費空間のインフラの上で、いわばカラフルなトッピングという形で称揚される。来街者に魅力として感受される多様性は、ベースとなっている消費空間のインフラが標準化されているからこそ際立つものでもある。差異は、それを理解するための基準が標準化していてこそ比較・測定可能になり、その土地の文脈を深く知らずに訪れる来街者にとっても容易に享受できるからだ。地理学者のフランセスク・ムニョスは、グローバル化の過程で都市空間に起こることは、同質化や均質化というよりも、標準化や通約化としての差異のマネジメントであり、それはある音を減じ別の音を強めることで、歌声を鮮明化させるイコライザーのようなものだと説明している（Munoz, 2008=2013:226-7）。そうやって、来街者に対して魅力として打ち出したい多様な魅力が、都市空間の中で演出されてゆく過程を、ムニョスは批判的に捉える。

しかし、前章でもみたように、アメ横の魅力を構成する「オーセンティシティ」、すなわち独特な商習慣の少なからぬ部分は、まさにこの「衛生化されたお祭り騒ぎ」の外側にある。何が定価だったのかもはやわからない赤線だらけの表示価格から値切りを試みると、値引きの代わりに大量のおまけをつけられるというような「アメ横商法」は、数を減らしつつもいまなおアメ横の「顔」である表通りの鮮魚店には健在だ。外国人観光客の急増とともに、アメ横にキャッシュレス化は急速に浸透したものの、標準化された商習慣とは程遠い「アメ横商法」の対面販売の駆け引きは、その光景を眺めること自体がひとつのコト消費の対象となっている。

そして、アメ横およびその周辺地区の物販店や立ち飲み屋などの飲食店で盛んに行われ、街の独特な雰囲気を形成してきた張り出し営業に対して、東京オリンピック・パラリンピックを前に取締りが厳しくなっていることも、前述したとおりである。道路の適正利用を求めるその取締りのロジックには、災害時・事故発生時の緊急車両の通行や、バリアフリーといった観点が多く含まれ、まさに街の安全安心と来街者のユニバーサルアクセスを求めるための措置という側面を強く持っている。ここでもまた、この地区の魅力を構成するローカルな固有性や「オーセンティシティ」と、多様性に開かれたアクセシビリティやリスク低減という価値の衝突が、その根本に燻っているとも言える。

第2節　多様性を守るためのパトロール

多文化都市において、前節でみた都市・地区内部の多様性と都市・地区間の多様性の間のジレンマに対処するために、現実的にとられやすい解決策が文化的なゾーニングである。都市の中の多様性は望ましい。しかし、来街者に対しての「わかりやすさ」を意識したまちづくりにおいては、何らかの文化的資源が地名と対応する形で集積し、その場所の個性としてわかりやすく配置されていることが望ましい。そうなると、ある都市全体に、それが無理ならばある地区に、それも無理ならばある街路にというように、ある特定の文化的資源の選択的な集積を促すこと――すなわち、「純化」されたより狭い特定の範域を設定して、ある文化的資源が領有する場所を相互排他的に配置・提示する戦略である。

もちろんその前提として、来街者が消費に集中できるように、安心・安全が担保されて不快な他者に出会う心配がなく、標準化された商習慣や決済手段が消費社会のインフラとして整っていることが求められる。その標準化されたインフラの上で、各街区は差異をマネジメントするイコライザーにかけられて、それぞれの個性が強調・演出される。そして、このストリートはウクライナ人のもの、この区画はチャイニーズのもの、この路地はジューイッシュのものというように、エスニシティと文化と土地を本質的に結び付け、細かく排他的にラベリングされたゾーンを小さな世界地図のごとく描く『地球の歩き方』ニューヨーク編に読者は心をときめかせ、「多文化的で刺激的」なマンハッタンを訪れる。

現実的に考えると、上野においても街区ごとの一定程度のゾーニングは避けられない。上野の「旦那衆」が集まる場で上野の魅力や「上野らしさ」を話すとき、しばしば出るキーワードに「ごちゃごちゃ感」があるが、上野全体を未整理なままにしておくことが望まれているわけではない。これまでの各章で論じてきたように、歴史的な形成過程も特徴も大きく異なる商店街を抱える上野では、それぞれのエリアの来歴と個性を生かしたまちづくりは重要だ。

ただ、文化的なゾーニングを街区レベルまで細分化したとしても、もちろん弊害は起こりうる。そもそも、都市内の多文化的環境においては、その地に息づくさまざまな文化は互いに影響を与えあい、緊張関係を孕みながら相互浸透してゆくコンタクト・ゾーンを作ってゆくものだ（町村、2008: 69-71）。都市に息づいてきた多様な文化が、相互排他的な領域を占めるかのように配置され、単なる消費の対象へと再編されていくのならば、それは生き生きした都市的現実から乖離し、結局のところ「アウラ」も失われてしまうだろう。

そして上野の中には、歴史的な地層が連続的に堆積しているがゆえに、結果として客層や方向性の異なる都市要素が一本の街路に存在し、どんなに細分化した区域を設定してもゾーニング戦略が難しい地区も存在する。そうした地区で、外向けの視線を意識するあまりに差異のマネジメントを強く効かせすぎると、前節でみたシンガポールのチャイナタウンのように、強調された差異が逆説的に地区内に息づいた文化の均質化をもたらす、テーマパーク化とでも呼ぶべき事態に陥りかねない。

そうした特徴を持つエリアの代表が、上野きっての歓楽街を抱える上野2丁目である。第3章でも触れたとおり、このエリアでは長らくキャバクラやアジアンパブ、風俗店などの客引きが問題となってきたが、この地区における多様性を、どう考えればいいのだろうか。

仲町通りをメインストリートとする上野2丁目地区の成り立ちを、あらためて確認しよう。不忍池の南側、中央通りの西側に広がるこの地区は、江戸時代から栄えた花街であった。中央通りと並んで上野の中でも歴史が古く、格式があったエリアでもあり、花柳界の御用達であった和装店や飲食店などの老舗が現在でも点在している。ただ、現在の上野2丁目は、歓楽街という都市機能の連続性は保ちながら、往時とはまったく雰囲気を異にしている。軒を連ねる店舗の中には、もはや老舗になる戦後流入した在日コリアンの店主が経営する焼肉店や居酒屋、スナック・キャバクラや各種風俗店、ニューカマー外国人が働くアジアンパブやニューカマーが働く中国・韓国料理店、エスニック・ショップなど多様な業態が集積し、特に賑わいをみせる仲町通りは、「キャバクラ通り」とも揶揄されるほどの状況にある。

そんな中で江戸時代から続く老舗は、派手な電飾看板を掲げた店構えが並ぶ中に、すっかり埋もれてしまっている感がある。この通りに江戸の名残を透かし見た池波正太郎のエッセイを引用しながら、こ

キャバクラや風俗店に埋もれてしまった感のある仲町通り沿いの老舗店（2019 年）

の地区の由縁について書かれたパネルを店頭に掲げている呉服店もあるが、ケバケバしいキャバクラや風俗店の看板の中に埋没してしまい、初めて通りを歩いた人にはなかなか目につかない。

とはいえ、そもそも花街として発展してきた延長線上に現在でも歓楽街として機能しているこの地区の来歴を考え合わせても、この街からすべての遊興飲食店を締め出すことは、現実的に不可能であるばかりでなく望ましいとも言い難い。「ちょっと怪しい店との共存共栄」が重要だと、「旦那衆」にも広く了解されている――すなわち、風俗営業の締め出しという意味でのゾーニングも、この地区では現実的でない。一方で、歌舞伎町のような混沌とした歓楽街として、もしくは新大久保のような多国籍の町として、まちづくりやイメージ形成に踏み出すことは、江戸時代からの文化的資源や商業集積の重みが勝ちすぎている上野2丁目にとっては、ありえない選択肢だ。

狭い街区を設定しても文化的なゾーニングが困難なこの商

店街で、長らく問題になってきたのが客引きだ。それに対して、地元の商店会やより大きな上野商店街連合会から多くの商店主たちが参加して、所轄の上野警察署の警官とともに街路を練り歩き、客引き行為を行う男女などに注意・指導を行うパトロールを、多い時には総参加者八〇人ほどにもなる規模で、二〇〇三年から原則月二回継続してきた。

とはいえ、新宿歌舞伎町での事例と同じく（武岡、2017）、パトロールの直接的な効果のほどは、参加者にも疑問視されていた。携帯電話で連絡を取り合う客引きの男女は、地区のどの辺りにパトロールが回ってきたのかを正確に把握しており、隊列が過ぎ去ればすぐに客引きを再開するイタチごっこが続くからだ。この状況に大きな変化がもたらされるのは、繁華街を抱える多くの市区町村で制定された「公共の場所における客引き行為等の防止に関する条例」、いわゆる客引き条例が、台東区でも施行される二〇一七年一〇月以降のことである。

客引き条例に関しては後述するが、地区内の多様性という観点からは、パトロールの現場や、取締りに関する「旦那衆」の語りの中でよく耳にした言葉に、興味深いものがある。

あとは、汚らしい、怖いというイメージを解消したい。（筆者：そういう反応、お客さんからもありますか？）そりゃもう、ありますよ。ここ一本入った裏通りね、客引きが多くて怖くて歩きたくないって。そうおっしゃるお客さん、ホントたくさんいますよ。（2004、サービス業、一九五〇年代生まれ）

（筆者：この通りを敬遠する声は？）そりゃすごい聞くよ。もう、たくさん。（筆者：確かに上野公園でデートのあととか厳しいものありますよね）だろ？初デートじゃ来れないよね。どんなに美味しいとこ知ってても。ちょっと女の子引くよね。（2004、飲食、一九六〇年代生まれ）

なんの引っかかりもなく聞き流してしまいそうなほど、ごく一般的な状況認識のようにも聞こえるが、これらの言葉に含意されているのは、夜間でも「普通のお客さん」「女の子」が訪れることができるようにこの地区を保っていきたい、という「旦那衆」の意識である。客引き条例の施行前、この地区のメインストリートである仲町通りを夜間に歩くと、成人男性であればひっきりなしに声をかけられ、わずか100メートルほどの通りを抜けようとするのにも難儀を感じるほどであった。家族連れやカップルであれば、客引きとケバケバしい風俗店の電飾看板がひしめく地区に、昼間でも足を踏み入れたくないと感じるだろう。その状態が長く続けば、長年暖簾を守り続けた老舗を含め、ネオンの中に埋もれているキャバクラや風俗店以外の店舗から客足が遠のき、閉店に追い込まれることにもなってしまう。

こうした状況を打開し、風俗店目当ての男性客や、酔客のグループ以外の来街者を取り戻したい。その意識は、繁華街を抱える多くの地域に共有されているものであろう。社会学や法学の一部では、警察と協力した地元住民のパトロールといえば、都市空間における異質な他者の多様な営みを「自主的」に取り締まる「浄化」運動として、監視社会批判の文脈で批判的に検討されてきた（芹沢、2006、「生活安全

都心の憩いの場となっているブライアント・パーク(2006年)

条例」研究会、2005)。しかし、当事者たちには、来街者の多様性や、ひいては店舗構成の多様性を守るためにこそ、パトロールが必要なのだ、というまるで逆の意識が含まれているのである。上野の中でも長い歴史を誇り、最も多層的な歴史的資源が蓄積されているここ2丁目仲町通りでは、来街者の多様性の縮減を押しとどめるためにこそ客引きという都市的な営みの一部を取り締まる必要がある、というパラドクスが生じているのだ。

この逆説は筆者に、ズーキンの躊躇を思い出させる。ズーキンは一般的に、ニューヨークをはじめとした北米大都市におけるジェントリフィケーションの動きに対して、きわめて批判的な視線を向けてきた都市研究者として知られている。しかし、彼女の公共空間をめぐる議論を読み進めていくと、そうしたイメージとは異なる歯切れの悪さを感じることも多い。たとえば、ＢＩＤの助成金により設立された「再生会社」[3]によって運営されることになったニューヨークのブライアント・パークが、魅力的な景観デザインや売店を導入し、開閉園時間や、オフィス・ワーカーの一般客を周囲のドラッグの売人から隔離する仕切りを設けて、「カプチーノの平和」をもたらしたことをめぐる議論。ズーキンは、民間セクターのエリート企業／個人に公共空間が白紙委任される危険性や、民営化によって空間の階層性が増大する危惧を指摘しながらも、異質な人々が出会い交流するという社会的公共性を取り戻した空間として、ブライアント・パークを位置づける（Zukin,1995:28-37）。

このズーキンの議論を、社会的排除に対する妥協的姿勢として批判するのはたやすい。しかし、何も手を加えないオープン・スペースが、ドラッグの売人やホームレスしか寄り付かない場所となって、公共性を失い、実質的に放棄されてゆくアメリカ大都市の現実を踏まえたとき、ズーキンの歯切れの悪い立ち位置は、筆者にはむしろ誠実で真摯なものに映る。

よく知られているように、ジェイン・ジェイコブスは『アメリカ大都市の死と生』において、都市に活力をもたらすのは多様性だとし、その発生源として、地区における用途混用と都市機能の複数性、小規模な区画、建築時期や状態の異なる建物の混在、人々の高密度な集積、の四条件を挙げている（Jacobs, 1961=77: 172-3）。さまざまな都市機能が徒歩圏に集約されたコンパクトシティを理想の一つに掲げる、ニューアーバニズムに大きな影響を与えたジェイコブスは、まさにゾーニングに真っ向から反対する立場だ。このジェイコブスの立場に立てば、老舗やそれをリノベーションした木造・古い石造りの建物が派手なネオン街に点在し、複数の都市機能が狭い範囲に集中する、上野の中でも最もゾーニングの困難な上野2丁目こそが、活気のある街区ということになる。

そして、そこへの来街者の多様性、ひいては店舗構成の多様性を保つためにこそ、一定の介入が必要だと街の当事者は強く感じているのだ。しかも興味深いのは、客引きの激化に危機感を持ち、防犯パトロールにも熱心なのが、居酒屋やバー、ディナー営業を中心とする飲食店の経営者たちであるということである。地域イメージの選択や文化的ゾーニングという点から考えると、「江戸の名残と情緒あふれる」地区としてのイメージ形成を志向し、それに抵触するキャバクラやアジアンパブの客引きを排除することにより積極的なのは、老舗の小間物屋や呉服店だということになりそうだが、これが必ずしもそうではない。なぜなら彼らは、基本的に昼間の商売であるために、時間帯によって客引きたちとは棲み分けがなされているうえに、広域商圏からのロングテールな固定客を抱えているため、公共財としての地域イメージに依存する度合いが相対的に低いからだ。

ジェイコブスは、都市の多様性を生みだす用途混用について、時間帯によって同じ空間が使い分けられ、それぞれの時間帯で異なる目的を持った人々が訪れて、結果的に一つの地区が複数の機能を果たすことになる――すなわち、二次的多様性を持つ――ことの重要性を強調している。それを踏まえれば、空間的なゾーニングが困難な上野2丁目において、さらに時間帯のゾーニングさえも不可能な飲食店の店主層こそが、客引きによる地域イメージの毀損とそれに伴う来街者の多様性の喪失に危機感を最も強く持ち、パトロール活動によるその回復を志向しているのだ。[4]

第3節　コミュニティによるコミットメントとガバナンス

歴史的に形成された地区の実態から乖離する弊害は認めつつも、細かな街区単位での文化的なゾーニングは一定程度必要だ。そして、それでも残る多様性に富む都市空間でこそ、それを守るためのパトロールや取締りが必要だ――多文化的な都市空間で必要とされるこうしたパラドキシカルな介入を、ムニョスが批判的に論じた差異のマネジメントとは異なる概念として、多様性のマネジメントと呼ぼう。

多様性のマネジメントは、その担い手が誰になるのかによって、大きく意味あいが異なるものになる。江下雅之は、都市防犯のための監視において取りうる選択肢を、（1）地域社会の中での相互監視、（2）監視の市場化、（3）警察による公的な監視、の三つになると論じている。その上で、（2）の選択をする富裕な社会が現われる一方で、その他の社会では、（1）と（3）を相互浸透させたシステムを選択することになるだろう、と（江下、2004:178-80）。ここで考えなければならないのは、基本的にトレードオフの関係にある地域内での相互監視と、公的で一元的な監視や規制のバランスである。

来街者も誰もが身の安全を確保したい以上、商業地では治安が最小限かつ必須の商品である。そんななかで、上野の「旦那衆」が警察とともに行ってきたパトロール活動は、江下が整理する（1）と（3）の相互浸透モデルということになるだろう。ただ近年の上野では、その両者のバランスが従来のものから変化しているようにみえる。前節でも言及したいわゆる台東区客引き条例の施行（二〇一七年一〇月）

客引き条例施行時の大規模な合同パトロール（2017年10月）

と、間近に迫った東京オリンピック・パラリンピックに向けた警察の方針変更が、その契機である。

そもそも客引き条例は、「旦那衆」が長年待ち望んだものであった。この条例では、店舗型性風俗店や酒類を提供する飲食店のほか、カラオケボックス、アメ横などで問題化されていた中高生を対象とした物販店の客引き・客待ち行為、さらには風俗やAVなどへのスカウト行為と、執拗な客引きのみを対象としていた従来の東京都迷惑防止条例より、はるかに広範囲の行為が禁止されている。そして、本書で上野の街として扱ってきた上野2・4・6丁目は、その全体が客引き行為等防止特定地区に指定され[5]、区が雇用・配置した客引き行為等防止指導員が指導・警告・勧告と段階を踏み、それでも違反行為をやめなかった場合には、勧告内容を公表の上で過料を科すことが可能になった。

この指導員業務委託料として、平成三〇年度台東区一般会計予算では約5千万円が充てられ、街の中には常時指導員が巡回するようになっている。この効果は大きく、昼夜を問わ

2019年夏の仲町通り。客引きは出ているが、店舗前で不特定多数に呼び込みをするにとどまっている。

ず仲町通りで流される、「客引きについていかないでください。客引きはぼったくりです」という上野警察署名義のアナウンスとも相まって、確かに道を歩く来街者が客引きに付きまとわれることはほぼなくなった。[6]今後どうなるかまだ予断を許さないが、パトロールと客引きのいたちごっこだった状況からの変化は、二〇一八年時点では街の人たちにも確かに実感・歓迎されている。[7]

ただ近年、「日那衆」にも懸念される形での警察と街の関係性の変化も発生した。それは、上野の都市秩序形成に係るもうひとつの長年の争点、アメ横やその周辺エリアにおける、敷地から張り出しての営業、いわゆる出巾の規制に関わるものだ。

第4章で詳述したように、アメ横ではごく狭い間取りに高額の家賃が設定され、路上に商品ワゴンなどを張り出して営業することを前提としてきたと言っていい、特異な商店街である。そして、アメ横商法の核心である対面販売は、その張り出した軒先で行われる。もちろんこれらは道路交通法上違法には違いないが、アメ横では出巾の限界を敷地から1.5m先に引かれた黄色い線で示す自主ルールを設け、その範囲での張り出し営業を、事実上黙認された形で継続してきた。

アメ横は出巾とって対面販売で、そういうイメージ・スタイルで盛り上げてきたんでね。法に極力抵触しないように、やらなきゃいけない。黄色い線のことを警察に聞くと、我々は認めてないよって言います。あくまで暗黙の了解の線である、と。認めてはいないけど、ここまでで自粛するっていう自粛の線だってことなんですね。（2018、飲食・物販、一九六〇年代生まれ）

ただし、その自粛の強制力の程度は、アメ横の中でもブロックごとにまちまちであった。老舗物販店を中心とした御徒町寄りのアメ横表通り商店街などでは、この黄色い線が遵守されてきたのに対して、前章でもみたように、新興のアジア系飲食屋台が軒を連ねるエリアでは、明らかに自主規制を逸脱した「やり過ぎ」の状況が生まれていた。そこに、東京オリンピック・パラリンピックを前にした二〇一七年以降、「環境浄化」を掲げた警察の出巾取締り強化が始まり、二〇一八年には開店時と閉店前の一日二回、出巾取締りの巡回が行われるようになった。前出の商店主は、客引きが減ったあとに上野警察の矛先が出巾に向けられていると認識しており、「あの雑多なものが好き」で来ているお客様から、「アメ横らしさがなくなった」という声も聞く二〇一八年当時のアメ横は、「正直沈滞ムード」だと嘆いた。

さらに難しい状況にあるのが、その周辺地域である。JRの高架の東側、昭和通りにかけて広がる上野6丁目には、二〇〇〇年代以降の立ち飲みブームで地域内外の資本による出店ラッシュが進み、さまざまなコンセプトの良質な立ち飲み屋が集積するエリアとして、マスメディア上でも一躍有名になった。一般に来街者は、商店街組織の範域など知らない。アメ横の西側に隣接し、靴や洋服店などを中心とした物販店が多い上野中通りとあわせて、アメ横の東側に広がる上野6丁目は、多くの来街者にアメ横の延長として理解されている。地域外の資本も、アメ横の「下町っぽい賑わい」という地域イメージを資源として、この地区に立ち飲み屋や大衆酒場の出店を集中させたのだ。

そうした店舗は、街路に大きく看板を張り出し、さらにその一部は、店舗の敷地外に立ち飲みスペースや椅子がはみ出すような営業をしていたが、上野6丁目にはアメ横の黄色い線にあたるような自主規制は存在しない。そのため警察としては、道路交通法の原則にのっとった取締りをすることになる。そうなると、上野6丁目ではどうしても、なぜ同じような営業形態なのに、アメ横とは取締り基準が異なるのかという不公平感が抱かれていく。

そこに、おそらくは上野警察署長の方針に基づく、看過しえない警察の態度変化への反発が加わる。まず、二〇一七年に署長が交代してから、これまで上野商店街連合会と合同で行っていた月一回の署長管轄のパトロールが、上野警察署のパトロールに商店主たちが参加する形に変わり、それが数か月続いたあと、警察単独のパトロールへと変わった。そうした変化に加え、折しも客引き条例が施行された二〇一七年秋以降、出巾への取締りが今までにない高圧的な態度とともに厳格化されたという。

警察だけでやるよってなってから、出巾の話がいきなりきつくなった。張り出してると逮捕するぞって。そんな口をいままで聞いたことない。ずっと警察は街には協力、お願いをするっていうスタンスだったのが、いきなり犯罪者扱い。

（中略）今までの協力的な一〇年間はどうなったんだって思いますよ。二〇二〇年に向けた都の方針だって言われればそこまでだが、街の理解を全く得ないで話が進んでる。「協力して」っていう態度だったのが「逮捕するぞ」。下の巡査がそういう言いかたをするようになったってことは、上の方針かなって思いますよね。（2018、サービス業、一九五〇年代生まれ）

このような「町と一緒にやっていこうという姿勢が全然ない」と感じられる警察の態度を受けて、「旦那衆」も反発する。上野6丁目で行っていたより小規模な合同パトロールは、警察の係長レベルの管轄で継続されていたが、二〇一八年には、参加者が二〇一七年以前の3分の1程度に落ち込んだという。警察への捜査協力として、商店会で管理する監視カメラの画像提供に難色を示す声も聞かれるようになった。

上野で防犯パトロールに関わってきた「旦那衆」は、こうした警察と街の関係がうまくいっていない状況に対して、揃って危惧の念を吐露する。

官民一体で足並み揃えていかないといけないんですよ。ともにやらないと、警察に、カメラに委ねたってだけでは安全安心の街はできない。地元のこととして、地元が立ち上がっていかないと、ダメなんだと思うんですよ。

やっぱり地域の人と仲良くすることも、防犯のためになるわけです。いまの××署長にはその考えがないんでしょう。懇親会の返事も来ないいんですよ。環境浄化っていうのが目標なんだろうけど、何をすれば環境浄化になるのか。地元は黙って警察の言うことを聞くのが環境浄化なのか。そういうことですよね。（2018、飲食・物販、一九六〇年代生まれ）

なぜ街と警察の連携が必要なのか。二〇〇三年に東京都主催の防犯ボランティア勉強会に上野地区からはじめて参加して以来、上野地区の防犯対策の最前線に立ってきた前出の経営者も同様だ。警察と街の関係の悪化は、「治安悪化」につながると危機感を持つ彼は、防犯パトロールを開始した頃のことを回想して、こう指摘する。

そこ（筆者注：初めて参加した防犯ボランティア勉強会）で言われたのが、カメラつけるだけだと治安悪くなるよ、ってこと。カメラがついてるから大丈夫だって安心しちゃって。それで上野の街を歩いてみたら、パトロールを組み合わせないとやばいと思って。そのころ、マルイ前に20人ぐらい黒服がいたんですよ。でもそれを商店街で話しても、誰も知らないいんですよね。（2018、サービス業、

一九五〇年代生まれ)

こうした上野の防犯に携わってきた「旦那衆」の語りは、コミュニティ・ポリシングと呼ばれる思想そのものと言える。治安の悪化に悩まされていたアメリカの諸都市では、一九七〇年代後半ごろから、従来のような「コミュニティに対する命令」としての警察のあり方の限界が意識され、代わって、「コミュニティを活性化する」ことにその力点が置かれるようになる。人々との協働によってこそ警察は地域の生活の質を改善できるのだという理念から、警察官は「コミュニティの一部」として、地域住民とのパートナーシップをもとに問題解決をはかろうというのが、コミュニティ・ポリシングの考え方だ(前山、2013:52)。

こうした思想のもとでは、地域住民もまた、公権力やテクノロジーに防犯の責任を丸投げせず、地域防犯にコミットする責任主体であることを求められる。住民はまさに防犯を担う当事者であり、防犯パトロールを含むその実践の過程は、地域の現状と課題を知って解決を模索し、結果として地域への愛着をはぐくむコミュニティ構築そのものでもある。先述の、二〇〇三年に上野でパトロールを開始したとき、いかに街の「旦那衆」が街のことを知らなかったかという語りは、まさにそこに対応する。

幸いなことに、一五年かけて上野に根付いていた街と警察との連携は、二〇一八年下半期には取り戻すことができた。同年八月末の上野警察署長の定期異動人事後に、警察側の高圧的な態度はなくなり、

アメ横の店舗前に引かれた黄色い線と自主規制された出巾営業

それに伴って「旦那衆」の反発も影を潜め、官民合同のパトロールは二〇一七年以前の形で復活している。区が雇用する客引き行為等防止指導員の巡回が効果をあげている客引き対策にしても、台東区の客引き条例は本来、指導員だけでなく、地元商店会・町会関係者からなる客引き行為等防止推進員を設定しているところに、特徴のひとつがある。客引きに対して口頭指導までしかしない推進員ができることには限界があるとはいえ、地元の防犯活動への参加を重要視した建付けの条例である。

上野のコミュニティ・ポリシングに近年不幸な危機をもたらした原因が、多分に属人的なものであったことには、上野の「旦那衆」のみならず、筆者もほっとさせられた。しかし、それで懸案がすべて解決したわけではない。そもそも上野においては、コミュニティ・ポリシングの一般的な意義以上に、街の人たちが防犯の当事者としてコミットすることには特有の大きな意義があった。アメ横を筆頭として、上野の「旦那衆」にも「ごちゃごちゃ感」が上野の特徴であり、集客をもたらす大きな魅力と地域資源だと認識されているが、それを保ちつつ秩序を維持するためにこそ、コミュニティの担う役割が大きくなる。道路交通法上は違反となるものを含んだ商行為が、この地区の賑わいを創出し、街の魅力となっている以上、ことこの出巾の問題に関しては、法律と警察に一元的に白紙委任することが望ましいとは言えないのだ。

アメ横の1.5mの黄色い線という自主規制はこの事態への一つの回答であるが、前述のとおり、これがアメ横全体でしっかり守られてきたとは言いがたい。そもそもこの黄色い線自体、一定の暗黙の基準として機能してはいるものの、商店街サイドの自主ルールの域を出ないため、警察の取締りに対して常に不安定な立場にあるし、周辺地域には不公平な運用にも映ってしまう。さらに、隣接する上野6丁目の各商店会では、自主ルールに類するものも今のところない。公道に面しているエリアはJR線路高架脇で一定の道幅があるアメ横と違って、幅員のさまざまな道が混在している上野6丁目では、バリアフリーや緊急車両の通行を考慮した際に容認できる出巾の限界は、通りごとに異なるものが望ましい。

こうした懸案に対して、きわめてコストのかかるやり方であるが、やはり地元サイドのコミットメントを高める形で、中長期的な解決を模索すべきではないだろうか。たとえば、上野地域のまちづくりを担うなんらかの法人が都市再生推進法人の指定を受け、地域特性を踏まえた都市再生整備計画の策定を台東区に提案すれば、アメ横とその周辺エリアの道路占用許可の特例を公的に位置づける道も開かれる。

このプロセスではまず、上野に関わる官民全体で、エリアマネジメントの観点から道路空間の柔軟な利活用方針について多面的に議論し、合意形成をはかることになる。そのうえで、各通りの幅員や現状を踏まえた出巾の具体的なルールを、当該の通りに面した当事者間の熟議によって、実効的な自主規制遵守の手段も含めて決めてゆくという段取りになるだろう。防犯パトロールの実践と同じく、地域の道路空間利活用のルールを作っていくこのプロセスこそ、上野の「旦那衆」がこぞって重要性を強調するコミュニティを、不断に活性化させてゆくためのまたとない機会となっていくはずだ。

そしてもう一点、こうした道路空間利活用をめぐるきめ細かなルール作りが、都市空間に意味をもたらしうることがある。本節冒頭で、一定程度の文化的なゾーニングを、多様性に富む都市空間においてこそ必要となる、多様性のマネジメントに不可欠な構成要素として、防犯パトロールや取締りとともに位置づけた。ただし、文化的なゾーニングは、シンガポールのチャイナタウンの事例で確認したように、地区の実態や生活空間と乖離する危険を孕んだ非常に危ういものでもあった。ジェイコブスは多様性こそが都市の活力の源泉だとしたが、その考え方は、用途によるゾーニングを推し進める再開発で「理想のニューヨーク」に邁進する都市計画家、ロバート・モーゼスへの反発と対抗から練り上げられたものだったことを、思い起こしておく必要がある。

上野のそれぞれの通りの特性に合わせた道路利用のありかたを、当事者性を共有するコミュニティで考えていくことは、必然的に道路という切り口から、その街区の適切なありかたを考えることに直結する。筆者は、上野全域で「柔軟な」道路利用が望ましいと言いたいわけでは全くない。アメ横や上野6丁目のように、道路に張り出した営業とその街のもつ魅力が分かちがたい場所もある一方で、表通りとしての見通しのいい景観、袴腰で接続する上野の山との視覚的一体感や、上野の顔たる品格を重視すべき広小路＝中央通りでは、商品ワゴンなどによる出巾営業や敷地外にはみ出した捨て看板は、認めがたいのも道理である。中央通りでは、道路利用というレベルを超えて、派手な色彩で大面積に掲げられた壁面広告や、空中に張り出した袖看板さえ、本来は望ましいものではないという声もある。

それらに対して、中央通りに面する商業主の合意に基づいて、適切な道路利用という観点から自主規制を効かせていく制度的裏付けが整えば、それを嫌気する業態の店舗は次第にこの通りから離れてゆくだろう。同時に、明示された道路利用や景観ルールの存在と、これらのルールに係るコミュニティへの確認や事前相談のプロセスは、既存の「旦那衆」のみならず、この通りに新規に出店しようとする店舗に対しても、街の規範やあるべき姿を見えやすくするだろう。それらは結果として、新来のテナントも含めたコミュニティ意識の醸成と活性化に資するだろうし、第3章できわめつきの難題だと論じた、街として望ましいテナントへの誘導に、道路利用や景観形成を奇貨として近づいていく可能性もある。[8]

そうなったとき、表通りとアメ横や上野6丁目は、景観的にも商業的にもよりはっきりしたコントラストを描いていることだろう。文化的ゾーニングが、現在よりも貫徹した上野と言っていい。ただ、それぞれの地区に文化的な定義を上から割り当てる近代都市計画的・トップダウン型のゾーニングと、課題を共有する複数の小規模なコミュニティ内部での熟議から、結果として生まれるボトムアップ型のゾーニングでは、そのプロセスや意味合いはまるで異なる。上野のような「ごちゃごちゃ」した街では一定程度の文化的なゾーニングが必要なのだとすれば、それはボトムアップ型のローカルな民主的プロセス、言い換えれば、コミュニティ・ガバナンスの結果として立ち現れるものであることが、望ましいのではないだろうか。

第4節　契機としてのセキュリティ

前節まで、多様性に富み、独特な商習慣が地域の魅力になっている上野だからこそ、コミュニティがパトロールに主体的にコミットすることや、コミュニティベースでの道路利用などのガバナンスが、必要になってくることを論じた。もちろん、上野におけるこうした意味でのコミュニティの重要性は、筆者の斬新な発見でも何でもない。本書全編にわたってたびたび言及してきたとおり、上野の「旦那衆」もまた、「下町」の構成要素でもあるコミュニティの大切さを強調し、上野が繁華街でありながらまだコミュニティを感じることのできる街であることを、誇らしく語ってきた。

ただし、これらのコミュニティの語りが、外国人に対しての排除的な語彙に結びつく恐れがあることも、第3章で論じた。言うまでもなく、防犯パトロールに熱中するコミュニティは、特にマイノリティや社会的弱者に対して非寛容な、異質性を排除する「道徳的共同体」（渋谷、2003: 51）の色合いを容易に帯びることが、繰り返し危惧されている。そもそも、治安改善を果たした一方、軽微な無秩序も許さない非寛容な厳罰主義として批判された、一九九〇年代のニューヨークで採用されたことで有名な「割れ窓理論」も、コミュニティの活性化や住民の当事者意識の醸成と、軽微な犯罪に目を光らせることによる重犯罪の「予防」とを、双方向的に達成しようとするコミュニティ・ポリシングに立脚していた（Kelling&Coles 1996=2004: 180-5）。

凝集性が高まるほどに排他性に転じがちな（松宮、2014:31）、コミュニティが主体となって行うパトロールやガバナンスに、文化を異にする人々に対して排除的に機能する危惧があるのは当然のことである。その危惧を前に重要な分かれ道となるのは、上野のコミュニティが、グローバル化する地域の現実を踏まえて開かれたものなのかどうか、第3章に登場した語りを引用すれば、上野が「メンバー総とっかえしたけど人気があり続けるバンド」なのか、ということだ。

ただ現場を見ていると、防犯への意識やその実践の中にこそ、逆説的なことに、実はコミュニティを開く契機の一つがあるように感じられる。たとえば、上野2丁目の居酒屋で長らく店頭に立ってきた飲食店役員は、インタビューをした二〇一一年当時、複数のキャバクラや風俗店と契約して執拗な「キャッチ」を行う専業の日本人客引きが増加した現状を強く批判した。その上で、勝手に店内に入ってトイレを使っていく中国人の客引きにかなり閉口している近隣のニューカマー中国人の飲食店経営者が、同国人のよしみで強くは注意できないでいるというエピソードに言及して、このように語った。

そうですね。そのあたりは真面目な人たちですからね。自分たちもうるさくてしょうがないんだってね。言葉で言えないんですけど、私たちにはこう言いますね。何とか客引きなんか少な目にして欲しいってね。はい。（筆者：彼らも上野で長く商売を続けていこうとしているんでしょうか？）そう

そう、そうですね。飲食店やってる方もいますからね。（2011、飲食、一九九〇年代入店）

ここで彼が言う「飲食店」とは、この街で定着的に、彼らの言葉を借りれば「地に足をつけて生活していこう」とする意思を持った業態のことであり、それゆえに自然と「街が良くなってほしい」と思うはずの人々を指している。彼の一連の語りの中ではっきりと感じ取れるのは、まさに客引きへの嫌悪感や忌避感の共有から、上野で長く営業している商店主や従業員と、一部のニューカマー外国人との接触や共感の芽も生まれてきているということだ。これはすなわち、客引きを伴う営業スタイルへの一部のニューカマー店舗の忌避感に、上野への定着志向とそこから派生するコミュニティ意識を読み込むことにより、「旦那衆」の意識の中でも、排除と包摂のラインの組み換えが起こっているとも言えるのではないだろうか。

上野2丁目でもアメ横でも、「旦那衆」が属する既存商店街とニューカマー外国人のあいだに、いまだ本格的な交流はなく、ディスコミュニケーションによる不信感が地域の基本線にはなってしまっている。ただ、一部のニューカマー外国人の店舗の中には、上野二丁目仲町通り商店会に加盟し、地域の飲食店の紹介と「夜でも安全な街」の対外的なアピールすることを目的とした、商店会主催の飲食イベント[9]に参加する店も登場してきている。そうした既存商店街とニューカマーのコミュニケーションの重要なきっかけに、自分たちの商売のためにこそ、公共財である街の安心・安全と地域イメージを守ろうとする感覚の共有があることは、決して見逃せないポイントである。言い換えれば、ニューカマーと地域との関係性構築の萌芽が、まさにセキュリティの論理から生じ始めているのではないか。

前述のとおり、社会学の議論の系譜では、防犯パトロールのような活動は批判的に捉えられることが多い。たとえば芹沢一也は、和気あいあいと地域防犯活動に集まる住民たちに、恐怖を快楽や充足感として消費してしまう不気味さや滑稽さを読み取り（2006: 213-8）、吉原直樹は、警察と協働した夜回り活動を、「上から」のコミュニティ動員であり、「差異」を認めず「他者」を許容しない「閉じるコミュニティ」志向のものとして位置づける（2011: 147-52）。

しかし、上野という商業地における地域防犯活動を見てきた筆者は、こうした論者とは、コミュニティ・ポリシングの評価を異にする。北田暁大は、犯罪予防運動こそが地域への当事者意識や愛着になるというコミュニティ・ポリシングの論理を紹介した上で、そこから一歩踏み込んで、行為状況の高度な多文脈化とコミュニケーションの不透明性が増大した現代においては、セキュリティの論理ぐらいしか、偶然的に地域を共有する他者とともにコミュニティを形成していこうとする動機づけにはなりえない、と指摘している（2008: 222）。北田が主に念頭に置いているのは住宅地におけるセキュリティの論理とコミュニティ形成であるが、むしろその指摘は、より匿名性と異質性、そして流動性の高い商業地、すなわち上野2丁目のような高度に多文化的な盛り場においてこそ、いっそう当てはまるのではないだろうか。実際、筆者が上野地区で続けてきた参与観察からみる限り、さまざまな商店街活動の中で最も多くの人が、最も多様な層から参加してくるのは防犯パトロールであり、そうであるがゆえに、途絶えることなく継続的に行われ続けてきた活動である――前節で紹介した警察との関係性が危機に陥った時期を除いては。

現在の上野は、第4章でみたアメ横の形成期のように、さまざまな背景を持った人々が横一線で流入して、「俺たちの街」という意識を持つような環境にはない。そんな中で、この街で定着して商売を営んでいこうとするニューカマー外国人が、街のコミュニティに接触しようとするきっかけとして、最もありえそうなものが、自らの商売にも大きく関わってくる防犯であろう。それがさらに、ともにパトロールで街を歩くという日常的な実践に発展していけば、エスニシティ横断的な地元の連帯は可視的なものとなり、相互の関係性の欠如に起因するニューカマーの悪魔化《デモナイゼーション》を解除することにもなる。これが、本章で見てきた「多様性を守るためのパトロール」「独特な商習慣の魅力を維持するためのコミュニティの関与」と並んで、コミュニティを主体としたポリシングの意義として、筆者が評価するポイントだ。

セキュリティ意識を契機とし、コミュニティを接合点としたローカルな連帯は、「上野の街全体のこと」を考えているか、その前提として「上野に骨をうずめる覚悟」を持っているか、ニューカマー外国人に問いかける視線がそこにある以上、それはもとより無条件の包摂ではありえないのは確かだ。ただ、第3章で詳述したように、コミュニティの一員である意思を問うそのまなざしは、外国人のみならず、国内資本のチェーン店などにも等しく及ぶ。すなわち、異質な他者の排除的な選別にとどまらず、コミュニティの構成原理の問い直しを導く可能性を伴うものだ。そう考えると、近年のアメリカであらためて議論されている新同化論にならえば、このセキュリティ意識を契機とした上野の街の新たな関係形成を、市民的ナショナリズムによる人種的ナショナリズムの克服（広田、2011: 152）と位置づけることもできるように思われる。

第5節　開き続けるコミュニティに向けて

街の気質や商習慣——言い換えれば、アイデンティティや「オーセンティシティ」——を伝える箱としてのコミュニティを保ちながら、地域防犯活動などをきっかけにコミュニティの一員たろうとする意思のあるニューカマーを見出し、コミュニティを異質性に開いた形でその担い手を徐々に増やしていく。現在の上野に必要とされるのはこうした道筋であるというのが本書の提言だが、それは全くもって容易なことではない。が、上野が「メンバー総とっかえしたけど人気があり続けるバンド」であるために、道しるべになりそうな考え方があることを、本書の最後に紹介したい。多様性が増すなかでの新たな社会統合の原理として、近年ヨーロッパで急速に政策的影響力が増している、間文化主義(interculturalism)がそれだ。

二〇一〇年代に入ってドイツのメルケル首相、イギリスのキャメロン首相（当時）が相次いでその失敗に言及しているように、一九七〇年代以降導入されてきた多文化主義は、社会を文化集団に断片化させて相互に引きこもらせ[10]、社会統合の危機を帰結したという評価がなされるようになった。同化と断片化の間のバランスの追及を目指し、統合を重視する間文化主義は、そうした多文化主義への反省の中で注目されるようになった理念である。

間文化主義では、歴史的にマジョリティを中心に構築してきた基本的価値を尊重しつつ、マイノリティ文化との交流の中での相互作用や歩み寄りを重視して、多様性の出会いの場としての共通文化の構築、そして帰属意識の醸成が目指される（Bouchard：2012=2017:73-4, 92-100）。抽象的に表現されてはいるが、これはすなわち、担い手を変え、少しずつその解釈を変えながらも、コミュニティという箱で歴史的にはぐくまれた気質や商習慣を継承していく、ありうべき上野の街のあり方にそのまま当てはまる。ただし、共通文化の構築に不可欠なものとして、間文化主義は、文化的に異質な人々の歩み寄りと相互作用を強調するのが重要な点だ。この努力は、ニューカマーの側にもホスト社会の側にも求められる。

「旦那衆」とニューカマー外国人の交渉は、パトロールなどの例外的な場を除いてほとんど見られないが、この本でも描いてきたように、上野を愛し、この街に定着していこうという意思を持つ外国人も確かに存在する。ニューカマー外国人系の店舗に一軒一軒分け入って、「上野に骨をうずめる覚悟」を持っている人たちを見つけだし、街に継承されてきた気質、すなわち上野のアイデンティティを伝えると同時に、彼らの文化もフィードバックして、新たな上野の「共通文化」を構築していく。それは、インバウンド観光客が加速度的に増大する中で、よりグローバルな来街者目線を取り込んだ地域イメージの再構築にも資するに違いない。非常に地道で骨の折れる道を提起するのは心苦しいが、上野の気質や地域イメージを守るコストと同様、多様性を増す地域を分断させずにつなぎなおすコストもまた、街への愛着でしか担保できないし、これもまたコミュニティが担うべき役割のはずだ。

もう一つ、間文化主義が思想的に練り上げられたのはカナダのケベック州だが、この事実そのものが、本章で論じてきた都市の多様性を考えるうえで重要な示唆を持つと考えられる。周知のとおり、カナダは一九七一年より多文化主義を国是として推進してきたが、ケベック州は当初からそれを拒否している(Bouchard 前掲書：68-70)。フランス語話者がケベック州ではマジョリティであるが、それはカナダ全体でみればマイノリティであり、すべての文化を対等なものとみなす多文化主義のもとでは、フランス語とその話者の文化的権利が脅かされてしまうからだ。だからこそ、ケベック州で育まれてきた基本的価値をベースに、流入してきたマイノリティ文化を巻き込む形で、共通文化の構築とケベック州への帰属感の醸成が模索されてきたのだ。

先に、都市の多様性が称揚されるとき、都市内の多様性と都市間の多様性という、その言葉がはらむ潜在的な対立点が等閑視されがちだと述べた。グローバル化が進行する都市では、否応なく異質性の増大が進行するとともに、商業空間の均質化や標準化の圧力にも常にさらされる。グローバルな均質化の圧力に抗して都市／地区間の多様性＝固有性を守り、街が継承してきた気質を伝えながら、都市／地区内の多様性に包摂的に向き合っていく舵取りが求められる上野のような街が、内に対してはマジョリティであり、かつ外に対してはマイノリティであるという、ケベックのような環境下で生まれた間文化主義の理念から、学ぶべきものは非常に多いと感じる。

上野という半径５００ｍのとても小さな、しかしあまりにも都市的な多様性に富む街をぐるぐると巡る本書の街歩きも、終わりに差しかかってきた。

二〇一八年、上野文化の杜新構想実行委員会は、社会的包摂文化芸術創造発信拠点形成プロジェクトと位置づけた、UENOYESという文化芸術事業を展開した。社会包摂をテーマにしたその取り組みが、上野の街に大きな影響力を及ぼしたとまでは言えなかったが、総合プロデューサーを務めた東京芸術大学の日比野克彦は、なぜこうしたコンセプトのアートプロジェクトを上野で行うのか、きわめて興味深いことを語っている。少し長くなるが、引用しよう。

渋谷や銀座に行って居づらいな、居場所がないなって思うことはあると思うんだけど、上野は誰でも居ていいよって言われていると感じるというか、自分の居場所が見つかるのが上野の魅力だと思うんですよね。上野は誰が行っても迎え入れてくれる。当たり前すぎて誰も気づかなかったことをちゃんと声高に言っていこうというのが『UENOYES』です。

『UENOYES』には、NOとYESの間にある微妙なグラデーション全部を出会わせていきたいという大きなテーマがあります。実際、上野は既にそれを実現していると思うんです。他の地域にはグラデーションが一〇個しかなかったとしたら、上野には一〇〇〇個あって、より自分にフィットした居場所を見つけられる。だから、家族連れも来るし、美術愛好家も来るし、ホームレスも来るし、言語の違う人も来る。上野は、もっと言えば文化は、グラデーションを全部受け入れることが出来るんです。（木村、2018）

いわば、現在のアートが目指すべきテーマの一つである社会包摂を、上野はすでに達成している街なんだというこの日比野のステイトメントを、「旦那衆」や台東区関係者が集まるある会議の場で筆者が紹介したところ、おしなべて歓迎された。上野商店街連合会がその発足以来「ほっとタウン上野」というキャッチフレーズを使ってきたように、誰にでも居心地がいい懐の深い街というのは、上野の自己像として望ましいものと概ね合意されている。

この誰もが居場所と感じられる包摂感は、それぞれの時代ごとに、権力や伝統と、流入者や避難者の双方が、この狭い山と街でせめぎあった結果として生まれた、あまりにも多様な都市的要素の集積がもたらしたものだ。ごちゃごちゃ感とも表現されるその方向性の異なる多様な都市的要素の集積は、明確な対外的イメージ形成を目指すには難しい条件ではあるが、上野にかけがえのない都市的な魅力をもたらしている。

もちろん、こうした包摂感を、上野の街の人々が常に目指してきたわけではない。いまは上野の街の欠かせない担い手としてコミュニティの一翼を担い、来街者を惹きつけているアメ横や在日コリアンの焼肉店も、最初から好意的に受け入れられたわけではないし、上野の街に共有されている「下町」アイデンティティも、開く方向と閉じる方向、双方に機能する要素を持っていることを、この本の中で確認してきた。

また、増大する流動性にただ身を任せても、上野の魅力が維持できるものでもない。本章で論じたように、単に安心・安全が街にとって不可欠の条件であるというのみならず、街の多様性をマネジメントし、「オーセンティシティ」を維持するうえでも、コミュニティが主体となった地域防犯の実践は欠かせない。

しかしそれでもなお、現在の上野が、東京の中でも包摂的な感覚を来街者に与える街であることは、日比野克彦のみならず、上野を訪れたことのある多くの人々が認めるところだろう。本書で論じてきた多様性は、エスニシティと階層性をめぐるものに限られていたが、障害の有無、セクシュアリティなど、さまざまなダイバーシティを包摂する社会が目指される今日、上野が誰もが居場所を感じられる場所と評されていることの意義はきわめて大きい。そして、さまざまな衝突を経験しながらも、結果として現在のような懐の深さを持つに至った「いい意味でいい加減」な上野の現代史は、包摂的な社会が目指されるこの国で、もっと注目されていい。

街の気質や商習慣を伝えるコミュニティをしっかりと守りながら、その担い手のメンバーシップを不断に開き続ける。そして、多様な人々の出会いの場としてのコミュニティで、上野のアイデンティティと「オーセンティシティ」を継承し、間文化主義的な共通文化として新たな形に練り上げていく。このきわめて高度なバランスが要求される隘路を歩み続け、街の魅力と懐の深さを保ち続けることが、上野にはできると私は信じている。

注

1　ただその後、こうした多様な声の提示と、観光客向けのスペクタクルを両立させようとする動きも始まっている。たとえば、一九五〇年代初頭のショップハウスの生活風景を細部にいたるまで再現し、犯罪や貧困などの負の歴史を中心に、チャイナタウンの歴史的変遷を詳細に提示しているチャイナタウン・ヘリテージセンター。そこでは、「建物だけ残しても、生活がなくなってしまったら、ここの精神は失われてしまう」という元住民の声などを含む、チャイナタウン再開発に関する関係者のさまざまな語りを紹介する映像作品を随時上映している。

2　この論点に関しては、「マクドナルド化」の本質は消費手段の改変と均質化にある、と論じているリッツァ『マクドナルド化の世界』（1998=2001）に詳しい。

3　ＢＩＤ（Business Improvement District）とは、区域内の私企業や不動産所有者から負担金として一定額を徴収し、その資金を直接地域の活性化に活用する制度であり、官民のパートナーシップによる中心市街地再活性化の手法として、日本でもタウンマネジメントのひとつの手本とされ注目を集めてきた。

4　第3章でも言及したように、上野の「旦那主」でも古老層は、「揉めてるのは新しく来たもんどうし」と語る場合がしばしばある。これは、この街に本来備わっている寛容性を主張したものと解釈できるが、こうした状況を踏まえると、さらなる含意があるようにも思われる。移り変わりの激しい商業地において、固定客をつかむことで世代を経て存続している老舗との間ではなく、新来層とさらなる新来層の店舗の間に、時間帯と客層の共有／競合が起こりがちな実態があることも、「揉めてるのは新しく来たもんどうし」という語りの背景として、留意しておくべきだろう。

5　文京区も同様の条例を制定して、上野2丁目と一体の繁華街を形成している湯島3丁目の一部を湯島地区客引き行為等防止特定地区に指定し、両区で連携した客引きの指導・警告等を行っている。

6　このアナウンスでは、外国人女性の客引きについていっての被害が急増していると、特に強く注意を喚起していた。なお、客引き条例の施行に伴う客引きの減少により、二〇一九年七月現在は、このアナウンスは夜だけになっている。

7　ただし、客引きへの取締りの強化が、キャバクラや風俗店の上野からの撤退を促すという可能性はあり、二〇一九年七月現在、実際に上野二丁目から撤退する店舗が増えていると言われている。客引き条例施行が、その撤退にどの程度の影響を及ぼしたのか調査の必要があるが、いずれにせよビルオーナー層には大きな打撃であり、今後この地区の利害を異にするアクター間で、新たな対立軸が可視化されてくる可能性は注視する必要がある。

8　こうした方向性は、たとえば、望ましい看板や広告のあり方を示す「銀座デザインルール」を制定し、店舗出店や改築の際のデザイン面での事前相談を促すことで、「銀座らしい」テナントの誘導を図るとともに、テナント出店者に銀座のコミュニティの一員だという意識の醸成をしている、銀座デザイン協議会の実践が参照点になると考えられる。実際に、副都心まちづくり協議会『上野まちづくりビジョン素案』でも、銀座の事例が参考とすべきエリアマネジメント事例として紹介されている。銀座デザイン協議会についての詳細は、竹沢（2008）を参照のこと。

9　これは、上野2丁目仲町通り商店会と、隣接して一つの盛り場を形成している文京区の湯島白梅通り商店会の共催で、二〇一一年から開催されている「食べナイト、飲まナイト」を指している。同イベントには、この地区の50～60店程度の飲食店が参加して、それぞれがワンドリンクと料理のセットを７００円見当で販売し、運営の商店会は３５００円で五枚綴りのクーポンを前売りする。これは、二〇〇四年から行われている函館の「バル街」に端を発する通称「バル系イベント」の一つであり、地域の飲食店が協働的に集客をし、多様な飲食店に「敷居の低い形で」一見客を呼び込む効果の高いフォーマットとして、全国的に広まっているものである。同時にこのイベント自体が、地域の飲食店の横のつながりを強化し、コミュニティ意識を醸成する絶好の機会になっていることも注目に値する。

10　たとえばジョック・ヤングは、際限なく多様性が増大する後期近代の都市生活において、諸文化が相互排他的にゾーニングされた領域に本質主義的に閉じこもり、リスクを最小化するバリアを張り巡らせるような排除的な姿勢に人々が陥りがちなことを、「多文化主義的エポケー」と批判的に呼んでいる（Young, 1999=2007: 251-4）。

あとがき

あまりにも長い時間がかかってしまった。この本を書き終えての、率直な感慨である。

前書きに書いたとおり、上野における社会学的な研究の意義を確信したのは、バーミンガム大学大学院に留学していた一九九九年から二〇〇〇年にかけてのこと。帰国後、二〇〇一年から聞き取り調査や参与観察に着手し、二〇〇二年から上野に関する論考を発表してきた。そのため本書には、既発表論文（すべて五十嵐泰正による単著）がもとになっている箇所も多い。そのリストを以下に記すが（示された部分以外は、書き下ろし）、近刊の論考を発展させた第4章を除けば、もとになった論考を原形をとどめないほどに改稿・大幅に加筆修正し、それぞれの章や節としている。

第1章第1節（1）および第1章第2節（1）

「グローバル化とパブリック・スペース――上野公園の90年代」（北田暁大編『戦後日本スタディーズ 第3巻：80～90年代』紀伊国屋書店、二〇〇八年、一八九―二〇六頁）を改稿の上、大幅に加筆修正

第1章第2節（3）

「上野駅——「北の玄関口」のこれから」（五十嵐泰正・開沼博編『常磐線中心主義《ジョーバンセントリズム》』河出書房新社、二〇一五年、二三一五八頁）のごく一部を大幅に加筆修正

第2章第2節（1）

「池波正太郎の「下町」」（伊藤守編『文化の実践、文化の研究　増殖するカルチュラル・スタディーズ』せりか書房、二〇〇四年、二八一三九頁）の一部を大幅に加筆修正

第2章第2節（2）

「文化の商品化としての国際観光」（平野健一郎、古田和子、土田哲夫、川村陶子編『国際文化関係史研究』東京大学出版会、二〇一三年、二五五一七五頁）の一部を大幅に加筆修正

第2章第2節（3）

「ノスタルジー・ブームと〇〇年代の「下町」」（『社会学ジャーナル』三三巻、二〇〇八年、一〇七一一二三頁）の一部を大幅に加筆修正

第3章第2節、第3節

「「地域イメージ」、コミュニティ、外国人」（岩渕功一編『多文化社会の〈文化〉を問う――共生・コミュニティ・メディア』青弓社、二〇一〇年、八六―一一五頁）を大幅に加筆修正

第4章

「「商売の街」の形成と継承」（若林幹夫、立岩信也、佐藤俊樹編『社会が現れるとき』東京大学出版会、二〇一八年、九五―一三〇頁）を加筆修正

終章第1節、第2節、第4節

「都市における多様性をめぐるいくつかの断章」（『年報社会学論集』第一八号、二〇〇五年、二八―四〇頁）および「多文化都市におけるセキュリティとコミュニティ形成」（『社会学評論』六二（四）、二〇一二年、五二一―三五頁）、それぞれの一部を改稿して、大幅に加筆修正

また、上記の各節のもとになった既発表論考に係る調査および本書の最終的な取りまとめ作業の一部は、これまでに筆者が採択されてきた文部科学省科学研究費補助金に負っている。長年にわたる調査だけにこちらも数多くなってしまうが、以下に列挙する形で記したい。

「現代日本の排除の構造：上野公園をめぐる人種意識形成の多面的実証研究を手がかりに」特別研究

員（DC2）奨励費（2001-02年度）、「重層的なヒトの移動と、都市コミュニティ・アイデンティティの再編成」特別研究員（PD）奨励費（2004-06年度）、「グローバル化時代の都市における「多様性」の諸相と「まちづくり」の比較研究」若手研究（B）（2008-10年度）、「地域を起点とした移動と定着の現代的諸相に関する研究」若手研究（B）（2011-13年度）、「貸しビルオーナーの社会学のための予備的研究」基盤研究（C）（2019-21年度）。

そもそもこの本は、本来二〇一〇年か二〇一一年ごろの発刊を目指していた。生来の怠惰で筆が遅れがちなところに発生したのが、東日本大震災とそれに続く東京電力福島第一原子力発電所の事故である。まさに青天の霹靂とはこのことだが、この原発事故により、私が住民としてまちづくり活動に携わってきた柏市が放射能の「ホットスポット」となるに至り、私の研究キャリアは想像だにしなかった方向に大きく変わってしまった。柏での農産物の測定と情報発信の活動をまとめた『みんなで決めた「安心」のかたち』（亜紀書房、二〇一二年）、原発事故後のいわきの人たちとの交流の中で生まれた『常磐線中心主義《ジョーバンセントリズム》』（河出書房新社、二〇一五年）、そして福島県産品をめぐる事故後七年間の課題を論じた『原発事故と「食」』（中公新書、二〇一八年）――言い訳がましくなってしまうが、それらの著作や編著に向けた調査と執筆、そのベースとなる市民活動などに忙殺された八年間であった。

ただ、それでも上野のことは、常に気持ちのどこかにひっかかっていた。特に二〇一六年から、まちづくりビジョン素案策定に向けて活動を活発化させた、副都心上野まちづくり協議会に深く関わるようになって以来、上野でこれまで学んできたこと、考えてきたことをまとめなければという思いは強まった。その頃から新たな聞き取り調査を行い、可能な限り既発表論文から情報をアップデートして、少しずつ本書の完成に向けて書き進めてきた。

とはいえ、そこには絶対にそれ以上刊行を送らせてはいけない、本当に最後のデッドラインがあると考えていた。それは、東京をめぐる社会・経済状況が質的に断絶した変化を起こす可能性がある、二〇二〇東京オリンピック・パラリンピック以前に刊行することである。そのため、新たな分析枠組みに踏み出すことには限界があり、二〇一〇年代の新しい状況を十分に論じきれなかった。結果として、新たな「下町」言説の動向を示唆するにとどまった第2章などには、大きな悔いが残っている。

そして、第1章や終章を中心とした情報のアップデートとともに、本書のもとになった既発表原稿をあらためて読み直したとき強く感じたのは、十数年間を経た私自身の、上野に向きあうスタンスの大きな変化であった。大学院生として上野の研究を開始した当初は、このあまりに都市的な多様性に満ちた街が、社会学的研究の対象としても、難しくも魅力に満ち溢れていることに興奮していた節がある。ゆえにそれらの初期の論考は、この上野のリアリティや「旦那衆」の意識を、どう国内外で練り上げられてきた都市社会学の理論的枠組みで解釈し、その潮流の中に自分の研究をどう位置づけることができるか、というスタンスから書かれていた。

しかし、副都心上野まちづくり協議会の事務局アドバイザーや、台東区の上野地区まちづくりビジョン策定委員会委員といった立場で上野に関わるようになった現在、時を経てそうした論考を読み返すと、違和感のある言い回しや位置づけも少なくなかった。もはや観察者ではなくなった現在の私にとって、まずもって重要なのは、自分が上野という街にどう資することができるか、ということになっていたのだ。

そうした観点からの修正作業にも、一定の時間を要した。同時にそれは、社会学的な観点から上野のリアリティを分節化することは、そのあるべき将来像を考えるうえで、どのような意義を持つのかを再考する過程でもあった。前述のような委員として上野のまちづくりに関わるとき、私以外の委員はみな建築や都市計画の専門家であり、担当課の職員も、その多くは工学系のバックグラウンドを持っている技術職だ。私は彼らのように、図面も引けないし構造計算もできない、災害時の避難経路のシミュレーションをすることもできない。しかし、錯綜した歴史と多様性を抱えるがゆえに、同床異夢や利害対立が起こりやすい上野において、社会学者にできることは確かにあるのではないか。

それが何なのか、まだはっきりとした答えは自分の中でも出せていない。ただ、まちづくりに関わる政策決定やその実践に、（都市）社会学者が参加することはそれほど多くなく、本来は社会学の領分ともいえる地域内の合意形成などのソフト面まで、都市計画関連の専門家がノウハウを積み上げている現在の日本において、上野のまちづくりに実践的・実務的に携わる機会が私にあることは、とても貴重な経験には違いない。そして、そうした会議の場等では、工学系の専門家にとって私の発言が新鮮に響くことも、少なからずあるようだ。そのあたりの経験を手掛かりに、社会学者が都市に実践的に関わることの意味を考えていくことが、今後の私の課題だ。その意味では、本書を刊行したこともまた、私にとっては研究の集大成というようなものではなく、今後も長く続く上野との関わりのひとまずの通過点だと考えている。

本書の基となった一連の研究において、本当に多くの「旦那衆」をはじめとした上野の関係者にお世話になってきた。そのごく一部を記して、心よりの謝意を表したい。

まず、私の上野への関わりの全ては、お二人の政治家との出会いがなくては始まることはなかった。中高時代からの部活の先輩であり、誇張なくあらゆることを教わってきた青柳雅之・台東区議会議員（ヤギさん）は、私にとっては、『ストリート・コーナーソサエティ』におけるドックに匹敵する存在である。ヤギさんが二六歳で出馬した台東区議会議員選挙を、最初は無理やり手伝わされ、郊外育ちの自分にはあまりに別世界だった街の「気質」に瞠目したことから、私の下町への関心のすべてが始まっている。

そして、イギリス留学を終えて本格的に上野の研究に着手しようと志した私が、最初に行った参与観察が、そのヤギさんの当時のボスであり、上野を地盤としている中村明彦・元東京都議会議長／現上野中央通り商店会会長が初当選した都議会選挙だった。中村さんの選挙を手伝うなかで、松井泰男・上野六丁目商店街連合会会長をはじめとした上野の多くの方々と顔なじみになり、あの苦しかった選挙をともに経験することがなかったなら、現在のような上野への実践的な関わりかたはありえなかっただろう。

研究の初期から大きな助けになったのは、母校の先輩たちだった。長らく超進学校として知られている開成学園は、昭和三〇年代以前は下町の商工業者の子弟が多く通う学校でもあり、上野の「旦那衆」にも先輩方がたくさんいらっしゃる。橋本明・前上野開成会会長／前下谷町町会会長、木村雄二・上野開成会幹事長／前上野商店街連合会会長をはじめとした先輩方は、この街の勘どころがわからない当時の自分に、飲みながら多くのことを親しく教えてくださった。

その後、ある程度研究が軌道に乗り始めた二〇〇三年末頃から顔を出させていただくようになったのが、上野を代表する組織体である上野商店街連合会と上野観光連盟である。早津司朗・上野商店街連合会会長、二木忠男・上野観光連盟会長、茅野雅弘・前上野観光連盟事務総長をはじめとした方々が、よそ者の私を快く会議に出席させていただき、多くの方々を紹介してくださったことは、まさに上野の懐の深さにほかならなかった。また、商連や観連のイベントをお手伝いする中で、多くの若い世代の方々とも親しくなったが、なかでも特に、独特な感性を持つ森重伸悟さんとは多くの場をご一緒させていただき、非常に多くのアイディアや気づきをいただいた。

第4章で深堀りすることができたアメ横に入り込むきっかけを与えてくださったのは、鈴木敏道・アメ横表通り商店街振興組合理事長だった。学生の視点でアメ横の将来を考えてみてよ、という鈴木さんのお誘いから、二〇一一～一二年の筑波大学社会学類のゼミではアメ横を研究することになり、柴田智行・アメヨコネット株式会社代表取締役を交えた強力なサポート体制のもと、学生ともどもとても貴重な経験をさせていただいた。

そして、副都心上野まちづくり協議会の佐藤一也会長には、ご多忙をきわめるなか、現在進行形で日々お世話になり続けている。佐藤さんが、私に過分の期待を寄せてくださることなしには、現在の私の上野との関わりはなかった。副都心上野まちづくり協議会のヒアリングの一貫として、数多くの調査にご同行いただいたまちづくり推進機構の野口浩平さんとあわせ、深く感謝申し上げたい。

本来であれば、ほかにも数多いお世話になった全ての方にお礼を申し上げるべきところではあるが、前述の数人の方たちへの感謝の言葉をもって代えさせていただくことをお詫び申し上げたい。またそのなかには、刊行までにあまりに長い時間をかけてしまった結果、ひとまずの成果としての本書で報いる前に、鬼籍に入られてしまった方も複数いらっしゃる。慙愧に堪えないが、謹んでご冥福をお祈りしたい。

そして、誰よりも深い謝意とお詫びを申し述べたいのが、二〇〇七年にまだ海のものとも山のものともつかない私の研究に、「これは早くまとめてうちで本にしよう」と声をかけてくださって以来、ここまで一二年もお待たせしてしまったせりか書房の船橋純一郎さんである。東日本大震災以来の不義理を経て、二〇一七年の春、やはり上野の本を出版したいとその時点での目次案をメールしたとき、「もうこの企画はなくなったものと思ってました」と呆れながらも、「ここまで来たからには、じっくりといい本にしましょう」と言ってくださった船橋さんには、感謝してもしきれない。生涯でこれほどご迷惑をおかけした方も、ほかにいないと思う。ここまで付き合っていただき、本当にありがとうございました。

最後に、長年にわたって私を支えてくれた家族、特に上野の研究に本格的に着手し始めた二〇〇一年に結婚した妻の澁谷智子には、深い感謝を申し上げたい。長い年月のあいだには、なかなか進捗しない研究への私の苛立ちが、夫婦関係にも悪影響を及ぼしたことも確実にあった。そんなときも完全には愛想を尽かさずいてくれた妻には、感謝しかない。そして、私の研究成果を楽しみにしてくれた祖父の要次が存命のうちに刊行することはできなかったが、なんとか祖母の勝子には本を届けることができそうだ。私はこうしたことを著書に書くことは本来好まないが、あまりにも長期戦になってしまった今回は特に、家族の支えへのありがたさが身に染みていることを記して、筆をおきたい。

五十嵐泰正

二〇一九年の夏の終わりに

[参考文献一覧]

安倍晋三『美しい国へ』文藝春秋、2006 年。

荒井香織「ホームレスと象徴天皇制」『創』2007 年 2 月、21-3 頁。

有末賢『現代大都市の重層的構造—都市化社会における伝統と変容』ミネルヴァ書房、1999 年。

東浩紀、北田暁大『東京から考える：格差・郊外・ナショナリズム』日本放送出版協会、2007 年。

Back, Les *New Ethnicities and Urban Culture*, London: UCL Press, 1996.

Bauman, Zygmunt *Liquid Modernity*, Cambridge: Polity Press, 2000.（= 森田典正訳『リキッド・モダニティ』大月書店、2001 年。）

Bouchard, Gerard *L'interculturalisme*, Montréal: Éd. Le Boréal, 2012.（= 丹羽卓監訳『間文化主義』彩流社、2017 年。）

文化庁『文化芸術立国中期プラン』、2014 年。

Castells, Manuel *The City and the Grassroots : a Cross-cultural Theory of Urban Social Movements,* London: E. Arnold, 1983.（= 石川淳志監訳『都市とグラスルーツ——都市社会運動の比較文化理論』法政大学出版局、1997 年。）

Cohen, Phil "All White on the Night? Narratives of nativism on the Isle of Dogs" in Butler, Tim and Rustin, Michel（eds.）*Rising in the East*, London: Lawrence & Wishart, 1996, pp.170-96.

Cohen, Phil "From the Other Side of the Tracks: Dual Cities, Third Spaces, and the Urban Uncanny in Contemporary Discourses of "Race" and Class" in Gary Bridge and Sophie Watson（eds.）*A Companion to The City,* Malden: Blackwell, 2003, pp.316-30.

Delanty, Gerard *Community*, London:Routledge, 2003.（= 山之内靖、伊藤茂訳『コミュニティ——グローバル化と社会理論の変容』ＮＴＴ出版、2006 年。）

江下雅之『監視カメラ社会』講談社、2004 年。

Florida, Richard *The Rise of the Creative Class,* Cambridge MA: Basic Books, 2002.

副都心上野まちづくり協議会『上野まちづくりビジョン素案』、2018 年。

外国人差別ウォッチネットワーク編『外国人包囲網』現代人文社、2004 年。

外国人差別ウォッチネットワーク編『外国人包囲網 Part2』現代人文社、2008 年。

後藤春彦、田口太郎、佐久間康富、早稲田大学後藤春彦研究室『まちづくりオーラル・ヒストリー——「役に立つ過去」を活かし、「懐かしい未来」を描く』水曜社、2005 年。

Hall, Stuart "The Local and the Global: Globalization and Ethnicity" in King, Anthony D. (ed.) *Culture, Globalization, and the World-System: Contemporary Conditions for the Representation of Identity,* Basingstoke:Macmillan, 1991, pp.19-40. (= 山中弘、安藤充、保呂篤彦訳「ローカルなものとグローバルなもの——グローバル化とエスニシティ」『文化とグローバル化―現代社会とアイデンティティ表現』玉川大学出版会、1999 年、41-66 頁。)

Hannigan, John *Fantasy City*, London: Routledge, 1998.

橋本健二『階級社会 : 現代日本の格差を問う』講談社、2006 年。

橋本健二『居酒屋ほろ酔い考現学』毎日出版社、2008 年。

初田香成「東京の戦後復興とヤミ市」橋本健二、初田香成編『盛り場はヤミ市から生まれた』青弓社、2013 年、19-54 頁。

原正壽「上野・アメ横」猪野健治編『東京闇市興亡史』双葉社、1999 年、95-119 頁(= 初版 : 草風社、1978 年)。

Harvey, David *The Condition of Postmodernity*, Oxford:Basil Blackwell, 1989. (= 吉原直樹監訳『ポストモダニティの条件』青木書店、1999 年。)

速水健朗『都市と消費とディズニーの夢』角川書店、2012 年。

林丈二、丹尾安典『こんなに面白い上野公園』新潮社、1994 年。

Hayden, Dolores *The Power of Place: Urban Landscapes as Public History,* Cambridge MA:MIT Press, 1995. (= 後藤春彦、篠田裕見、佐藤俊郎訳『場所の力―パブリックヒストリーとしての都市景観』学芸出版社、2002 年。)

広田康生「「共生」論と初期シカゴ学派エスニシティ研究」『専修人間科学論集』Vol.1-No.2、2011 年、145-55 頁。

広田康生、藤原法子『トランスナショナル・コミュニティ』ハーベスト社、2016 年。

堀池秀人『まちの遺伝子―「まちづくり」を叱る』鹿島出版会、2008 年。

池田利道『２３区格差』中央公論新社、2015 年。

池波正太郎『江戸古地図散歩』平凡社、1975=94 年。

池波正太郎『男のリズム』角川書店、1976=79 年。

池波正太郎『男の作法』新潮社、1984 年（初版：ごま書房、1981 年）。

池波正太郎『小説の散歩みち』朝日新聞社、1987 年。

池波正太郎『江戸切絵図散歩』新潮社、1989=93 年。

池波正太郎『ル・パスタン』文藝春秋、1989=94 年。

池波正太郎『池波正太郎の春夏秋冬』文藝春秋、1989=95 年。

猪野健治「露店――闇市の終わり」猪野健治編『東京闇市興亡史』双葉社、1999 年、292-319 頁（= 初版：草風社、1978 年）。

磯江潤『東京市中案内大全』哲學書院、1890 年。

磯村英一『社会病理学』有斐閣、1954 年。

磯村英一『スラム――家なき町の生態と運命』大日本雄弁会講談社、1958 年。

磯村英一監修『東京上野の五百年』万葉舎、1983 年。

Jacobs, Jane *The Death and Life of Great American Cities,* New York:Random House, 1961.（= 黒川紀章訳『アメリカ大都市の死と生』鹿島出版会、1977 年。）

加瀬和俊『集団就職の時代』青木書店、1997 年。

Keith, Michael "Street Sensibility? : Negotiating the Political by Articulating the Spatial" in Andy Merrifield, Andy and Swyngedouw, Eric (eds.) *The Urbanization of Injustice*, London: Lawrence and Wishart, 1996, pp.137-60.

慶應義塾大学文化地理研究会編『台東区浅草　観光・商業調査研究報告書：第五次実態調査　昭和 41 年度』、1967 年。

Kelling, George L., Coles, Catherine M. *Fixing Broken Windows*, New York:Free Press, 1996.（= 小宮信夫監訳 ,『割れ窓理論による犯罪防止』文化書房博文社、2004 年。）

紀田順一郎『東京の下層社会』筑摩書房、2000 年（初版：新潮社、1990 年）。

北田暁大「「人間工学」をめぐって 3」『小説トリッパー』2008 年 3 月号、219-23 頁。

木村奈緒「すべてのグラデーショが出会う場所――日比野克彦に聞く「UENOYES」」『ハフポスト日本版』、2018 年、https://www.huffingtonpost.jp/nao-kimura/gradation-uenoyes_a_23521302/ 。

木村毅編『東京案内記』黄土社書店、1951 年。

小林安茂『上野公園』郷学舎、1980 年。

小林信彦、荒木経惟『私説東京繁昌記』筑摩書房、2002 年。

今和次郎『新版大東京案内』中央公論社、1929 年。

今和次郎『考現学』ドメス出版、1971 年（初出：今和次郎、吉田謙吉「本所深川貧民窟附近風俗採集」『婦人公論』第十年第十三號、1925 年、17-51 頁）。

Kong, Lily L. “Value Conflicts, Identity Construction, and Urban Change” in Gary Bridge and Sophie Watson (eds.) *A Companion to The City*, Malden: Blackwell, 2002, pp.354-65.

暮沢剛巳『美術館の政治学』青弓社、1997 年。

Munoz Ram’irez, Francesc *Urbanalization: Landscapes of Post-Industrial Change*, Barcelona:Editorial Gustavo Gili, 2008.（= 竹中克行、笹野益生訳『俗都市化』昭和堂、2013 年。）

町村敬志『「世界都市」東京の構造転換』東京大学出版会、1994 年。

町村敬志「グローバル化と都市」奥田道大編『講座社会学 4　都市』東京大学出版会、1999 年、159-211 頁。

町村敬志「コンタクト・ゾーンとしてのコリアン食レストラン」森岡清志編著『都市化とパートナーシップ』ミネルヴァ書房、2008 年、45-74 頁。

前山聡一郎「米国におけるコミュニティポリーシングの哲学とコミュニティプランニング」『都市経営』3、2013 年、51-6 頁。

毎日新聞社『白い手黄色い手――日本の財布は狙われている』毎日新聞社、1956 年。

『まっぷるマガジン　東京下町を歩く』昭文社、2001 年。

松宮朝「コミュニティと排除（下）」『人間発達学研究』第 5 号、2014 年、31-40 頁。

三浦展「郊外の比較文化史と「第四山の手」の現在」若林幹夫ほか編『「郊外」と現代社会』青弓社、2000 年、61-100 頁。

三浦展『ファスト風土化する日本――郊外化とその病理』洋泉社、2004 年。

宮台真司、北田暁大『限界の思考 空虚な時代を生き抜くための社会学』双風社、2005 年。

本橋信宏『上野アンダーグラウンド』駒草出版、2016 年。

森まゆみ編『トポス上野ステエション　かけがえのない終着駅』谷根千工房、1990 年。

文京洙「戦後日本社会と在日朝鮮人　第１回」『ほるもん文化６』新幹社、1996年、164-79頁。

永野章一郎『浅草：心のふるさと江戸の薫り』浅草商店連合会、1975年。

内閣総理大臣官房広報室『国民生活に関する世論調査』、1973年。

中川清『日本の都市下層』勁草書房、1985年。

中川清『現代の生活問題』放送大学教育振興会、2007年。

二一世紀上野まちづくり研究会編『TOKYO・上野とまちづくり戦略　上野学の提唱』ぎょうせい、1990年。

西澤晃彦「『寄せ場のエスノグラフィー』を書く」青木秀男編著『場所をあけろ！』松籟社、1999年、99-120頁。

小熊英二『〈民主〉と〈愛国〉―戦後日本のナショナリズムと公共性』新曜社、2002年。

奥田道大『都市型社会のコミュニティ』勁草書房、1993年。

奥井復太郎「各種商店街の機能的相違（商店街研究の四）」『財政経済時報』26-2、1939年、66-9頁。

大村彦次郎、常盤新平、矢野誠一「座談会　文壇食通番付」『東京人』no.186、都市出版、2003年、82-90頁。

大谷進『上野地下道の實態　生きてゐる』悠人社、1948年。

長田昭『アメ横の戦後史』ベストセラーズ、2005年。

『OZ magazine』９月号、スターツ出版、2008年。

Ritzer, George *The McDonaldization Thesis*, London: Sage Publications, 1998.(＝正岡寛司監訳、『マクドナルド化の世界』早稲田大学出版部、2001年。)

『るるぶ　東京下町を歩こう』ＪＴＢ、2001年。

『るるぶ上野 浅草 東京スカイツリー』ジェイティビィパブリッシング、2011年。

エドワード・サイデンステッカー『東京　下町　山の手　1867-1923』ＴＢＳブリタニカ、1986年。

才津祐美子「「民俗文化財」創出のディスクール」『待兼山論叢 日本学篇』第30号、1996年、47-62頁。

さんぽみち総合研究所『首都圏３時間ハイキング⑦　下町歴史めぐり』七賢出版、1994年。

Sassen, Saskia *The Global City: New York, London, Tokyo*, New York: Princeton

University Press, 2001.（＝伊豫谷登士翁他訳『グローバル・シティ—ニューヨーク・ロンドン・東京から世界を読む』筑摩書房、2008年。）

澤功『澤の屋は外国人宿—下町・谷中の家族旅館奮闘記』TOTO出版、1992年。

佐藤（粒来）香『社会移動の歴史社会学』東洋館出版社、2004年。

「生活安全条例」研究会『生活安全条例とは何か—監視社会の先にあるもの』現代人文社、2005年。

セントラルコンサルタント株式会社『台東区　上野・浅草地区再開発調査報告書』、1971年。

芹沢一也『ホラーハウス社会』講談社、2006年。

芹沢一也、浜井浩一『犯罪不安社会』光文社、2006年。

渋谷望『魂の労働』青土社、2003年。

島田隆司『ヤングでよみがえる　アメ横超繁盛の秘密』実業之日本社、1994年。

『新旅行案内５ 東京』日本交通公社、1955=58年。

『新日本ガイド５ 東京 横浜 鎌倉』ＪＴＢ、1976年。

塩満一『アメ横三十五年の激史』東京稿房出版、1982年。

須藤廣「街の再魔術化と住民の意識」『観光化する社会』ナカニシヤ出版、2008年、97-122頁。

鈴木健一『不忍池ものがたり—江戸から東京へ』岩波書店、2018年。

鈴木謙介『〈反転〉するグローバリゼーション』NTT出版、2007年。

鈴木聡「宇都宮・高崎・常磐線の東京駅乗り入れについて—東海道線との相互直通運転—」『ＪＲＥＡ』vol.45、2002年、39-41頁。

台東区役所編『台東区浅草地区商業広域診断報告書』、1963年。

台東区『台東区観光ビジョン』、2001年。

台東区『台東区史　Ⅲ 下巻』、2002年。

台東区『台東区の将来像のための基礎調査報告書』、2003年。

台東区『台東区観光統計・マーケティング調査報告書』、2009、2011、2013、2015、2017、2019年。

台東区『台東区新観光ビジョン』、2010年。

台東区『躍進台東2020年に向けて　台東区観光振興計画』、2016年。

台東区産業部商業計画課『上野地区商店街診断報告書』、2003年。

台東区商店街連合会『商店名鑑 '68』、1968年。

台東区商店街連合会『商店名鑑 '95』、1995 年。

高橋勇悦『東京人の研究』恒星社厚生閣、1995 年。

武居秀樹「石原都政と多国籍企業の拠点都市づくり」『ポリティーク』第 8 号、2004 年、64-98 頁。

武岡暢『生き延びる都市 新宿歌舞伎町の社会学』新曜社、2017 年。

竹沢えり子「「銀座らしさ」の継承と創造:銀座デザイン協議会が提起するもの」『日本不動産学会誌』22-3、2008 年、89-94 頁。

玉林晴朗『下谷と上野』東台社、1932 年。

玉野和志『東京のローカル・コミュニティ』東京大学出版会、2005 年。

田中美子『地域のイメージ・ダイナミクス』技報堂出版、1997 年。

丹野清人「雇用構造の変動と外国人労働者」梶田孝道編著『国際化とアイデンティティ』ミネルヴァ書房、2001 年、225-58 頁。

鄭世彬『爆買いの正体』飛鳥新社、2016 年。

東北・上越新幹線上野駅誘致実現期成同盟『あゆみ　新幹線上野駅誘致運動史』、1977 年。

東京大学医学部保健社会学教室「上野の街とイラン人――摩擦と共生」駒井洋編『外国人労働者問題資料集成　下巻　自治体・大学篇』明石書店、1992 年、179-274 頁。

『東京案内』實業之日本社、1916 年。

『東京人』no.163、都市出版、2001 年 2 月増刊。

『東京　大人のウォーカー　浅草・上野』19 年 3 月号、角川書店、2007 年。

『東京生活　特集:あの街上野　湯島・根岸の底力』no.2、枻出版社、2004 年。

東京市下谷區役所『下谷區史付録大正震災志』1937 年。

東京商工會議所『東京市内商店街ニ關スル調査』、1936 年。

東京都『東京都統計年鑑』。

東京都『東京構想 2000』、2000 年。

東京都観光協会編『東京案内記』河出書房、1956 年。

東京都建設局、『上野公園グランドデザイン検討会報告書』、2008 年。

東京都建設局公園緑地部『上野恩賜公園再生基本計画』、2009 年。

東京都民生局『東京都地区環境調査』、1959 年。

東京都産業労働局『上野地区観光まちづくり基本構想』、2004 年。

東京都産業労働局『外資系事務所のための環境整備に関する調査報告書』、2004 年。

東京都商工指導所、台東区、東京商工会議所台東支部、協同組合浅草商店連合会『浅草商店街診断報告書』、1980 年。

東京都台東区議会『東京都台東区議会会議録　平成十二年第三回定例会』、2001 年。

東京都台東区議会『東京都台東区議会会議録　平成十三年第二回定例会』、2002 年。

東京都台東区都市づくり部都市計画課『上野公園周辺地域整備計画推進のための基礎調査』、2001 年。

東京都台東区役所「上野仲通り共栄会診断勧告書」『台東区商店街診断の実態』、1959 年、1-27 頁。

東京都都市計画局『副都心整備計画　1997-2005』、1997 年。

東京都都市計画局『建築計画統計』、2000 年～ 2007 年。

東京都都市計画局『東京の新しい都市づくりビジョン』、2001 年。

東京都立大学社会学研究室分室『上野「葵部落」に関する調査』都立社会調査資料第一輯、1953 年。

上野アメヤ横丁商店会『趣意書』、1960 年。

上野「文化の杜」新構想推進会議『上野「文化の杜」新構想』、2015 年。

上野観光連盟『上野繁昌史』、1963 年。

上野の杜事典編集会議『新版　上野のお山を読む』谷根千工房、2006 年。

上野商店街連合会会長「ご挨拶」『上野商店街連合会第５回総会資料』、2004 年。

海野弘『東京の盛り場―江戸からモダン都市へ』六興出版、1991 年。

海野弘『江戸の盛り場』青土社、1995 年。

浦井正明『「上野」時空遊行―歴史をひもとき、「いま」を楽しむ』プレジデント社、2002 年。

若林幹夫『都市のアレゴリー』INAX 出版、1999 年。

Wirth, Louis “Urbanism as a Way of Life” ,*The American Journal of Sociology*, Vol.44-1, 1938, pp. 1-24.

山田吉生『昭和ヒトケタ　私の上野地図』マルジュ社、1994 年。

安井眞奈美「消費される「ふるさと」」成田龍一ほか『故郷の喪失と再生』

青弓社、2000年、91-132頁。

安井誠一郎『東京私記』都政人協会、1960年。

四方田犬彦『月島物語』集英社文庫、1999年（初版：集英社、1992年）。

吉見俊哉『都市のドラマトゥルギー』弘文堂、1987年。

吉原直樹『コミュニティ・スタディーズ』作品社、2011年。

Young, Jock *The Exclusive Society: Social Exclusion, Crime and Difference in Late Modernity*, London:Sage, 1999.（= 青木秀男訳『排除型社会』洛北出版、2007年。）

在日本朝鮮人東京都商工会『東京都内朝鮮人事業所名簿　1961年4月現在』、1961年。

Zukin, Sharon *Loft living: culture and capital in urban change*, New Brunswick: Rutgers University Press, 1989.

Zukin, Sharon *The Culture of Cities*, Cambridge MA: Blackwell, 1995.

Zukin, Sharon *Naked City*, New York: Oxford University Press, 2009.（= 内田奈芳美、真野洋介訳『都市はなぜ魂を失ったか』講談社、2013年。）

[新聞・一般週刊誌等記事]

「禁制品の闇市場に武装警官の奇襲　上野の乱闘 ピストルが飛ぶ」『朝日新聞朝刊』、1946年5月31日。

「警官、露天商と亂闘　上野、禁制品取締まりから」『朝日新聞朝刊』、1946年8月7日。

「露天商“手入れ”を妨害　上野青空市場二度警官隊と衝突」『日本経済新聞朝刊』、1946年8月8日。

「上野露店街も閉鎖　“放置せんか犯罪の温床とならん”塩谷保安部長閉鎖理由を発表」『日本経済新聞朝刊』、1946年8月10日。

「四十三名を検挙　闇に移動した上野付近の露店商」『読売新聞朝刊』、1946年8月19日。

「この眼で睨む“泥棒市”一坪交番にお巡りさん四十五人　上野署」『読売新聞朝刊』、1946年10月11日。

「親分衆誓の盃」『日本経済新聞朝刊』、1946 年 2 月 4 日。

「ヤミ石けんに手入れ　武装警官　御徒町の問屋街を急襲」『朝日新聞朝刊』、1947 年 5 月 29 日。

「権利金千二百万円の返還を命令　上野の露店ボスに断」『朝日新聞朝刊』、1948 年 6 月 17 日。

「セッケン横丁を急襲」『朝日新聞朝刊』、1949 年 2 月 4 日。

「アメ屋横丁を急襲　不良サッカリンなど大量押収」『読売新聞朝刊』、1949 年 12 月 24 日。

「アメヤ横丁、役所をなめる　自発的取壊し、武装警官らに肩すかし」『読売新聞朝刊』、1950 年 1 月 19 日。

「ヤミ外国品取締り　東京・上野マーケット街」『読売新聞朝刊』、1951 年 3 月 3 日
「西郷さんの足元異変　マーケット新築　一千万円横領の疑い」『読売新聞朝刊』、1951 年 7 月 3 日。

「心のふるさと　出稼ぎイラン人のあゝ上野駅」『AERA』、1991 年 6 月 25 日。

「イラン人「大増殖」で上野の山は困った困った　このままでは花見もできない！」『週刊文春』、1992 年 3 月 12 日。

「上野のお山は"国際色"満開　イラン人も一緒に楽しく花の宴」『毎日グラフ』、1992 年 4 月 26 日。

「代々木、新宿、上野・うわさのイラン人スポットに潜入!!　ドラッグまで売られていた!! イラン人マーケットの実態」『宝島』、1993 年 4 月 24 日。

岩田一平、林智彦「イラン民族大移動　東京縦断北上中」『週刊朝日』、1993 年 6 月 4 日。

裵昭「上野の山に異変あり　西郷どん、イラン人の次はおいどんたちが世話になるでごわす」『週刊朝日』、1996 年 11 月 29 日。

「東京の下町が「イースト・トーキョー」になっていた」『週刊 SPA!』、2016 年 3 月 15 日。

「東京五輪へ「文化・観光の拠点形成を」菅官房長官」『朝日新聞デジタル』、2017 年 1 月 18 日。

著者紹介

五十嵐泰正（いがらし　やすまさ）

筑波大学大学院人文社会科学研究科准教授。都市社会学／地域社会学。学生時代から社会学的なフィールドワークを進めてきた上野や、生まれ育った地元の柏で、まちづくりに実践的に取り組むほか、原発事故後の福島県の農水産業をめぐるコミュニケーションにも関わる。主要著作に『原発事故と「食」——市場・コミュニケーション・差別』(中公新書、2018)、『常磐線中心主義《ジョーバンセントリズム》』(共編著、河出書房新社、2015)、『みんなで決めた「安心」のかたち—ポスト3.11の「地産地消」をさがした柏の一年』(共著、亜紀書房、2012) ほか。

上野新論——変わりゆく街、受け継がれる気質

2019年　12月25日　第1刷発行
2020年　4月　6日　第2刷発行

著　者　五十嵐泰正
発行者　船橋純一郎
発行所　株式会社 せりか書房　〒112-0011 東京都文京区千石 1-29-12 深沢ビル
電話：03-5940-4700　振替 00150-6-143601　http://www.serica.co.jp
印　刷　信毎書籍印刷株式会社
装　幀　工藤強勝＋勝田亜加里

ISBN 978-4-7967-0384-0